Grundausgabe
Nordrhein-Westfalen

Doppel-Klick

Das Sprach- und Lesebuch

5

Herausgegeben von
Renate Krull

Erarbeitet von
Guido Becker, Werner Bentin, Ulrich Deters, Şule Ekemen,
Martin Felber, Filiz Feustel, Dirk Hergesell, Rolf Kessler,
Renate Krull, Jutta Neumann, Martina Panzer, Katrin Placzek,
Gerda Steininger, Stephan Theuer

Unter Beratung von
Werner Bentin, Şule Ekemen, August-Bernhard Jacobs und
Thomas Jaitner

Cornelsen

DOPPEL-KLICK IM ÜBERBLICK

Die Themen

S Sprache | T Texte | K Kommu-nikation | M Medien

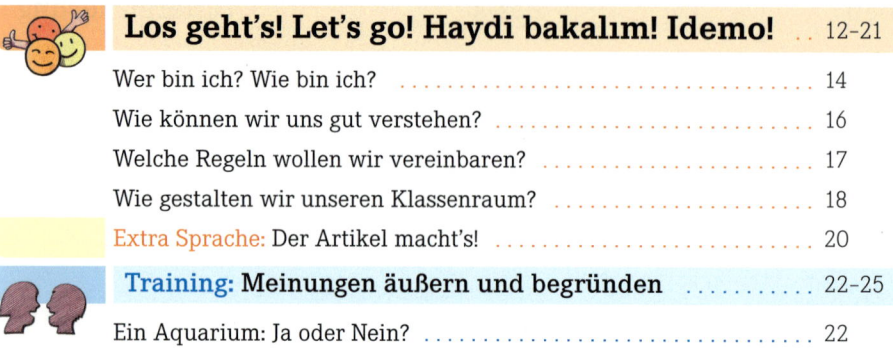

zusätzliche Seiten zur Differenzierung, zum Anwenden und Weiterüben, zum Fördern und Fordern

Medien und Gattungen

Nachschlagen und üben

Rechtschreiben

S

Grundlagen der Rechtschreibung
- die Handschrift trainieren
- Silben sprechen und schreiben
- richtig abschreiben

lauttreue Wörter, Silben, Großschreibung von Nomen, Wortfamilie laufen

Wörter mit ie, Wortfamilien mit ie, Satzschlusszeichen

Doppelkonsonanten ll/nn/ss, Wortfamilie fallen, Großschreibung am Satzanfang

Adjektive auf -ig und -lich, Wortfamilien fahren und gehen, wörtliche Rede

Wörter mit b/d/g, wörtliche Rede

Wörter mit ß, Wortfamilie geben, Komma bei weil

Dehnungs-h, Wortfamilie nehmen, Komma bei als

ver-/vor-/ent-, Komma bei Aufzählungen

Rechtschreibstrategien nutzen

Grammatik

Zum Nachschlagen

Thematische und sachliche Verknüpfungen der einzelnen Kapitel miteinander

VERKNÜPFUNGUNGEN

SCHULJAHRESVERLAUF

Die Themen Medien und Gattungen	angehängte Trainingseinheiten	Nachschlagen und üben	Rechtschreiben	Grammatik
Zusätzliche Kapitel zur Differenzierung, zum Anwenden und Weiterüben, zum Fördern und Fordern				
1. Los geht's! S. 12–21	Meinungen äußern und begründen S. 22–25	Der Aufgabenknacker S. 190–191	Schrift und Schreiben S. 218–219 Richtig abschreiben S. 220–221 1. Trainingseinheit S. 222–223	Nomen verwenden S. 248–251 Präpositionen verwenden S. 262–263
2. Einfach märchenhaft S. 144–157	Das Präteritum verwenden S. 158–159 Ein Märchen überarbeiten S. 160–163		Schrift und Schreiben S. 216–217 3. Trainingseinheit S. 226–227	
3. Das Frühstück ist fertig! S. 26–39	Den Textknacker anwenden S. 40–43	Ideensammlung: Der Cluster S. 198–199	Training mit Wörterlisten S. 240–241 Im Wörterbuch nachschlagen S. 238–239	Personalpronomen verwenden S. 252–253
4. Gereimtes und Ungereimtes S. 176–181			Wörter ableiten S. 246 Die Rechtschreibkartei S. 244–245	Adjektive verwenden S. 258–261
5. Wo wir wohnen S. 44–57	Ich stelle den Nationalpark Eifel vor S. 58–61	Selbstständig planen und arbeiten S. 204–205	Das Partnerdiktat S. 242 5. Trainingseinheit S. 230–231	Verben verwenden: Perfekt S. 254–255
6. Gespenstergeschichten S. 132–143		Spannend erzählen S. 212–215	Das Laufdiktat S. 243 2. Trainingseinheit S. 224–225	Verben verwenden: Präteritum S. 256–257
7. An der Schule arbeiten S. 62–75	Einen Berufe-Steckbrief schreiben S. 76–81	Tiersteckbriefe schreiben S. 208–211	6. Trainingseinheit S. 232–233	
8. Computer, Handy und CD S. 118–125	Texte am Computer schreiben S. 126–127 Sich im Internet informieren S. 128–131	Im Lexikon nachschlagen S. 206–207	7. Trainingseinheit S. 234–235	
9. Was quiekt und kracht denn da? S. 82–95	Eine Geschichte vorlesen S. 96–99		Wörter verlängern S. 247	Satzglieder verwenden S. 264–267
10. Von Weisen und Spaßvögeln S. 164–171	Eine Geschichte von Nasrettin spielen S. 172–175	Texte überarbeiten S. 200–203	4. Trainingseinheit S. 228–229	
11. Die Welt der Bücher S. 100–113	Wir gehen in die Bücherei S. 114–117		8. Trainingseinheit S. 236–237	
12. Die Jahreszeiten in Gedichten S. 182–189		Wiederholung: Der Textknacker S. 192–197		

Los geht's! Let's go! Hayd

Wer bin ich?

Wer bist du?

Was für ein Klassenraum?

1 Klassengespräch!
Was seht ihr auf den Bildern? Was könnt ihr lesen?

2 Und wie waren **eure** ersten Schultage?
Wie fühlt ihr euch? Erzählt.

1 Auf dem einen Foto sehe ich ..., Das Bild zeigt ...

sich kennen lernen – sie lernen sich kennen, zeigen – er zeigt ihr etwas, miteinander arbeiten – sie arbeiten miteinander, fotografieren, basteln, besprechen – sie besprechen etwas miteinander

bakalım! Idemo!

go to the toilet?
"Kleber" in English?
open the window?
Know.
I haven't finished.
I'm late.
spell "board"?
repeat it, please?
slow down, please?

Anika

Milan

M mutig
E ehrlich
R richtig
A albern
L lustig

Welche Regeln?

1) Im Unterricht wird nicht gegessen oder getrunken.
2) Wenn einer spricht, hören die anderen zu. Jeder kann ausreden und wir unterbrechen einander nicht.
3) Eine falsche Antwort ist keine schlechte Antwort! Deshalb wird keiner ausgelacht!
4) Wir rufen nicht rein, sondern zeigen auf.

Das Schuljahr beginnt. Manches ist neu.
Es gibt viele Fragen, aber auch viele Möglichkeiten.
Mit diesem Kapitel könnt ihr in das Schuljahr starten.
Lernt euch kennen, arbeitet zusammen. Los geht's!

Wer bin ich? Wie bin ich?

Zu jedem Menschen gehört ein Name.

1 Schreibe ein Namensschild mit deinem Namen.
Tipps: • Die Schrift muss groß und deutlich sein.
• Du kannst auch ein Bild zeichnen oder aufkleben.

Malte hat Sätze zu seinem Namen aufgeschrieben.
Meral hat ein Ich-Gedicht geschrieben.

W **2** Wie bist **du**? Was magst du?
Was magst du nicht? Was tust du?
Wähle aus:
- Du kannst Sätze zu deinem Namen aufschreiben.
- Du kannst auch ein Ich-Gedicht schreiben.

Z Spielzeit: Sich kennen lernen

3 Alle sitzen im Kreis.
- Der Erste sagt, wie er heißt und wie er ist.
- Der Nächste wiederholt beides.
- Dann nennt er seinen eigenen Vornamen und sagt, wie er ist.
- So geht es weiter reihum.

Ich heiße Sarah und ich mache viel Sport.

Du heißt … und du … Ich heiße …

2

Ich	bin		allein.
	gehe		schwimmen.
	lasse		meinen Drachen steigen.
	spiele		mit meiner Katze. Fußball.
		gern / nicht gern / am liebsten	

Wer bist du? Was meinst du?

Mit einer Punktabfrage könnt ihr noch mehr voneinander erfahren.

4 Was ist euch wichtig?

a. Schreibt jeder einen „Ich-Satz" auf.
b. Wählt gemeinsam zehn Ich-Sätze aus. Schreibt sie an die Tafel.
c. Welche Sätze passen zu euch? Jeder klebt einen Klebepunkt neben die Sätze, die zu ihm passen.
d. Was ist mehreren oder vielen von euch wichtig? Sprecht darüber. Begründet eure Meinungen.

Ich höre am liebsten Musik.
Ich habe Geschwister.
Ich mag Katzen.
Ich ...
Ich mag Katzen. Wer noch?

5 Gut zuhören hilft beim Kennenlernen.

- Erzählt euch gegenseitig etwas über euch.
- Die Sätze an der Tafel helfen euch dabei.
- Hört einander gut zu.
- Stellt euch gegenseitig in der Klasse vor.

Z Spielzeit: Was meinst du dazu?

6 In diesem Spiel tauscht ihr Meinungen aus.

- Stellt Musik bereit.
- Stellt aus Stühlen zwei Kreise: einen Innenkreis und einen Außenkreis.
- Teilt euch in zwei Gruppen auf die beiden Kreise auf.
- Während die Musik spielt, gehen alle im Innenkreis links herum, alle im Außenkreis rechts herum.
- Wenn die Musik aufhört, setzen sich alle hin. So findet jeder einen Partner.
- Der Spielleiter nennt ein Thema. Welche Meinung habt ihr zu dem Thema? Sprecht mit dem Partner darüber. Begründet auch.
- Nach einer Minute beginnt das Spiel von vorn.

Themen:
Haustiere
Fußball
Handy
Comics
Chatten

→ mehr Übungen zum Begründen von Meinungen: Seite 22–25

Wie können wir uns gut verstehen?

Miteinander sprechen und gut zuhören muss man lernen.

1 Klassengespräch!
Was tun die beiden Schüler?
Seht euch die Fotos an.

2 Was sagen die beiden Schüler zueinander?
Lest die Sprechblasen mit verteilten Rollen.

3 Wie sprechen sie miteinander?
Warum sprechen sie so miteinander?
Findet gemeinsam Gründe.

4 Wie können die beiden besser miteinander reden?
Schreibt Ratschläge auf.

Z Spielzeit: Gut zuhören – ein Bilddiktat zeichnen

5 Wie gut könnt ihr euch schon gegenseitig verstehen?
- Einer wählt einen Gegenstand aus.
  Ihr könnt von den Bildern auswählen oder euch einen anderen Gegenstand überlegen. Aber nicht verraten!
- Er beschreibt den Gegenstand genau, ohne ihn zu nennen.
- Der andere zeichnet dann genau das, was beschrieben wird.
- Überprüft, ob das Bild mit dem Gegenstand übereinstimmt.
  Wenn nicht, überlegt, woran das liegen könnte.

3 sich anschreien – Sie ...
sich nicht ausreden lassen – Sie lassen sich ...
sich nicht zuhören – Sie hören sich ... zu.

4 Höre zu.
Lasse den anderen ...
Schreie ...

Welche Regeln wollen wir vereinbaren?

Klassenregeln können euch dabei helfen, gut miteinander umzugehen.

6 Welche Klassenregeln wollt ihr vereinbaren?
Sammelt Stichworte an der Tafel.

- nachfragen
- „bitte“ sagen
- höflich sein
- zuhören
- sich melden
- andere nicht unterbrechen

7 a. Formuliert eure Klassenregeln.
b. Gestaltet ein Plakat mit euren Klassenregeln.

Z Spielzeit: Das Wollknäuel

8 Mit einem Wollknäuel könnt ihr eure Klassenregeln üben.
- Bildet einen Sitzkreis.
- Der Erste nimmt das Wollknäuel und beginnt mit einem Stichwort, z. B.: „nachfragen“.
- Dann wirft er das Wollknäuel dem Nächsten zu, hält aber den Anfang des Fadens fest.
- Der Nächste fängt das Wollknäuel und antwortet: „Ich frage nach, wenn ich etwas nicht verstanden habe.“
- Dann nennt er ein neues Stichwort von der Tafel. Er wirft das Wollknäuel dem Nächsten zu, hält aber auch ein Stück des Fadens fest.
- Der Nächste nennt die Klassenregel.
- Das Spiel ist zu Ende, wenn alle Regeln genannt wurden.

8 nachfragen – ich frage nach
andere nicht unterbrechen – ich unterbreche … nicht
sich melden – ich melde mich
zuhören – ich höre zu

Wie gestalten wir unseren Klassenraum?

1 Welche Ideen habt ihr für euren Klassenraum? Sammelt sie an der Tafel.

W
- **Ihr könnt euren Klassenraum nach euren Ideen gestalten.**
- **Ihr könnt aber auch aus den folgenden Ideen auswählen.**

Ein Geburtstagskalender

Gestaltet zu zweit immer ein Monatsblatt.
Ihr braucht: große Blätter Papier, Tonpapier, farbige Stifte, eine Schere und Fotos von euch.
So geht's:
- Verteilt die Monate.
- Schreibt zunächst auf jedes Blatt den Monat.
- Wer hat in welchem Monat Geburtstag? Schreibt die Namen und die Geburtstage auf.
- Ergänzt dann Bilder, Fotos, Zeichnungen …

Schattenbilder

Gestaltet in Dreiergruppen Schattenbilder von euch.
Ihr braucht: große Blätter Papier, eine Lampe, farbige Stifte und eine Schere.
So geht's:
- Ein Schüler setzt sich vor eine Wand.
- Der zweite Schüler leuchtet mit einer Lampe den Schatten des Kopfes an die Wand.
- Der dritte Schüler zeichnet den Umriss des Kopfes an der Wand auf ein Blatt Papier.
- Jeder schneidet sein Schattenbild aus.
- Dann schreibt er seinen Namen dazu und gestaltet das Blatt.

1 selbst gemalte Bilder, Ich-Plakate, Blumen, Kalender, selbst gemachte Fotos, ein Regal mit Lieblingsbüchern

Handumrisse

Gestaltet eure Handumrisse mit Namen.
Ihr braucht: Blätter Papier, farbige Stifte oder Malfarbe.
So geht's:
- Jeder zeichnet die Umrisse seiner Hand auf ein Blatt Papier. Oder ihr streicht eine Hand mit Malfarbe ein und drückt sie dann auf das Blatt Papier.
- Schreibt eure Namen auf die Blätter und gestaltet sie.

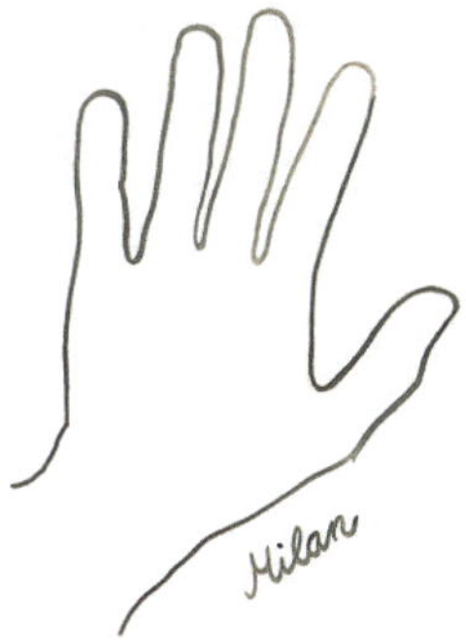

Ein Klassenbaum

Gestaltet einen Klassenbaum mit Namen oder Fotos.
Ihr braucht: Tonpapier in mehreren Farben, farbige Stifte, Scheren und Fotos von euch.
So geht's:
- Bastelt aus Tonpapier einen großen Baum. Ihr könnt auch einzelne echte Zweige dafür verwenden.
- Schneidet bunte Blätter aus dem Tonpapier.
- Schreibt eure Namen auf die Blätter.
- Klebt die Blätter und eure Fotos an den Baum.

Der Baum der Freundlichkeiten

Mit dem Baum der Freundlichkeiten könnt ihr euch gegenseitig eine Freude machen.
Ihr braucht: eine große Pflanze im Topf, farbige Kärtchen, Stifte und Bänder.
So geht's:
- Jeder erhält ein farbiges Kärtchen.
- Überlegt: Womit kann ich anderen eine Freude machen? Schreibt eine schöne Aufgabe für einen anderen auf das Kärtchen.
- Hängt alle Kärtchen in den Baum der Freundlichkeiten.
- Jeden Morgen sucht sich einer von euch ein Kärtchen vom Baum aus und erfüllt die Aufgabe, die auf dem Kärtchen steht.
- Dann bestimmt er, wer am nächsten Tag jemandem eine Freude macht.

Der Artikel macht's!

Manchmal wundert man sich über die deutsche Sprache, so wie in diesem Gedicht.

Ich weiß nicht warum

Walther Petri

Ich weiß nicht warum,
ich weiß nicht den Grund,
männlich in unserer Sprache
ist der Baum,
ist der Mond,
der Mund,
der Stern ist's, der Traum,
der Regen,
Himmel und See,
der Blick eines Kindes,
der Brief, der Wald, der Kuss
und keiner kann erklären,
warum dein schöner Faltenrock
grammatisch männlich sein muss.

1 Lerne das Gedicht auswendig.
Beachte dabei die Arbeitstechnik.

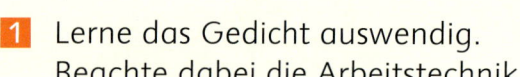

Arbeitstechnik

Das Gedicht auswendig lernen

- Lerne **die ersten drei Zeilen** auswendig.
- Du kannst dir mit einem **Blatt Papier** helfen: Lege das Blatt so, dass du **jeweils nur den Anfang jeder Zeile** lesen kannst.
- **Sprich** die ersten drei Zeilen **auswendig**.
- **Lerne** die weiteren Zeilen genauso.

2 Trage das Gedicht auswendig vor.

3 Alle hervorgehobenen Nomen im Gedicht haben den Artikel **der**.
a. Schreibe das Gedicht ab.
b. Markiere die Nomen mit dem Artikel **der**.

der

Im Deutschen gibt es auch Nomen mit dem Artikel das und Nomen mit dem Artikel die.

Blume, Brot, Dorf, Ei, Gedicht, Geheimnis, Haus, Insel, Katze, Lächeln, Nacht, Reise, Schiff, Sonne, Stadt, Zeit

4 a. Ordne die Nomen nach das und die.
Schreibe sie in eine Tabelle.
b. Ergänze in jeder Spalte sieben weitere Nomen.

das die

W 5 Schreibe ein eigenes Gedicht. Wähle aus:
- Du kannst ein die-Gedicht schreiben.
- Oder du kannst ein das-Gedicht schreiben.

a. Verwende die Nomen aus Aufgabe 4.
b. Markiere in deinem Gedicht die Nomen mit den Artikeln.

Starthilfe

Ich weiß nicht warum,
Ich weiß nicht den Grund,
weiblich in unserer Sprache
ist die Blume,
ist …

…
sächlich in unserer
Sprache ist das …

Z 6 Schreibe dein Gedicht in schöner Schrift ab und gestalte es.

7 Lies dein Gedicht in der Klasse vor.

Merkwissen

Vor einem Nomen steht im Deutschen oft ein Artikel:
- der (männlich): *der Mut*, *der Traum*
- das (sächlich): *das Boot*, *das Kind*
- die (weiblich): *die Taube*, *die Blume*

Z Nomen und ihre Artikel – wie ist das in verschiedenen Sprachen?

Deutsch	Englisch	Türkisch	Kroatisch
der Mond	the moon	ay	mjesec
das Jahr	the year	yıl	godina
die Sonne	the sun	güneş	sunce

8 Klassengespräch!
a. Wie viele Artikel haben die verschiedenen Sprachen?
b. In welchen Sprachen gibt es keine Artikel?

Training:
Meinungen äußern und begründen

Ein Aquarium: Ja oder Nein?

Die Schüler und Schülerinnen der Klasse 5a überlegen, ob sie ein Aquarium für das Klassenzimmer kaufen.

Janina und David sind unterschiedlicher Meinung. Sie nennen auch Gründe.

1 Klassengespräch!
Welche Meinung hat Janina zu einem Aquarium?
Welche Meinung hat David?

2 Janina und David nennen Gründe (Argumente) **für** oder **gegen** ein Aquarium.
Schreibe die Argumente geordnet in eine Tabelle.

Starthilfe

für ein Aquarium	gegen ein Aquarium
Ein Aquarium verschönert …	Fische und Pflanzen …
…	…

3 a. Ergänze weitere Argumente für oder gegen ein Aquarium.
b. Vergleicht eure Argumente in der Klasse.

1 Janina / David ist gegen / für ein Aquarium.

Wie **äußern Janina und David ihre Meinung?**
Wie **begründen sie?**

Ich bin **gegen** ein Aquarium, **weil** Fische und Pflanzen teuer sind.
Ich bin **für** ein Aquarium, **denn** es verschönert den Klassenraum.

4 Schreibe die Sätze aus den Sprechblasen auf.
Markiere die hervorgehobenen Wörter.

5 Wie begründen Janina und David ihre Meinungen noch?
Schreibe noch vier Sätze wie in Aufgabe 4 auf.

Starthilfe
David ist für ein Aquarium, denn …
Janina ist gegen ein Aquarium, weil …

6 Was ist deine Meinung?
Bist du für oder gegen die Anschaffung eines Aquariums?
Schreibe deine Meinung auf und begründe sie.
Tipp: Du kannst die Satzschalttafeln verwenden.

Ich bin	für ein Aquarium,	denn	es verschönert den Klassenraum.
			es macht Spaß, die Fische zu beobachten.
	dafür, ein Aquarium zu kaufen,	weil	es den Klassenraum verschönert.
			es Spaß macht, die Fische zu beobachten.

Ich bin	gegen ein Aquarium,	denn	Fische und Pflanzen sind teuer.
			auch in den Ferien muss sich jemand kümmern.
	dagegen, ein Aquarium zu kaufen,	weil	Fische und Pflanzen teuer sind.
			sich auch in den Ferien jemand kümmern muss.

Z **7** Klassengespräch!
- Tragt eure Meinungen zusammen.
- Sprecht auch über eure Begründungen.

In einem Brief um ein Aquarium bitten

David hat Janina und die anderen überzeugt:
Die Klasse 5 a hat sich für die Anschaffung eines Aquariums entschieden.
In einem Brief will sie die Schulleiterin Frau Nowak um Erlaubnis bitten.

Z **1** Klassengespräch!
- Warum will die 5a wohl einen Brief schreiben und nicht mit Frau Nowak sprechen?
- Wie sollte sich ein Brief an die Schulleiterin von einem Brief an einen Freund unterscheiden?

An einigen Stellen ____ muss der Brief noch ergänzt werden.

Köln, 13. November 2012 / Dortmund, 13. 11. 20____

Liebe Frau Nowak, / Sehr geehrte Frau Nowak, / Hallo Frau Nowak!

Unsere / unsere Klasse 5a hat beschlossen, ein Aquarium zu kaufen. /
Für unser Klassenzimmer hätten wir gerne ein Aquarium.

Wir möchten ____.

Sie sind ____.

Aber / Doch wir ____.

Wir hoffen, dass Sie mit einem Aquarium einverstanden sind.

Mit freundlichen Grüßen / Viele Grüße / Es grüßt
unsere Klasse / die Klasse 5a / Janina, David und die ganze Klasse 5a

Du kannst in dem Brief noch Begründungen ergänzen.

2 Warum möchte die Klasse 5a ein Aquarium anschaffen?
- a. Lies noch einmal deine Begründungen **für** ein Aquarium von Seite 23.
- b. Wähle zwei Begründungen aus. Schreibe sie auf.
  Du kannst die folgenden Satzanfänge verwenden.

Wir möchten ein Aquarium in der Klasse aufstellen, denn ____.
Außerdem ist ein Aquarium eine gute Anschaffung, weil ____.

Frau Nowak ist vielleicht zuerst gegen ein Aquarium.

Die Fische
und die Pflanzen
sind teuer.

3 Welche Meinung hat Frau Nowak zu dem Aquarium?
- Schreibe ihre Meinung auf.
- Begründe die Meinung in einem **weil**-Satz oder in einem **denn**-Satz.

4 Klassengespräch!
Wie könnte die 5a auf das Argument von Frau Nowak reagieren?
Sammelt Vorschläge.

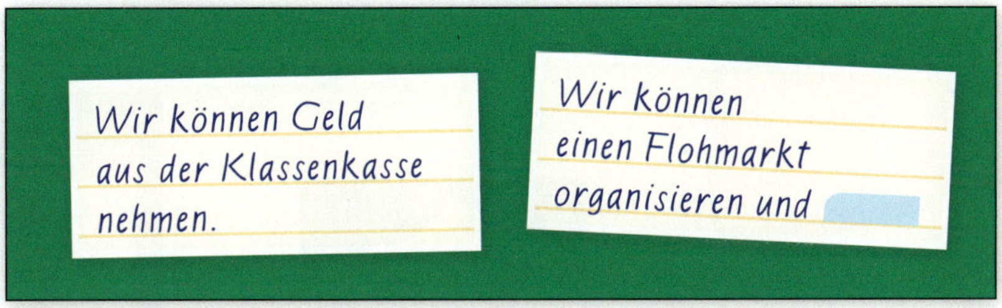
Wir können Geld
aus der Klassenkasse
nehmen.
Wir können
einen Flohmarkt
organisieren und

Die Klasse 5a möchte ihren Vorschlag gleich mit in den Brief an Frau Nowak schreiben.

5 Schreibe den Vorschlag auf.
Tipp: Du kannst die Satzschalttafeln verwenden.

Sie sind	vielleicht möglicherweise wahrscheinlich	dagegen, nicht überzeugt, nicht dafür,	weil die Fische und Pflanzen teuer sind. denn die Fische und Pflanzen sind teuer.

Aber Doch	wir	werden möchten wollen	einen Flohmarkt	organisieren. machen. veranstalten.	So sammeln wir Geld für das Aquarium. Dann können wir uns das Aquarium leisten.

6 a. Schreibe den Brief nun vollständig auf.
- Ergänze deine Sätze aus Aufgabe 2 und 5.
- Du kannst auch noch die Begründungen aus Aufgabe 1 aufschreiben.

Tipp: Schreibe den Brief mit dem Computer.

b. Überprüfe die Rechtschreibung.

Das Frühstück ist

1 Welche Nahrungsmittel und Getränke seht ihr auf den Bildern? Sprecht in der Klasse darüber.

2
- Was davon esst ihr warm?
- Was esst ihr kalt?
- Kann man einiges auch warm und kalt essen?

Tauscht euch darüber aus.

1 der → Ich sehe / esse den …

der Fruchtsaft
der Haferbrei
der Jogurt
der Quark
der Toast
[sprich: toost]

das Croissant
[sprich: kroassong]
das Fladenbrot
das Mineralwasser
das Müsli
das Vollkornbrötchen

die Marmelade
die Misosuppe
die Tomate

die Cornflakes
[sprich: kornfleeks]
die Oliven
die Weintrauben

fertig!

3 Was isst und trinkst du gern zum Frühstück?
Was isst und trinkst du nicht so gern?

4 **Wie** frühstückst du?
Erzähle.

Hoch lebe das Frühstück!
Warum ist ein gesundes Frühstück wichtig für den ganzen Tag?
In diesem Kapitel informiert ihr euch darüber.

3 Ich esse/trinke gern/besonders gern/am liebsten/nicht gern …
Nicht gern/nicht so gern esse/trinke ich …

4 Ich frühstücke jeden Morgen/manchmal/nie.
Ich frühstücke meist allein/mit meinen Geschwistern/mit der ganzen Familie/mit …
Ich brauche zum Frühstücken … Minuten.
An Schultagen/Am Wochenende frühstücke ich …

Was wir frühstücken

Zum Frühstück esst und trinkt ihr viele verschiedene Sachen.

Zum Frühstück habe ich heute eine Scheibe Toast mit Quark gegessen. Dazu habe ich ein Glas Kakao getrunken. Für die große Pause habe ich einen Apfel eingepackt.

1 a. Was habt ihr in den letzten Tagen zum Frühstück gegessen und getrunken?
Schreibt es auf.
Tipp: Ihr könnt auf den Seiten 26 und 27 nachsehen.
b. Was kann man noch zum Frühstück essen und trinken?
Schreibt weitere Nahrungsmittel auf.

Die Nahrungsmittel könnt ihr in Gruppen ordnen.

2 a. Ordnet die Nahrungsmittel in eine Tabelle ein.
b. Ergänzt weitere Nahrungsmittel.

Starthilfe

Nahrungsmittel

Getreideprodukte	Obst und Gemüse	Getränke	Milchprodukte	Fisch und Fleisch	Zucker und Fette
das Brot …	die Oliven …	…	…	…	…

Der Ernährungskreis: Der Mix macht's!

Wie sieht ein gesundes Frühstück aus?
Worauf müsst ihr achten?
Mit dem Ernährungskreis könnt ihr es herausfinden.

3 Seht euch den Ernährungskreis an.
Die Kreisausschnitte zeigen, wovon ihr viel und wovon ihr wenig essen solltet.

Ein Frühstück – der Mix macht's!

Freie Fahrt!
Davon gerne viel.

Achtung,
nicht zu viel!

Stopp, nur ganz wenig!

4 Sprecht über diese Fragen:
- Wovon solltet ihr zum Frühstück viel essen oder trinken?
- Wovon solltet ihr zum Frühstück nicht zu viel essen?
- Wovon solltet ihr zum Frühstück wenig essen?

Z **5** Klassengespräch!
Worauf solltet ihr achten, wenn ihr gesund frühstücken wollt?
Fasst eure Ergebnisse zusammen.

4 Wir sollten viel Obst und … essen.
Wir sollten nicht zu viel/wenig … essen.

Einen Sachtext mit dem Textknacker knacken

Der Sachtext „Frühstücken mit Köpfchen"
informiert dich über ein gesundes Frühstück.
Der Textknacker hilft dir, den Text zu verstehen.
Zum Schluss beantwortest du diese Fragen schriftlich:

? Warum brauche ich ein gesundes Frühstück?
? Wie sieht ein gesundes Frühstück aus?

Das ist der Textknacker:

1. Schritt: Vor dem Lesen
2. Schritt: Das erste Lesen
3. Schritt: Den Text genau lesen
4. Schritt: Nach dem Lesen

1. Schritt: Vor dem Lesen

Du siehst dir den Text als Ganzes an.

1 a. Sieh dir die Seite 31 mit dem Text an.
- Worauf fällt dein Blick als Erstes?
- Was erzählen dir die Bilder?
- Wie heißt die Überschrift?

b. Worum könnte es in dem Text gehen?
Schreibe es auf.

2. Schritt: Das erste Lesen

Du überfliegst den Text.

2 a. Überfliege den Text.
b. Welche Wörter oder Wortgruppen fallen dir auf?
c. Passen diese Wörter zu deinen Fragen ? ?
d. Schreibe auf, worum es in dem Text geht.

Starthilfe
In dem Text geht es um …

3. Schritt: Den Text genau lesen

Du liest den Text genau und in Ruhe – Absatz für Absatz.
So findest du die wichtigen Informationen.

3 Lies den ganzen Text auf den Seiten 31 und 32.

Frühstücken mit Köpfchen

1 Jeden Morgen dasselbe: aufstehen, waschen, anziehen und schnell irgendetwas frühstücken. Oder das Frühstück fällt ganz weg, wenn du spät dran bist … – Stopp! Da läuft etwas falsch!
Ist es wirklich so wichtig, dass du jeden Morgen frühstückst?
Ja, denn schließlich hat dein Körper die ganze Nacht keine Nahrung erhalten. Alles, was du morgens isst, soll dir neue Energie[1] geben, die du brauchst. Die Energie kommt aus Nahrungsmitteln. Diese enthalten Kohlenhydrate, Eiweiße, Fett und Vitamine. Alle diese Stoffe haben wichtige Aufgaben für deinen Körper.

2 Kohlenhydrate liefern dir Energie. Du findest „gesunde" Kohlenhydrate in Vollkornbrot oder Müsli. Diese Nahrungsmittel geben dir Energie für mehrere Stunden. Auch helle Brötchen und Marmelade enthalten Kohlenhydrate – aber nicht so gute. Sie geben nur für kurze Zeit Energie.

3 Ebenso wichtig für deine gesunde Ernährung sind Eiweiße. Da bietet dir das Frühstück eine leckere Auswahl: Eier, Milch, Jogurt, Quark, Käse, magere Wurst oder ein paar Nüsse enthalten besonders viele Eiweiße. Eiweiße braucht dein Körper zum Aufbau der Knochen und Muskeln – für dich also besonders wichtig, da du noch im Wachstum bist.

4 Auch Fett liefert Energie, sogar mehr als doppelt so viel wie Kohlenhydrate und Eiweiß. Streiche Butter und Margarine auf dein Frühstücksbrot, aber nur in kleinen Mengen. Fett hilft deinem Körper bei seinen vielen Arbeiten, die er Tag für Tag erledigen muss.

5 Du brauchst auch Vitamine. Ohne die tägliche Portion Vitamine fühlst du dich schnell müde. Du weißt längst, dass Vitamine vor allem in Obst und Gemüse enthalten sind. Aber wusstest du auch, dass in der Schale von Äpfeln und Birnen die meisten Vitamine stecken? Du solltest die Früchte also gründlich waschen, aber nicht schälen.

[1] **die Energie:** Das ist die Kraft, die ein Körper braucht, um alle Aufgaben zu meistern.

6 Ganz wichtig beim Frühstücken ist auch, dass du ausreichend trinkst. Eine Tasse Früchtetee oder Kräutertee, ein Glas Milch oder Mineralwasser muss es schon sein.

7 Noch ein Tipp: Bereite dir ein leckeres und gesundes Pausenbrot zu. Dann bleibst du auch nach der großen Pause fit und bist konzentriert.

Weiter mit dem 3. Schritt: Den Text genau lesen

4 Der Text ist in sieben Absätze gegliedert.
- a. Schreibe zu jedem Absatz eine Überschrift auf. Lasse unter jeder Überschrift drei Zeilen frei.
- b. Schreibe die Schlüsselwörter unter die Überschriften der Absätze.

5
- a. Einige Wörter werden durch Bilder erklärt. Schreibe die Wörter auf.
- b. Ein Wort wird unter dem Text auf Seite 31 erklärt. Schreibe das Wort mit der Erklärung auf.

4. Schritt: Nach dem Lesen

Du arbeitest mit dem Inhalt des Textes.
Nun kannst du diese Fragen beantworten:
? Warum brauche ich ein gesundes Frühstück?
? Wie sieht ein gesundes Frühstück aus?

6 Schreibe diese Fragen ab und beantworte sie in Stichworten:
- Warum sind Kohlenhydrate, Eiweiße, Fette und Vitamine wichtig?
- In welchen Nahrungsmitteln sind sie enthalten?
- Welche Getränke können zu einem gesunden Frühstück gehören?
- Welche gesunden Nahrungsmittel sollte ich zum Frühstück essen?

7
- a. Schreibe zusammenhängende Sätze aus deinen Stichworten.
- b. Schreibe eine Überschrift über deinen Text.

Starthilfe
Kohlenhydrate sind wichtig, weil …

→ der Textknacker auf einen Blick: Seite 270

4 *Diese Überschriften kannst du verwenden:*
Ein Tipp: Pausenbrot – Eiweiße – Fett – Kohlenhydrate – Mein Körper braucht Energie – Trinken nicht vergessen – Vitamine

Eine Grafik mit dem Textknacker knacken

? Seid ihr leistungsfähiger mit Frühstück oder ohne Frühstück? Die Abbildung „Fit bis zum Mittagessen“ informiert euch darüber.

1 a. Seht euch die Abbildung als Ganzes an.
b. Sprecht darüber:
- Was fällt euch als Erstes auf?
- Wie heißt die Überschrift?
- Worum könnte es in der Abbildung gehen?

Fit bis zum Mittagessen – die Leistungskurve

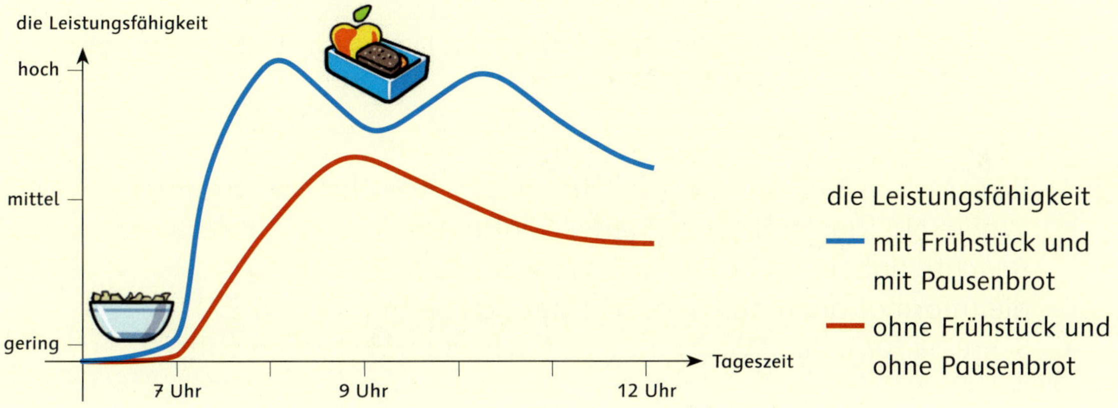

2 Seht euch die Abbildung genau an.
- Welche Angabe steht links? Welche Angaben stehen unten?
- Welche Mahlzeiten sind angegeben?
- Was zeigt die blaue Kurve? Was zeigt die rote Kurve?

Schreibt Stichworte auf.

3 Vergleicht die beiden Kurven:
- Um wie viel Uhr habt ihr jeweils euren Leistungshöhepunkt?
- Warum steigt die blaue Kurve nach 9:00 Uhr wieder an?
- Wie ist die Leistungsfähigkeit ohne Frühstück?
- Wie verändert sich die Leistungsfähigkeit, wenn ihr ein Pausenbrot esst?

Schreibt die Antworten in ganzen Sätzen auf.

4 Seid ihr leistungsfähiger mit Frühstück oder ohne Frühstück?
Beantwortet die Frage **?** mit Hilfe der Antworten aus Aufgabe 3.

2 Die rote/blaue Kurve zeigt/gibt an, wie …

3 … nimmt die Leistungsfähigkeit zu … … leistungsfähiger als …
… steigt die Leistungsfähigkeit an … … nicht so leistungsfähig wie …

Einen Frühstücksplan schreiben

**Du weißt jetzt, warum ein gesundes Frühstück wichtig ist.
Du weißt auch, wie es zusammengestellt sein sollte.
Nun kannst du dir für jeden Tag ein gesundes Frühstück überlegen.**

1 Welche gesunden Nahrungsmittel isst du gern zum Frühstück?
Welche Nährstoffe sind darin besonders viel enthalten?
a. Lege eine Tabelle an.
b. Schreibe in jede Spalte verschiedene Nahrungsmittel.

Starthilfe

Nährstoffe in Nahrungsmitteln

Kohlenhydrate	Eiweiße	Fette	Vitamine
das Vollkornbrot das Brötchen	das Ei …	die Butter …	der Apfel …

2 Stelle für jeden Tag dein persönliches Wunsch-Frühstück zusammen.
a. Wähle Nahrungsmittel aus jeder Spalte aus.
Beachte dabei den Ernährungskreis auf Seite 29 und die Informationen aus dem Text auf den Seiten 31 und 32.
b. Schreibe für jeden Wochentag auf, was du frühstücken willst.

3 a. Tausche deinen Frühstücksplan mit einer Partnerin oder einem Partner.
b. Überprüfe mit der Checkliste, ob jedes Frühstück gesund ist.
c. Überarbeite anschließend deinen Frühstücksplan.

Checkliste: Der Frühstücksplan	*ja*	*nein*
Nahrungsmittel aus allen Gruppen?		
Ausreichend Vitamine?		
Fette und Zucker nur in kleinen Mengen?		

4 Welche Möglichkeiten gibt es, ein gesundes Frühstück zusammenzustellen?
Sprecht in der Klasse über eure Frühstückspläne.

Z **5** Gestalte ein Plakat zu deinem Frühstücksplan.
a. Schreibe deinen Frühstücksplan auf ein Plakat.
b. Klebe Bilder und Fotos aus Zeitschriften oder Prospekten auf.

Tabellen lesen

Alle Nahrungsmittel enthalten Kohlenhydrate, Eiweiße und Fette in unterschiedlichen Mengen.
Auf den Verpackungen findest du oft Tabellen mit Angaben über Kohlenhydrate, Eiweiße und Fette.

Der Quark	je 100 g
Kohlenhydrate	3 g
Eiweiße	10 g
Fette	0,2 g

Das Öl	je 100 g
Kohlenhydrate	0 g
Eiweiße	0 g
Fette	91 g

Das Vollkornbrot	je 100 g
Kohlenhydrate	33 g
Eiweiße	8 g
Fette	7 g

6 Lies die Tabellen genau.
- Auf welchen Nahrungsmitteln findest du die Tabellen?
- Wie viel Gramm Kohlenhydrate, Eiweiße und Fette enthalten 100 g von den Nahrungsmitteln jeweils?

7 Vergleiche die Nahrungsmittel.
- Welches Nahrungsmittel enthält die meisten Kohlenhydrate?
- Welches Nahrungsmittel enthält die meisten Eiweiße?
- Welches Nahrungsmittel enthält die meisten Fette?

Schreibe es auf.

Starthilfe
Das Vollkornbrot enthält die meisten …
…

Z **Man ordnet Nahrungsmittel der Gruppe der Nährstoffe zu, von der sie am meisten enthalten.**

8 Kohlenhydrate? Eiweiße? Fette?
Zu welchen Nährstoffen gehören die Nahrungsmittel aus Aufgabe 6?
Schreibe es auf.

Starthilfe
Quark gehört zu den …

Unser Klassenfrühstück

Gemeinsam könnt ihr ein Klassenfrühstück organisieren: Jede Gruppe stellt ihr eigenes Frühstück zusammen und alle in der Klasse dürfen probieren.

1 Gruppenarbeit!
Was esst ihr gern zum Frühstück?
Sammelt Vorschläge.
Schreibt dazu jeder drei Ideen auf Karteikarten.

2 Was von euren Ideen ist gesund?
Wählt die Nahrungsmittel aus, die zu eurem Frühstück gehören sollen.
Beachtet dabei den Ernährungskreis auf Seite 29 und die Informationen aus dem Sachtext auf den Seiten 31 und 32:
- Wovon solltet ihr viel essen?
- Wovon solltet ihr nur wenig essen?
- Was möchtet ihr trinken?

3 Was gehört alles zu eurem Frühstück?
Gestaltet für die anderen Gruppen ein Plakat.
- Welche Nahrungsmittel habt ihr ausgewählt? Schreibt es auf.
- Klebt Fotos dazu oder zeichnet Bilder.
- Überlegt euch auch einen Namen für euer Frühstück.

➜ Tipps zum Gestalten des Plakats: Seite 273

Für das Klassenfrühstück bereitet jede Gruppe ein Frühstück vor.
Ein Arbeitsplan hilft euch dabei.

4 Was braucht ihr für euer Frühstück?
Schreibt es in eine Tabelle.

Was brauchen wir für unser Frühstück?

Was?	Wie viel?
Wasser	Flaschen

5 Welche Aufgaben wollt ihr verteilen?
a. Schreibt in einen Arbeitsplan, **was** getan werden muss.
b. Ergänzt zu jeder Aufgabe, **wer** sie übernimmt.

Unser Arbeitsplan

Was?	Wer?
die Einkaufsliste schreiben	alle
das Wasser mitbringen	

Der große Tag ist gekommen.
Alle Gruppen haben ein Frühstück vorbereitet.

6 Jede Gruppe präsentiert ihr Frühstück auf einem Tisch.
Stellt auch euer Plakat dazu.

7 Probiert von jedem Gruppenfrühstück.
- Welches Gruppenfrühstück schmeckt euch am besten?
- Ist das ein gesundes Frühstück?

Z **8** Wertet am nächsten Tag eure Gruppenarbeit aus.
- Was hat gut geklappt?
- Was könnt ihr beim nächsten Mal besser machen?

Checkliste: Ein Gruppenfrühstück organisieren	ja	nein
Haben wir uns an den Arbeitsplan gehalten?		
War unser Plakat lesbar?		
Haben wir anschließend aufgeräumt?		
Haben wir uns gestritten?		

5 den Tisch decken – spülen – aufräumen – das Frühstück anrichten –
Teller, Tassen und Bestecke mitbringen

8 Mir hat … gefallen.
Ich meine/denke/finde, dass …
Ich fand gut, dass …
Ich war enttäuscht über …

Gurkenchips? Oder Kartoffelchips?

Die Namen einiger Nahrungsmittel sind aus zwei Nomen zusammengesetzt.

Neulich in der Straßenbahn

Şule Aslan

Neulich in der Straßenbahn
stolperte ich neben Frau Rosenkahn.
Und zu meinem großen Schreck
fiel ihr Einkauf in den Dreck.
Über den Boden rollten die Sachen
und ihr werdet nun sicherlich lachen:
das Orangenbrot,
der Buttertee,
die Gurkenchips,
der Nusssalat,
der Vollkornsaft,
die Kartoffelschokolade
und ein Liter Pfefferminzmilch.
Frau Rosenkahn sah mich ganz entgeistert an,
wie ich nur so viel vertauschen kann.

1 Das Orangenbrot? Da stimmt doch etwas nicht!

a. Schreibe die vertauschten Nahrungsmittel untereinander auf.
Tipp: Verwende farbige Stifte

b. Zerlege die Nomen.

Starthilfe

das Orangenbrot = die Orange + das Brot
der Buttertee = … + …
…

2 a. Setze die Nahrungsmittel richtig zusammen.

b. Unterstreiche die Artikel.

Starthilfe

die Orange + der Saft = der Orangensaft
…

1

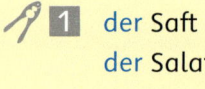

der Saft	das Vollkorn	die Butter	die Nuss	die Chips
der Salat		die Gurke	die Pfefferminze	
der Tee		die Kartoffel	die Schokolade	
		die Milch		

3 Schreibe das Gedicht richtig auf.

Starthilfe

Neulich …
…
der Orangensaft,
…

4 Lerne das Gedicht auswendig.

➜ Tipps zum Auswendiglernen: Seite 268

5 Du kennst noch weitere Wörter für Nahrungsmittel, die aus Nomen zusammengesetzt sind.
a. Schreibe sieben Beispiele mit Artikeln auf.
b. Aus welchen Nomen sind die Wörter zusammengesetzt? Zerlege die zusammengesetzten Nomen.

Starthilfe

die Weintraube = der Wein + die Traube
…

6 Schreibe ein eigenes Gedicht „Neulich in der Straßenbahn".
- Verwende die Nomen aus Aufgabe 5.
- Denke dir neue vertauschte Nahrungsmittel aus. Bilde falsch zusammengesetzte Nomen.

Z 7 Du kannst das Gedicht von deiner Partnerin oder deinem Partner „knacken".
a. Tauscht eure Gedichte aus.
b. Schreibt die Gedichte mit den richtigen Nomen auf.

8 Lest eure neuen Gedichte in der Klasse vor.

Merkwissen

Zwei Nomen können ein **zusammengesetztes Nomen** bilden.
Der **Artikel** des zusammengesetzten Nomens richtet sich **nach dem zweiten Nomen**.
der Roggen + das Brot = das Roggenbrot

5

der Apfel	der Kohl	das Brot	die Blume	die Pute
der Braten	der Kuchen	das Brötchen	die Brust	die Sahne
der Jogurt	der Roggen	das Filet	die Butter	die Torte
der Käse	der Wein	das Hähnchen	die Frucht	die Traube

Training:
Den Textknacker anwenden

1. Schritt: Vor dem Lesen
Du siehst dir den **Text als Ganzes** an.

2. Schritt: Das erste Lesen
Du **überfliegst** den Text.

3. Schritt: Den Text genau lesen
Du **liest** den Text **genau** und in Ruhe – Absatz für Absatz.
So findest du die wichtigen Informationen.

4. Schritt: Nach dem Lesen
Du arbeitest mit dem **Inhalt** des Textes.

Der Sachtext auf den Seiten 41 und 42 informiert dich über Brotsorten in Europa.
Der Textknacker hilft dir, den Text zu verstehen.
Zum Schluss beantwortest du diese Frage:
? Welche Brotsorten gibt es in Europa?

1. Schritt: Vor dem Lesen

1 a. Sieh dir die Seiten 41 und 42 mit dem Text an.
- Worauf fällt dein Blick als Erstes?
- Was erzählen dir die Bilder?
- Wie heißt die Überschrift?

b. Worum könnte es in dem Text gehen?
Schreibe es auf.

2 Sieh dir die Karte auf der Seite 41 an.
a. Lies die Überschrift.
b. Lies die Beschriftung.
c. Was ist auf der Karte dargestellt?
Erkläre es mit eigenen Worten.

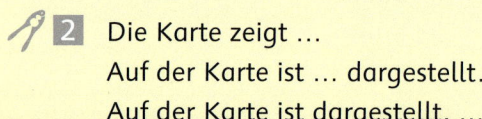

2 Die Karte zeigt …
Auf der Karte ist … dargestellt.
Auf der Karte ist dargestellt, …

2. Schritt: Das erste Lesen

3 a. Überfliege den Text.
b. Welche Wörter und Wortgruppen fallen dir auf?
c. Überprüfe deine Vermutung aus Aufgabe 1b.
Schreibe auf, worum es in dem Text geht.

Starthilfe
In dem Text geht es um …

3. Schritt: Den Text genau lesen

4 Lies den ganzen Text auf den Seiten 41 und 42.

Brotsorten in Europa

1 Brot wird aus einem Teig gebacken, der hauptsächlich aus gemahlenem Getreide und Wasser besteht. Schon vor mehr als 10 000 Jahren haben Menschen in der ganzen Welt Getreide angebaut, um Brot daraus zu backen. Heute gibt es weltweit viele Brotspezialitäten. Auch in Europa gibt es viele verschiedene Brotsorten.

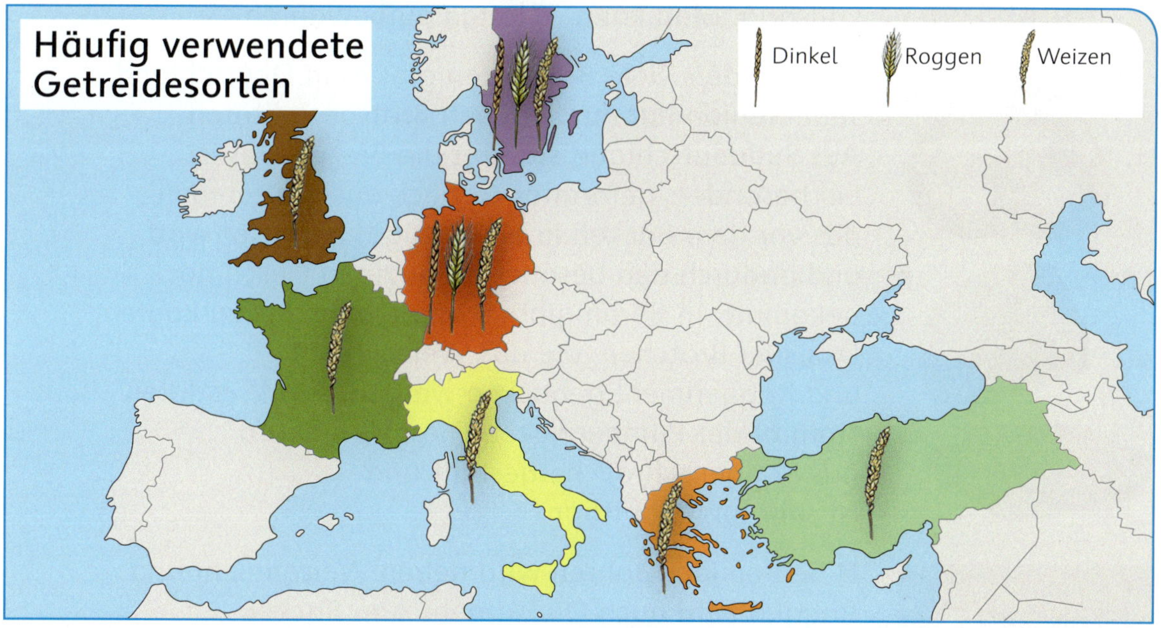

2 In der Türkei und in Griechenland bereitet man aus Weizenmehl[1] Fladenbrot zu. Es wird auf heißem Stein gebacken. Das Fladenbrot wird in der Türkei Pide genannt und in Griechenland Pita. Es wird als Beilage zu gebratenem Fleisch, zu Gemüse und Salat oder auch einfach zwischendurch gegessen.

[1] das **Weizenmehl:** ein besonders helles, fast weißes Mehl

3 Aus Frankreich stammt das knusprige Baguette. Es wird aus Weizenmehl hergestellt. Besonders gut schmeckt das Baguette mit etwas Marmelade oder mit Käse und Schinken belegt.

4 Aus Italien stammen die Pizza und das Ciabatta. Pizza wird aus Weizenmehl hergestellt und vor dem Backen mit verschiedenen Zutaten belegt. Ciabatta besteht aus Weizenmehl und Olivenöl. Es wird im Holzkohleofen gebacken.

5 In Großbritannien darf auf keinem Tisch der Toast fehlen. Er wird aus hellem Weizenmehl gebacken und dann knusprig und braun getoastet.

6 Aus Schweden stammt das Knäckebrot. Es besteht aus einer Mischung von verschiedenen Getreidesorten und Körnern und wird besonders dünn und sehr heiß gebacken. Knäckebrot ist besonders hart und knusprig. Man kann es lange aufbewahren.

7 Besonders viele Brotsorten gibt es in Deutschland. Jede Region hat ihre eigenen Brotspezialitäten. Aus Süddeutschland stammt die Brezel. Das ist ein besonders geformtes Gebäck aus Weizenmehl, das vor dem Backen in eine Lauge[2] getaucht wird und dadurch den besonders würzigen Geschmack bekommt. In Berlin gibt es Schusterjungen zu kaufen. Das sind Brötchen, die aus Weizenmehl und Roggenmehl gebacken werden. Aus Westfalen stammt der Pumpernickel. Dieses Brot wird aus Roggenschrot[3] hergestellt und ist sehr lange haltbar.

8 Seit einigen Jahren wird neben Weizenmehl und Roggenmehl auch Dinkelmehl zum Backen verwendet. Dinkel ist eine sehr alte Getreideart, die durch die Bioläden und Biobäcker „wiederentdeckt" wurde. Brote und Brötchen aus Dinkelmehl sind besonders saftig und bleiben länger frisch als andere Brotsorten.

[2] die **Lauge**: eine Flüssigkeit, die die Brezel braun werden lässt
[3] der **Roggenschrot**: grob zerkleinerte Körner aus Roggen

Weiter mit dem 3. Schritt: Den Text genau lesen

5 Der Text ist in acht Absätze gegliedert.
- a. Schreibe zu jedem Absatz eine Überschrift auf.
- b. Ergänze zu jedem Absatz wichtige Schlüsselwörter.

6 Was hast du nicht verstanden?
- a. Lies die Worterklärungen.
- b. Schlage weitere unbekannte Wörter im Lexikon nach.

4. Schritt: Nach dem Lesen

7 Beantworte nun die Frage:
? Welche Brotsorten gibt es in Europa?
Stelle es in einer Tabelle dar.

Starthilfe

Brotsorten in Europa

Brotsorte	Land	Hergestellt aus?	Weitere Informationen
…	Türkei	…	…

8 Brot wird aus verschiedenen Mehlsorten hergestellt.
Beantworte die folgenden Fragen. Schreibe Sätze.
- Welche Brotsorten werden aus Weizenmehl hergestellt?
- Was sind die Vorteile von Dinkelmehl?

Starthilfe

Weizenmehl verwendet man für die Herstellung von …
Brote und Brötchen aus Dinkelmehl sind …

Z Welche Brotsorten werden in Bäckereien am häufigsten angeboten? Ihr könnt es herausfinden.

9
- a. Geht in verschiedene Bäckereien und notiert die Brotsorten.
- b. Tragt eure Ergebnisse in der Klasse zusammen.
- c. Schreibt die häufigsten Brotsorten in eine Rangliste.
- d. Fasst das Ergebnis in wenigen Sätzen zusammen.

Weizenbrot ///	*Die häufigsten Brotsorten:*
Roggenbrot ////	*1. Roggenbrot*
Kürbiskernbrot /	*2. …*

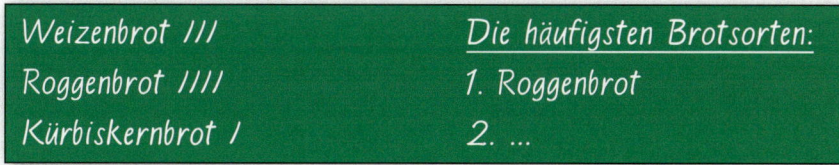

→ der Textknacker auf einen Blick: Seite 270

Wo wir wohnen

Hallo, ich bin Mika.
Hier wohne ich!
born to be

1

2

3

4

1 Klassengespräch!
Was könnt ihr alles auf den Fotos sehen?
Beschreibt.

2 Was erfahrt ihr über Mika und Hannah?
Stellt euch gegenseitig Fragen und beantwortet sie.

2 Wo wohnt ...?	in einem Dorf/Haus
Was tut ...?	in einer Stadt/Wohnung
Wie kommt ... zur Schule?	mit dem Bus/dem Fahrrad fahren

Hi, ich heiße Hannah.
Hier wohne ich.

5

6

7
Na Sowas

8

3 Und wie ist es bei euch:
- Wo wohnt ihr?
- Wie wohnt ihr?
- Wie kommt ihr zur Schule?

Erzählt.

**In diesem Kapitel könnt ihr euer eigenes Zuhause vorstellen.
Dazu bereitet ihr einen anschaulichen Kurzvortrag vor.**

3 Ich wohne in …
Ich gehe/fahre … zur Schule.

Hier wohnen Mika und Hannah

? Wo und wie wohnen Mika und Hannah?
In den Texten auf den Seiten 46 und 47 erfahrt ihr Genaueres darüber.
Der Textknacker hilft euch, die Texte zu verstehen.

1 a. Sprecht über die Fotos und die Überschriften.
b. Lest die Texte genau.

Mika wohnt in der Stadt ...

1 Mika wohnt in Aachen. Das ist eine Stadt mit 250 000 Einwohnern. Zur Schule fährt Mika mit dem Fahrrad. Das dauert zehn Minuten. Er fährt jeden Morgen an einer Bäckerei vorbei, wo es herrlich nach frischen Brötchen duftet.

2 *„Wir leben in einer Wohnung im dritten Stock. Hier wohne ich zusammen mit meiner Mutter und meinem großen Bruder David. Auf dem Hof hinter unserem Haus hat David einen Basketballkorb aufgehängt. Manchmal werfen wir dort zusammen ein paar Körbe. Auf dem Hof steht ein Schuppen[1]. Wenn mich alles nervt, höre ich dort Musik und entspanne mich auf dem gemütlichen alten Sessel – das ist mein absoluter Lieblingsplatz!"*

3 Auf der Straße vor Mikas Haus fahren viele Autos. Das mag Mika nicht so gern, denn es ist oft laut. Wenn Mika aus dem Fenster schaut, sieht er auf der anderen Straßenseite einen Kiosk. Dort kauft er manchmal eine Fußballzeitschrift. In der Nähe von Mikas Haus liegt ein schöner Park mit einer großen Wiese. Dort trifft sich Mika oft mit seinen Freunden zum Fußballspielen. Es ist toll, dass alle Freunde in der Nähe wohnen.

[1 **der Schuppen:** eine kleine Hütte. Man kann dort Geräte abstellen.

... und Hannah wohnt auf dem Land

4 Hannah wohnt in Hofhausen. Das ist ein kleines Dorf in der Nähe von Aachen mit 2000 Einwohnern. Hannahs Schule liegt 10 km entfernt. Zusammen mit ihrer Freundin Jessica fährt Hannah morgens mit dem Schulbus zur Schule.

5 *„Ich wohne zusammen mit meinen Eltern und meiner Oma in einem Reihenhaus. Das Haus hat zwei Etagen[2] und einen Keller. Mein Lieblingsplatz ist die große Fensterbank in meinem Zimmer. Hier sitze ich gern und lese Abenteuerbücher. Oder ich sehe aus dem Fenster in den Garten und beobachte meine Katze Cleopatra.*

6 *Eigentlich gehe ich auch gern schwimmen, aber das Schwimmbad ist so weit weg. Das finde ich nicht so gut. Weil meine anderen Freundinnen nicht in Hofhausen wohnen, treffe ich mich oft nur mit Jessica. Wir fahren dann Fahrrad oder skaten."*

7 Im Sommer darf Hannah manchmal mit Jessica im Garten zelten. Dann werden sie aber früh geweckt: Der Nachbar hat Hühner, die manchmal sehr laut gackern. Im Herbst wird das Getreide auf den Feldern geerntet. Die Maschinen sind zwar ziemlich laut, aber den Geruch von frischem Heu liebt Hannah.

[2 **zwei Etagen – die Etage** [sprich: etaasche]: das Stockwerk

Die Texte erzählen euch viel über Mika und Hannah.

2 Worum geht es in jedem Absatz?
Ordnet den Absätzen diese Themen zu:
Wohnort, Schulweg, Lieblingsplatz, Geräusche und Gerüche, Freizeit, Ich mag, Ich mag nicht

3 In welchen Absätzen erzählen Mika und Hannah selbst?
Schreibt es auf.

4 Was erfahrt ihr über Mika und Hannah?
Beantwortet die folgenden Fragen mündlich.

- Wo wohnt Mika?
- Wo ist Mikas Lieblingsplatz?
- Was hört und riecht Mika?
- Wo verbringt Mika seine Freizeit? Womit?
- Was mag Mika an seinem Wohnort?
- Was mag Mika nicht so gern?

- Wo wohnt Hannah?
- Wo ist Hannahs Lieblingsplatz?
- Was hört und riecht Hannah?
- Wo verbringt Hannah ihre Freizeit? Womit?
- Was mag Hannah an ihrem Wohnort?
- Was mag Hannah nicht so gern?

5 Z
a. Was erfahrt ihr noch in den Texten?
Schreibt es auf.
b. Welche Frage wird damit beantwortet?
Schreibt die Frage auf.

6 W Schreibt Stichworte zu Mika **oder** zu Hannah auf.
a. Schreibt jedes Thema auf eine Karteikarte.
b. Wählt jeder eine Person aus: Mika oder Hannah.
c. Ergänzt auf jeder Karteikarte Stichworte zu eurer ausgewählten Person.

Wohnort:
-

Lieblingsplatz:
- die Fensterbank

Freizeit:
- Fußballspielen im Park

? Wo und wie wohnen Mika und Hannah?

7 Informiert euch gegenseitig über Mikas und Hannahs Zuhause.
Ihr könnt eure Karteikarten verwenden.

Hier wohne ich – mein Kurzvortrag

Was möchtest *du* gern über dein Zuhause erzählen?

8 a. Lies die folgenden Fragen.
b. Überlege: Über welche Themen möchtest du sprechen? Wähle mindestens vier Themen aus.

Wohnort:	Wo wohnst du?
Schulweg:	Wie kommst du zur Schule?
Lieblingsplatz:	Wo ist dein Lieblingsplatz? Was machst du dort?
Geräusche und Gerüche:	Was hörst und riechst du, wenn du aus dem Haus kommst?
Freizeit:	Wo und womit verbringst du deine Freizeit?
Ich mag:	Was magst du an deinem Wohnort?
Ich mag nicht:	Was magst du an deinem Wohnort nicht so gern?

Deine Antworten notierst du am besten auf Karteikarten. Du kannst aber auch ein Blatt Papier nehmen.

9 a. Welche Themen hast du für deinen Kurzvortrag ausgewählt? Schreibe die Themen jeweils auf eine Karteikarte oder auf dein Blatt.
b. Schreibe zu jedem Thema Stichworte auf.

Arbeitstechnik

Stichworte aufschreiben

Stichworte **unterstützen** dein Gedächtnis, z. B. bei einem **Kurzvortrag**. Sie sind beim Sprechen dein „**Geländer**".

- Formuliere Stichworte **kurz und knapp**: Was ist **das Wichtigste**? Was sind **Schlüsselwörter**?
- Schreibe **nur einzelne Wörter**, höchstens **Wortgruppen** auf. Dabei helfen dir auch die Fragen: Wo?, Was?, Wie?
- Schreibe **übersichtlich** und in guter Schrift. So kannst du dich beim Sprechen leichter orientieren.

10 Überprüfe deine Notizen.
- Hast du zu jedem Thema etwas aufgeschrieben?
- Hast du nur Stichworte aufgeschrieben?

Das Vortragen und das Zuhören üben

Nun informiert ihr die anderen über euer Zuhause.

Im wandernden Kreis könnt ihr das Vortragen und das Zuhören üben.

1 Bildet zwei Kreise: einen Innenkreis und einen Außenkreis.
Jede Person im Außenkreis steht einer Person im Innenkreis gegenüber.

2 Erste Runde!
- Jeder im Innenkreis wählt sich ein Thema aus und spricht darüber.
- Die Partner im Außenkreis hören gut zu.

3 Zweite Runde!
- Der Innenkreis geht einen Platz weiter nach rechts.
- Jetzt sprechen die Personen im Außenkreis.
Die Partner im Innenkreis hören zu.

Wohnort
Schulweg
Lieblingsplatz
Geräusche und Gerüche
Freizeit
Ich mag
Ich mag nicht

4 Was habt ihr über eure Partner erfahren?
Schreibt Stichworte auf.

5 Führt mehrere Runden durch.
Wählt immer neue Themen aus.

6 Was habt ihr voneinander erfahren?
Stellt jeder zwei Personen in der Klasse vor.

Orkans Lieblingsplatz ist eine Bank im Park. Er sitzt dort oft mit seinen Freunden. …

Z Anschaulich vortragen

Ihr könnt weitere Informationen über euren Wohnort sammeln.

1 Klassengespräch!
Was möchtet ihr noch über euren Wohnort sagen?
Sammelt Fragen an der Tafel.

- Wie viele Einwohner hat mein Wohnort?
- Wo liegt mein Wohnort?
- Welche große Stadt gibt es in der Nähe?
- ...

2 a. Wählt zwei Fragen aus, über die ihr noch informieren möchtet. Schreibt jede Frage auf eine Karteikarte oder ein eigenes Blatt.
b. Informiert euch, z. B. in einem Lexikon oder im Internet.
c. Schreibt Stichworte auf.

Ihr könnt euren Kurzvortrag mit Fotos oder anderen Materialien anschaulich machen.

3 Was könnt ihr für den Kurzvortrag mitbringen?
Sammelt Ideen in einem Cluster.

4 a. Bereitet eure Materialien für den Kurzvortrag vor: Fotografiert, zeichnet, besorgt …
b. Lest noch einmal eure Stichworte. An welchen Stellen wollt ihr Material zeigen? Markiert die Stellen.

→ der Kurzvortrag auf einen Blick: Seite 273

Einen Kurzvortrag halten

In einem Kurzvortrag kannst du deine Klasse über dein Zuhause informieren.

1 Bereite deinen Kurzvortrag vor.
a. Ordne deine Karteikarten oder Blätter.
b. Lege auch weitere Materialien bereit.

2 Halte deinen Kurzvortrag in der Klasse.
Beachte dabei die Tipps in der Arbeitstechnik.

Arbeitstechnik

Frei vortragen

- **Stelle dich** so hin, dass **alle dich sehen** können.
- Versuche, **frei** zu **sprechen** und wenig abzulesen.
- Sprich **langsam** und **deutlich**.
- **Sieh** beim Sprechen die Zuhörer **an**.
- Zeige an passenden Stellen **Bilder** und **Materialien**.

W Auch die Zuhörer und Zuschauer haben Aufgaben.
Teilt zwei Gruppen ein:

- **Gruppe 1: gut zuhören** → Aufgaben 3 und 4
- **Gruppe 2: gut beobachten** → Aufgaben 5 und 6

3 **Gruppe 1** hört gut zu: **Was** wird gesagt?
- Zu welchen Themen wird etwas gesagt?
- Was wird zu welchem Thema gesagt?

Schreibt Stichworte zu jedem Thema auf.

Wohnort
Schulweg
Lieblingsplatz
Geräusche und Gerüche
Freizeit
Ich mag
Ich mag nicht

4 Wertet den Kurzvortrag gemeinsam aus:
a. War der Vortrag verständlich?
Habt ihr Rückfragen an den Vortragenden?
b. Gebt den Inhalt des Vortrags mit Hilfe eurer Stichworte wieder.

5 **Gruppe 2** beobachtet den Vortragenden: **Wie** wird der Vortrag gehalten?
a. Lest noch einmal die Tipps zum Vortragen.
b. Macht euch während des Vortrags Notizen.

6 Wertet das Vortragen gemeinsam aus.
Was hat euch gefallen? Was kann verbessert werden?

6 An deinem Vortrag hat mir gut gefallen, dass …
Bei deinem nächsten Vortrag könntest du noch …

Eine Einleitung und einen Schluss formulieren

Dein Kurzvortrag braucht
- **einen Einleitungssatz,**
- **Sätze zur Überleitung,**
- **einen Schlusssatz.**

W **7** Überlege dir einen Einleitungssatz.
Sage, worum es in deinem Kurzvortrag geht.
- Du kannst aus den Möglichkeiten auswählen.
- Oder du kannst dir selbst einen Einleitungssatz überlegen.

Ich möchte euch erzählen / darüber informieren, wie ich …
Das Thema meines Vortrages ist / heißt …
In meinem Vortrag erzähle ich euch etwas über …
Heute möchte ich über … sprechen.

8 Sage einen Satz zur Überleitung, wenn ein neues Thema beginnt.
a. Wähle passende Sätze aus.
b. Schreibe die Sätze jeweils vor die passenden Stichworte.
Schreibe in einer anderen Farbe.

Als Nächstes Nun Jetzt Zum Schluss	geht es um spreche ich über informiere ich euch über erzähle ich euch etwas über	das Thema … die Frage … meinen / mein / meine …

9 Beende deinen Kurzvortrag mit einem Schlusssatz.

Starthilfe
Nun wisst ihr, wie ich …

10 Vielleicht möchten deine Zuhörerinnen und Zuhörer etwas noch genauer wissen.
a. Stelle deshalb zum Schluss die Frage:
„Habt ihr noch Fragen dazu?“
b. Höre den Fragenden genau zu und beantworte die Fragen.

Z So kommst du zum ...

Toms neuer Nachbar Mauro möchte ins Freibad gehen.
Tom beschreibt ihm den Weg:

„Du kommst aus dem Haus und gehst nach rechts.
Am Ende der Straße biegst du rechts ab.
Nach einigen Metern siehst du den Supermarkt.
Du gehst am Supermarkt vorbei.
An der Ampel biegst du rechts ab.
Dann gehst du geradeaus bis zur Tankstelle.
Dort biegst du ______.
Hinter dem Kino biegst du ______.
Jetzt siehst du auf der ______ Straßenseite das Freibad."

1 Wie kommt Mauro ins Freibad?
Geht mit dem Finger auf dem Stadtplan den Weg nach.

2 Welche Informationen fehlen noch in der Wegbeschreibung?
Schreibt die Wegbeschreibung vollständig auf.

1 nach links ↰
nach rechts ↱
geradeaus ↑

abbiegen – du biegst ... ab
geradeaus gehen – du gehst geradeaus

Dilay ist mit Carla an der Skaterbahn verabredet. Carla beschreibt ihr den Weg am Telefon:

„Du kommst aus dem Bahnhof und gehst nach rechts.
Du biegst nach links ab.
Du gehst ein Stück geradeaus und biegst ab.
Dann biegst du ab. Und dann nochmal.
Nach einigen Metern siehst du die Skaterbahn."

3 Überprüft Carlas Wegbeschreibung.
- a. Lest Carlas Wegbeschreibung.
- b. Geht mit dem Finger auf dem Stadtplan den Weg ab.
- c. An welchen Stellen ist Carlas Beschreibung ungenau?

4 Überarbeitet die Wegbeschreibung.
- a. Wo kommt Dilay vorbei?
  Schreibt Stichworte untereinander auf.
- b. In welche Richtung muss Dilay jeweils gehen: nach links oder nach rechts?
  Schreibt es neben die Stichworte.

Starthilfe
vor dem Supermarkt → nach links
…

5 Schreibt die überarbeitete Wegbeschreibung auf.
Verwendet eure Stichworte.

Starthilfe
Du kommst aus dem Bahnhof und …
Vor dem … biegst du nach links ab. …

Jetzt könnt ihr selbst einen Weg beschreiben.

6 Welchen Weg möchtet ihr beschreiben?
- a. Schreibt zuerst Stichworte auf.
  Tipp: Verwendet einen Online-Stadtplan oder zeichnet eine Skizze.
- b. Schreibt die Wegbeschreibung in ganzen Sätzen auf.
- c. Überprüft eure Texte mit Hilfe der Checkliste.

Checkliste: Wegbeschreibung	*ja*	*nein*
Wird erklärt, wo man vorbeikommt?		
Wird erklärt, in welche Richtung man gehen muss?		

4

an hinter vor	dem	Supermarkt
	dem	Kino
	der	Schule Tankstelle

Wo ist mein Hamster Otto?

Hannahs Hamster hat sich versteckt. Aber wo?

Otto im Versteck

Şule Aslan

Hannah kommt zurück nach Haus
und lässt den Hamster Otto raus.
Doch wer ist auch auf einmal da?
Hannahs Katz' Cleopatra!
Die Katze jagt – was für ein Schreck –
den armen Hamster Otto weg.
„Wo ist mein kleiner Otto bloß?",
fragt Hannah sich und sucht gleich los:
Vor der Tür? Da liegt nur Laub.
In der Ecke? Nichts als Staub.
Unter dem Schreibtisch? Kein Otto zu sehen.
Hinter dem Fenster? Das kann ja nicht gehen!
Auf dem Bett? Das wäre verrückt.
Unter dem Schrank? Vielleicht hab ich hier Glück …
Neben den Schuhen, hurra, genau:
Da sitzt mein Otto. Ganz schön schlau!

1 Lest das Gedicht vor.

a. Bildet Dreiergruppen.
b. Probiert, das Gedicht in unterschiedlichen Stimmungen zu lesen: fröhlich, ängstlich, verärgert oder …
c. Lest das Gedicht gemeinsam vor.
d. Lest das Gedicht auch einzeln vor.

2 Schreibe das Gedicht ab.

3 Wo genau sucht Hannah ihren Hamster? Markiere die Wortgruppen im Heft farbig.

Starthilfe

Vor der Tür? Da liegt nur Laub.
In der Ecke? Nichts als Staub.
…

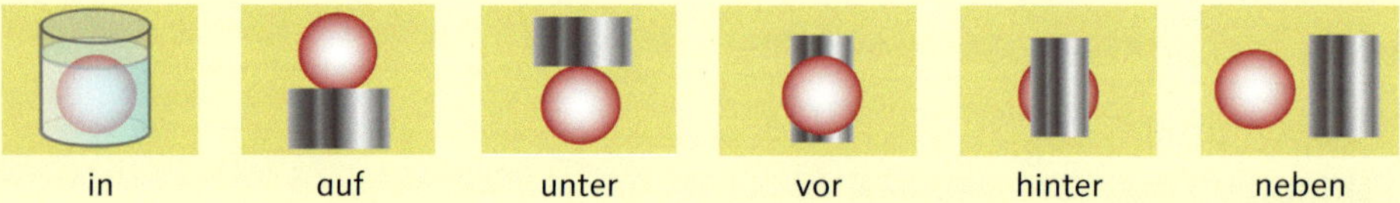

der Tisch → unter dem Tisch
das Sofa → neben dem …
die Lampe → auf der …

4 Wo kann sich der Hamster Otto noch versteckt haben?
Schreibe seine Verstecke wie in den Beispielen auf.

- Schreibe zunächst nur die Gegenstände mit farbigen Artikeln auf.
  Tipp: Du kannst im Wörterbuch nachschlagen. → Wörterbuch: Seite 275
- Verwende dann die Wörter **in**, **auf**, **unter**, **vor**, **hinter**, **neben**.

5 Schreibe ein eigenes Gedicht.
Verwende deine Ergebnisse aus Aufgabe 4.
Tipp: Du kannst auch andere Tiere wählen.

Starthilfe

…
Unter dem Tisch? Da liegt nur Laub.
Neben dem Sofa? Nichts als …

W **6** Schreibe dein Gedicht sauber ab.

- Du kannst dein Gedicht auch am Computer schreiben.
- Du kannst ein Bild dazu zeichnen.

7 Lest eure neuen Gedichte in der Klasse vor.

Merkwissen

Mit den **Präpositionen in**, **auf**, **unter**, **vor**, **hinter**, **neben** kannst du z. B. ausdrücken, **wo** etwas ist.
Die Antwort auf die Frage **Wo?** steht im **Dativ**.

der Schreibtisch Wo? → ***auf dem*** *Schreibtisch*
das Bett Wo? → ***unter dem*** *Bett*
die Mülltonne Wo? → ***in der*** *Mülltonne*

4

der	Tisch → Teppich →	in auf unter vor hinter neben	dem	Tisch Teppich
das	Kissen → Sofa →		dem	Kissen Sofa
die	Gardine → Lampe →		der	Gardine Lampe

Training: Ich stelle den Nationalpark Eifel vor

In einem Kurzvortrag kannst du andere über ein Thema informieren. Deinen Kurzvortrag kannst du in fünf Schritten vorbereiten.

1. Schritt: Das Thema aussuchen und Informationen beschaffen

Du möchtest mit deiner Klasse in den Nationalpark Eifel fahren.

1 Wo kannst du Informationen zum Nationalpark Eifel finden? Sammle Ideen in einem Cluster.

2. Schritt: Informationen aus dem Text entnehmen

Im Internet findest du einen Text über den Nationalpark. Der Textknacker hilft dir beim Lesen des Textes.

1. Vor dem Lesen
2. Das erste Lesen
3. Den Text genau lesen
4. Nach dem Lesen

2 a. Sieh dir die Bilder an. Lies die Überschrift.
b. Überfliege den Text. Welche Wörter und Wortgruppen fallen dir auf?

3 Liest den Text genau, Absatz für Absatz.

Im Nationalpark Eifel gibt es viel zu erleben

1 Der Nationalpark Eifel liegt in der Nähe von Aachen an der Westgrenze von Deutschland. Er erstreckt sich über eine Fläche, die so groß wie 15 000 Fußballfelder ist. Insgesamt gibt es in Deutschland 14 Nationalparks.

2 Ein Nationalpark steht unter einem besonderen Schutz. Die Menschen dürfen dort nichts tun, was die Natur schädigt. Du kannst hier viele bedrohte Pflanzen und Tiere entdecken. Zum Beispiel leben hier Biber, die an den Bächen kleine Staudämme aus Holz bauen. Im Süden des Nationalparks ist ein Moor[1]. Dort wachsen sogar fleischfressende Pflanzen wie Sonnentau.

[1] das Moor: ein immer feuchtes Gebiet

3 Du kannst zusammen mit einem Ranger[2] die Natur selbst erforschen und ein Lagerfeuer machen. Gemeinsam bastelt ihr mit Materialien aus der Natur und lest Tierspuren. Der Ranger untersucht auch Pflanzen oder Wasser mit dir.

4 Auch für Sportfans gibt es im Nationalpark Eifel tolle Angebote. Du kannst über die Staumauer der Urft-Talsperre wandern. Sie war früher die größte Staumauer in Europa. Im Nationalpark Eifel kannst du aber auch baden und Kanu fahren. In der Nähe gibt es einen Hochseilgarten. Dort löst du im Team mit guten Ideen, Geschick und ein bisschen Mut verschiedene sportliche Aufgaben.

5 Rund um den Nationalpark kannst du Geschichte selber entdecken. Es gibt einen Mittelaltermarkt. Du kannst auch in einem Steinbruch nach Fossilien suchen. Fossilien sind die versteinerten Reste von Pflanzen oder Tieren. Mit viel Glück findest du einen Abdruck von einem Saurierknochen, einem Blatt oder einer Muschel. Auch eine alte Wasserleitung der Römer, ein Aquädukt, ist in der Nähe.

Du möchtest den Nationalpark Eifel als Ziel der Klassenfahrt vorschlagen.

4 Was könnte deine Zuhörer interessieren?

a. Schreibe die folgenden Leitfragen auf.
Lasse unter jeder Frage drei Zeilen frei.

b. Ordne den Fragen jeweils den passenden Absatz im Text zu.

- Wo ist der Nationalpark und wie groß ist er?
- Was ist ein Nationalpark überhaupt?
- Was kann ich gemeinsam mit einem Ranger entdecken?
- Welche Angebote gibt es für Sportfans?
- Was kann ich rund um den Nationalpark noch entdecken?

5 Schreibe zu jeder Frage Stichworte auf.
Tipp: Du kannst zunächst eine Folie über den Text legen und die Antworten markieren.

[2] **der Ranger** [sprich: raindscha]: Er arbeitet in einem Nationalpark und kümmert sich um die Pflanzen und Tiere.

3. Schritt: Den Kurzvortrag gliedern und die Notizen ordnen

Du wählst nun die wichtigsten Informationen für deinen Kurzvortrag aus und schreibst Stichworte auf.

6 Wähle die wichtigsten Informationen über den Nationalpark aus.
- **a.** Lies noch einmal die Leitfragen und deine Stichworte von Seite 59.
- **b.** Markiere zu jeder Leitfrage die wichtigsten Stichworte.

7 Gliedere nun deinen Kurzvortrag.
- **a.** Wähle drei Leitfragen aus, über die du informieren möchtest. Schreibe jede Leitfrage auf eine eigene Karteikarte. **Tipp:** Wenn du keine Karteikarten hast, nimm normales Papier.
- **b.** Schreibe deine markierten Stichworte dazu.
- **c.** Finde eine passende Reihenfolge für deine Leitfragen. Nummeriere die Karteikarten.

Z **8** Möchtest du Bilder oder Fotos zeigen?
- **a.** Wähle deine Materialien aus. **Tipp:** Du kannst im Internet Fotos finden und sie ausdrucken.
- **b.** Notiere auf deinen Karteikarten die passenden Stellen für das Material.

4. Schritt: Eine Einleitung und einen Schluss formulieren

Du brauchst eine Einleitung, die deine Zuhörer neugierig macht.

9 Überlege dir einen interessanten Einleitungssatz. Schreibe ihn auf eine weitere Karteikarte.

Z **10** Überlege dir Sätze zur Überleitung zwischen den Leitfragen. Schreibe sie auf.

Mit einem passenden Schluss überzeugst du deine Zuhörer.

11
- **a.** Überlege dir zwei verschiedene Schlusssätze und schreibe sie auf.
- **b.** Wähle den Schluss, der besser zu deinem Kurzvortrag passt.

9 Der Nationalpark Eifel ist ein tolles Ziel für unsere Klassenfahrt. Wie wäre es mit einer Klassenfahrt in den Nationalpark Eifel?

11 Es gibt so viele gute Gründe für den Nationalpark Eifel. Lasst uns dorthin fahren! Ich bin auf jeden Fall für eine Klassenfahrt in den Nationalpark Eifel – ihr auch?

5. Schritt: Den Kurzvortrag üben und halten

Du klingst überzeugender, wenn du deinen Kurzvortrag vorher übst.

12 Übe deinen Kurzvortrag.
a. Lies deine Karteikarten dreimal.
b. Sprich den Kurzvortrag laut. Sprich in ganzen Sätzen. Versuche, nur wenig abzulesen.
c. Übe den Kurzvortrag so oft, bis du sicher bist.
Tipp: Du kannst dich selber mit der Webcam aufnehmen.

13 a. Halte deinen Kurzvortrag vor deiner Partnerin oder deinem Partner.
b. Was war gut?
Was kann verbessert werden?
Überprüft den Kurzvortrag mit Hilfe der Checkliste.

Checkliste: Kurzvortrag	ja	nein
Ist die Einleitung interessant?		
Sind die Informationen sinnvoll gegliedert?		
Ist der Schluss überzeugend?		
Passen die Materialien?		

Jetzt kannst du deinen Vorschlag für die Klassenfahrt präsentieren.

14
- Halte deinen Kurzvortrag über den Nationalpark Eifel. Beachte dabei die Arbeitstechnik.
- Die anderen hören gut zu und machen sich Notizen.

Arbeitstechnik

Frei vortragen

- **Stelle dich** so hin, dass **alle dich sehen** können.
- Versuche, **frei** zu **sprechen** und wenig abzulesen.
- Sprich **langsam** und **deutlich**.
- **Sieh** beim Sprechen die Zuhörer **an**.
- Zeige an passenden Stellen **Bilder** und **Materialien**.

15 Wertet den Kurzvortrag gemeinsam aus:
- War er überzeugend?
- Wollt ihr in den Nationalpark fahren?

Begründet mit Hilfe eurer Notizen.

→ der Kurzvortrag auf einen Blick: Seite 273

15

..., weil es dort viele	interessante spannende tolle	Freizeitmöglichkeiten Pflanzen Sportangebote Tiere	gibt.

An der Schule arbeiten

1 Ein Hausmeister, zwei Hausmeister, drei …
Wie oft seht ihr den Hausmeister im Bild?

2 Der Hausmeister hat viel zu tun!
Was tut der Hausmeister auf dem Bild?
Beschreibt es.

Z **3** Was entdeckt ihr noch alles auf dem Bild?
Beschreibt es.

2 annehmen – er nimmt … an
anrufen – er ruft … an
aufschließen – er schließt … auf
aufstellen – er stellt … auf

der Schulhof
das Treppenhaus
die Heizung
die Schule
die Brötchen
die Pakete
die Tische

4 Und was tut der Hausmeister oder die Hausmeisterin an eurer Schule? Beschreibt es.

Z 5 Was möchtet ihr noch über den Beruf Hausmeister wissen? Sammelt Fragen.

In diesem Kapitel lernt ihr zwei Berufe an der Schule kennen. Die Berufe beschreibt ihr in Steckbriefen.

4 Unser Hausmeister heißt …
Er arbeitet in …
Er hilft mir, wenn …

Unsere Hausmeisterin heißt …
Sie arbeitet in …
Sie hilft mir, wenn …

Beruf: Hausmeister

Was hat ein Hausmeister den ganzen Tag zu tun? Hausmeister Herr Klein erzählt es im folgenden Text.

Der Textknacker hilft dir, den Text zu verstehen.

1. Vor dem Lesen
2. Das erste Lesen
3. Den Text genau lesen
4. Nach dem Lesen

1 a. Was erzählen dir die Bilder und die Überschrift?
b. Überfliege den Text.
Welche Wörter und Wortgruppen fallen dir auf?
c. Lies den Text genau, Absatz für Absatz.

Mein Arbeitstag als Hausmeister

1 Morgens um sechs klingelt mein Wecker – Zeit zum Aufstehen und Frühstücken! Pünktlich um **7:00 Uhr** schließe ich die Schultür auf. Ich mache einen Rundgang und kontrolliere das Gebäude. Mein Handy vibriert. Der Elektriker fragt an, ob er heute die Steckdosen im Kunstraum erneuern kann. Wir vereinbaren einen Termin. Die ersten Schülerinnen und Schüler und Lehrkräfte treffen ein. Lehrer Hill braucht einen Fernseher für die Klasse 7c. „Ich stelle den Fernsehwagen gleich bereit", antworte ich.

2 Um **8:00 Uhr** ertönt der Gong zur ersten Stunde. Langsam leert sich der Schulhof. Endlich Ruhe! Da fährt ein Lastwagen über den Schulhof. „Drei Pakete für die Schiller-Schule", ruft der Fahrer mir zu. Ich nehme die Pakete an und trage sie ins Schulgebäude. Plötzlich stehen hinter mir mehrere Schüler: „Die Toiletten sind noch zu, schließen Sie sie bitte, bitte schnell auf!" „Unser Fenster klemmt, könnten Sie bitte mal nachsehen?" – „In der 8c ist kein Strom …!" Nacheinander erledige ich die kleinen Reparaturen.

3 Um **9:00 Uhr** mache ich Frühstückspause. Aber wo ich die mache, verrate ich niemandem.

Zeilen 3 und 46: ich schließe auf → aufschließen ↔ ich schließe ab → abschließen
Zeilen 10–11: ich stelle bereit → bereitstellen
Zeile 16: ich nehme an → annehmen

4 Um **9:30 Uhr** klingelt es zur großen Pause. Alle rennen lärmend auf den Schulhof. Ich stehe im Kiosk bereit und verkaufe Essen und Getränke. Besonders beliebt sind heute die Käsebrötchen.

5 Ab **10:00 Uhr** ist wieder Ruhe. Die dritte Stunde hat begonnen. Jetzt habe ich Zeit. Ich kann kleine Schäden reparieren. Bei größeren Reparaturen rufe ich Handwerker an und erteile ihnen Aufträge. Wenn die Handwerker fertig sind, prüfe ich, ob alles erledigt ist. Um **12:00 Uhr** knurrt mein Magen – Zeit für die Mittagspause!

6 Nach dem Unterricht, gegen **13:30 Uhr**, fege ich den Schulhof und pflege die Blumenbeete. Für eine Versammlung von Lehrkräften und Eltern muss ich in der Aula Tische und Stühle aufstellen. Um **15:00 Uhr** bin ich mit allem fertig. Am Nachmittag habe ich frei.

7 Ab **18:00 Uhr** trainieren Sportvereine in der Schule. Ich schließe die Sporthalle rechtzeitig auf. Um **20:00 Uhr** ist dann wirklich Schluss. Ich mache den letzten Rundgang und schließe alle Türen ab. Jetzt kann ich meinen Feierabend genießen!

Was erfährst du über Herrn Kleins Arbeitstag?
Die wichtigsten Informationen kannst du in Stichworten aufschreiben.

2 Wann macht der Hausmeister Herr Klein was?
a. Schreibe alle Uhrzeiten untereinander auf.
b. Schreibe Stichworte zu den Tätigkeiten neben die Uhrzeiten.

Starthilfe
- 7:00 Uhr: die Schultür aufschließen, das Gebäude …
- 8:00 Uhr: die Pakete annehmen, …

3 Was erfahrt ihr noch in dem Text?
Stellt euch gegenseitig Fragen und beantwortet sie.

Z 4 Hast du Lust, für einen Tag die Arbeit des Hausmeisters zu machen?
Begründe deine Meinung.

3 Was ist Herr Klein von Beruf? Wo …? Von wann bis wann …?
Was macht …? Wann macht er Pausen? Warum arbeitet er bis …?
Warum verrät er niemandem, wo …?

Einen Berufe-Steckbrief schreiben

**In dem Text hast du viel über Herrn Kleins Arbeitstag erfahren.
Welche Informationen gibt dir der Text über seinen Beruf?**

1 a. Finde im Text auf Seite 64 und 65 die Informationen über den Beruf.
Tipp: Lege zunächst eine Folie über den Text.
Streiche alles, was nicht sachlich informiert.
b. Beantworte die folgenden W-Fragen in Stichworten.

- Was ist Herr Klein von Beruf?
- Wo arbeitet Herr Klein?
- Von wann bis wann arbeitet Herr Klein?
- Was macht Herr Klein?

In einem Steckbrief kannst du über den Beruf Hausmeister informieren.

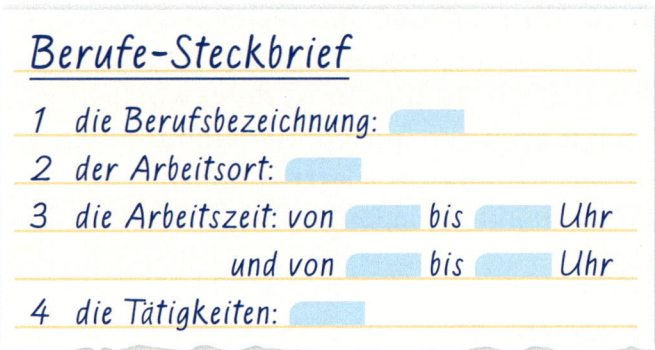

Berufe-Steckbrief

1 die Berufsbezeichnung: ___
2 der Arbeitsort: ___
3 die Arbeitszeit: von ___ bis ___ Uhr
und von ___ bis ___ Uhr
4 die Tätigkeiten: ___

2 In einem Steckbrief ordnest du die Informationen nach Hauptstichwörtern.
a. Lies die Hauptstichwörter 1 bis 4.
b. Jedes Hauptstichwort gibt Antwort auf eine W-Frage.
Schreibe das Hauptstichwort und die passende W-Frage zusammen auf.

Starthilfe
1 die Berufsbezeichnung –
Was ist Herr Klein von Beruf?

3 Schreibe den Berufe-Steckbrief zum Hausmeister auf.
- Ergänze zunächst die Hauptstichwörter 1 bis 3.
- Schreibe nur knappe sachliche Stichworte auf.
- Wähle dann fünf Tätigkeiten aus, die du besonders wichtig findest.
Schreibe sie zu Hauptstichwort 4.

Es gibt noch weitere wichtige Informationen über den Hausmeister.

4 Der Hausmeister Herr Klein beantwortet Fragen zu seinem Beruf.
Lies die Fragen und die Antworten.

Welche Ausbildung haben Sie?
Als Hausmeister hat man oft einen handwerklichen Beruf erlernt. Ich habe eine Lehre als Schlosser gemacht.
Welche Arbeitsmittel, Geräte und Werkzeuge verwenden Sie als Hausmeister?
Bei der Arbeit verwende ich mein Telefon, die Werkzeugtasche, einen Besen, ein Kehrblech und eine Schaufel.

5 a. Ergänze in deinem Steckbrief die Hauptstichwörter 5 und 6.
b. Schreibe jeweils Stichworte auf.

5 die Arbeitsmittel: ______
6 die Ausbildung: ein handwerklicher Beruf, z. B. ______

6 Tauscht eure Steckbriefe aus und überarbeitet sie mit Hilfe der Arbeitstechnik.

Arbeitstechnik

Einen Berufe-Steckbrief schreiben und überarbeiten

- **Sammle Informationen** über den Beruf.
- Ordne die Informationen **den Hauptstichwörtern** zu.
- Schreibe kurze und **genaue Stichworte** auf.
  Beschränke dich auf **sachliche** Stichworte.
- **Überprüfe** deinen Steckbrief:
  Sind die Informationen **vollständig** und **verständlich**?
- **Schreibe** den Steckbrief sauber **ab** und **gestalte** ihn, z. B. mit einem Foto.

Beruf: Schulsekretärin

An einer Schule gibt es noch mehr Berufe.
In diesem Text stellt Frau Roth ihren Arbeitsalltag vor.
Auch zu ihrem Beruf kannst du einen Steckbrief schreiben. Der Textknacker hilft dir dabei.

1. Vor dem Lesen
2. Das erste Lesen
3. Den Text genau lesen
4. Nach dem Lesen

1 Lies den Text mit Hilfe des Textknackers.

Mein Arbeitstag als Schulsekretärin

1 Ich heiße Luise Roth. Schon seit 22 Jahren arbeite ich an dieser Schule als Schulsekretärin.

2 Vor 25 Jahren habe ich eine Ausbildung zur Bürokauffrau gemacht. Direkt danach kam ich an diese Schule. Zum Glück, denn die Schülerinnen und Schüler halten mich jung und es ist immer was los!

3 Das Schulsekretariat ist mein Arbeitsplatz. Es liegt zwischen dem Büro des Schulleiters und dem Lehrerzimmer. Im Sekretariat steht ein großer Schreibtisch, an dem ich viel arbeite.

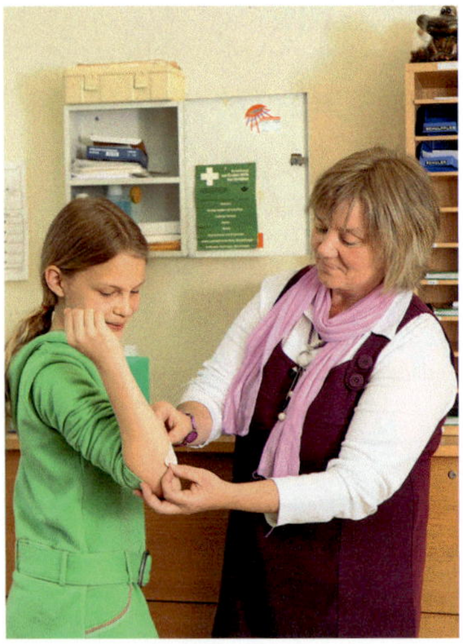

4 Meine Arbeit ist sehr abwechslungsreich: Ich verwalte für jeden Schüler eine Karteikarte[1] mit wichtigen Informationen, ordne Akten und schreibe Briefe für den Schulleiter. Zwischendurch nehme ich viele Telefonate an: Ich gebe Eltern Auskünfte oder leite Anrufe an die Schulleitung weiter. Manchmal muss ich verletzte Schüler versorgen. Dann verteile ich Pflaster. Oft reicht aber auch ein kleiner Trost oder ein Traubenzucker. Außerdem helfe ich den Lehrern bei der Organisation von Veranstaltungen, zum Beispiel dem Sportfest. Dafür bereite ich Listen und Urkunden vor.

[[1] **eine Karteikarte verwalten:** sich um eine Karteikarte kümmern

5 Mein Arbeitstag beginnt um 7:30 Uhr und endet um 15:00 Uhr. An besonderen Tagen, zum Beispiel bei der Einschulung, mache ich aber auch manchmal Überstunden[2].

6 Zu meinen wichtigsten Arbeitsmitteln gehören der Computer, die Aktenordner, der Kugelschreiber und das Telefon – auch wenn ich das an manchen Tagen am liebsten abschalten würde.

2 Welche Informationen über Frau Roths Beruf findest du im Text?
Schreibe zu jedem Absatz Stichworte auf.

3 Zu jedem Absatz passt ein Hauptstichwort aus dem Steckbrief.
Ordne jedem Absatz ein Hauptstichwort zu.

Berufe-Steckbrief

1 die Berufsbezeichnung
2 der Arbeitsort
3 die Arbeitszeit
4 die Tätigkeiten
5 die Arbeitsmittel
6 die Ausbildung

4 Schreibe einen Berufe-Steckbrief über die Schulsekretärin.

5 a. Überprüft gegenseitig eure Steckbriefe.
b. Überarbeitet eure Steckbriefe.

→ Tipps dazu: Arbeitstechnik Seite 67

Z **6** Der Text enthält noch weitere Informationen.
Stellt euch gegenseitig W-Fragen und beantwortet sie.

Wo liegt das Schulsekretariat?

Das Schulsekretariat liegt …

Mit welchen Menschen hat Frau Roth zu tun?

…

Z Ihr habt Steckbriefe zum Hausmeister und zur Schulsekretärin geschrieben.

7 Vergleicht die beiden Steckbriefe.
- Welche Gemeinsamkeiten haben die Berufe?
- Welche Unterschiede gibt es?
- Was findet ihr an den Berufen interessant?

[2] **Überstunden machen:** länger als die normale Arbeitszeit arbeiten

Einen Beruf in einem Steckbrief beschreiben

Damit ihr alle wichtigen Informationen auf einen Blick seht, könnt ihr eure Steckbriefe als Plakate gestalten.

1 Seht euch das Plakat zum Beruf **Hausmeister** an.

2 Was möchtet ihr an dem Plakat ändern? Schreibt Vorschläge zur Verbesserung auf.

Checkliste für ein Plakat	ja	nein
Gibt es eine Überschrift?		
Ist der Berufe-Steckbrief vollständig?		
Sind die Informationen gut angeordnet?		
Ist die Schrift groß genug und gut lesbar?		
Passen die Bilder zum Thema des Plakates?		
Werden die Bilder erklärt?		

3 Überarbeitet das Plakat und gestaltet es neu.

4 Museums-Rundgang!
- Hängt eure Plakate an den Wänden auf wie in einem Museum. Heftet neben jedes Plakat ein leeres Blatt.
- Jeder beurteilt ein Plakat mit Hilfe der Checkliste. Schreibt Tipps und Anmerkungen auf das Blatt.

2 … ist (nicht) gut zu erkennen.
… ist (nicht) vollständig.

Stichworte zu Tätigkeiten aufschreiben

**In einem Steckbrief schreibst du Stichworte auf.
Hier kannst du üben, aus Sätzen Stichworte zu machen.**

Die Sekretärin verteilt an Lehrerinnen und Lehrer Kreide und Papier.
Sie ordnet regelmäßig Akten und schreibt Briefe für den Schulleiter.
In der großen Pause versorgt sie manchmal verletzte Schüler.
Sie verbindet häufig Anrufer mit dem Schulleiter.

5 In diesem Text sind Tätigkeiten einer Schulsekretärin markiert.
Schreibe die Tätigkeiten in Stichworten auf.

Starthilfe

Tätigkeiten einer Schulsekretärin

Kreide und Papier verteilen, …

Zu Beginn des Schuljahres baut der Hausmeister neue Regale auf.
Manchmal bringt er neue Tafeln in den Klassenräumen an.
Er legt bei Bedarf Termine mit Handwerkern fest.
Jeden Morgen stellt er belegte Brötchen im Kiosk bereit.

6 In diesem Text sind Tätigkeiten eines Hausmeisters markiert.
Schreibe sie auf.
Tipp: Setze die Teile der Verben zusammen.

Starthilfe

neue Regale aufbauen, …

7 Was macht die Sekretärin?
Was macht der Hausmeister?
a. Ordne die Wortgruppen zu.
b. Markiere die Verben.

Starthilfe

die Sekretärin	der Hausmeister
…	alle Türen abschließen
	…

alle Türen abschließen
Anrufe an die Schulleitung weiterleiten
Pakete annehmen
die Schule aufschließen
die Sporthalle aufschließen
Listen und Urkunden vorbereiten
Telefonate annehmen
Tische und Stühle aufstellen

8 Schreibe mit jeder Wortgruppe einen Satz auf.
Markiere jeweils die beiden Teile des Verbs.

6 er baut auf → aufbauen
er bringt an → anbringen
er legt fest → festlegen
er stellt bereit → bereitstellen

Z Einen Beruf im Interview erkunden

Möchtet ihr weitere interessante Berufe erkunden?
Ihr könnt jemanden über seinen Beruf befragen.

1 Welche Berufe interessieren euch?
Sammelt Ideen an der Tafel.

die Busfahrerin, der Busfahrer
die Maurerin, der Maurer
die Frisörin, der Frisör
die Gärtnerin, der Gärtner

W **2** Arbeitet in Gruppen zu dritt oder zu viert.
Wählt einen Beruf aus,
den ihr erkunden möchtet.

Jede Gruppe plant ein Interview.

3 Was müsst ihr alles tun?
- Welche Geräte und Materialien braucht ihr?
- Was müsst ihr vorbereiten?

Sammelt Ideen.

Wir können nicht alle gleichzeitig Fragen stellen und Antworten aufschreiben.

… hat viel zu tun. Wir sollten einen Termin verabreden.

Wir können um ein Foto bitten.

Dann brauchen wir eine Kamera.

4 Welche Aufgaben gibt es?
a. Schreibt in einen Arbeitsplan, **was** getan werden muss.
b. Ergänzt zu jeder Aufgabe, **wer** sie übernimmt.
c. Schreibt dazu, bis **wann** die Aufgabe erledigt wird.

Arbeitsplan: Ein Interview führen

Was?	Wer?	Wann?
einen Termin verabreden	Jessica	
eine Kamera besorgen		
die Fragen stellen		

4 ein Aufnahmegerät besorgen
das Interview durchführen
die Fragen aufschreiben
die Fotos auswählen

Welche Fragen möchtet ihr in eurem Interview stellen?

5 Was wollt ihr erfahren?
Was interessiert euch?
Schreibt Fragen auf.

6 Übertragt die Fragen auf einen Interviewbogen.
Lasst hinter jeder Frage Platz für die Antwort.

Z 7 Übt euer Interview.
a. Verteilt die Rollen:
- Einer stellt die Fragen.
- Ein anderer spielt den Befragten.
  Tipp: Notiert vorher mögliche Antworten.
- Die Übrigen beobachten das Interview.

b. Spielt das Interview.
c. Die Beobachter geben den beiden Sprechern eine Rückmeldung.

Nun könnt ihr das Interview durchführen.

8 a. Verabredet einen Termin für das Interview.
b. Führt das Interview durch.
- Jeder aus der Gruppe sollte mindestens eine Frage stellen.
  Tipp: Sprecht euch vorher ab.
- Ein Aufnahmegerät kann euch die Arbeit erleichtern, wenn ihr nicht so schnell mitschreiben könnt.

c. Nehmt Fotos auf.

W 9 Präsentiert die Ergebnisse des Interviews in der Klasse.
Wählt dazu aus:
- Ihr könnt einen Berufe-Steckbrief schreiben.
- Ihr könnt ein Plakat gestalten.
- Ihr könnt eine Projektmappe gestalten.
- Ihr könnt euren Interviewpartner in einem Vortrag vorstellen.

Z 10 Wertet am Schluss eure Gruppenarbeit aus.
- Was war gut?
- Was könnt ihr besser machen?

➜ „ein Interview führen" auf einen Blick: Seite 273

5 Was sind Sie von Beruf?
Seit wann arbeiten Sie hier?
Was macht Ihnen an dem Beruf Spaß?

Ich passe auf, ich höre zu ...

Ein Hausmeister und eine Sekretärin haben viel zu tun. Eine Schülerin oder ein Schüler aber auch!

Leons Schultag

Şule Aslan

Ein Schülerleben ist ganz schön schwer,
bitte schaut doch einmal her:
Ich passe auf,
ich höre zu,
ich denke nach,
ich schreibe auf,
ich schlage nach,
ich kreise ein,
ich rechne aus,
ich gebe ab.
Und da soll noch einer sagen,
dass nur Erwachsene Arbeit haben!

1 Stellt pantomimisch dar: Was hat Leon alles zu tun?
- Einer wählt eine Tätigkeit aus und stellt sie ohne Worte dar.
- Der andere rät, um welche Tätigkeit es sich handelt.

2 Was tut Leon an einem Schultag?
a. Schreibe Sätze auf.
b. Markiere die beiden Teile des Verbs.
c. Schreibe die Verben in der Grundform (im Infinitiv) dahinter.

Starthilfe
Leon passt im Erdkundeunterricht auf. aufpassen
...

Z **3** Was wir Schülerinnen und Schüler alles können!
Schreibe acht Sätze auf.
Verwende die Verben aus dem Gedicht.

Starthilfe
Wir können aufpassen.
Wir können ...

2

aufpassen		**zuhören**	
ich passe auf	wir passen auf	ich höre zu	wir hören zu
du passt auf	ihr passt auf	du hörst zu	ihr hört zu
er/sie/es passt auf	sie passen auf	er/sie/es hört zu	sie hören zu

Auch in der Pause gibt es viel zu tun.

4 Was machst du alles in der Pause?

a. Schreibe Sätze auf.

b. Markiere die beiden Teile des Verbs.

Starthilfe

Ich esse mein Brot auf.
…

aufessen
austrinken
mitbringen
herbeirufen
auspacken
auffangen
aufschlagen

Z **5** Was macht Leon in der Pause?
Schreibe mit jedem Verb aus Aufgabe 4 einen Satz auf.

Starthilfe

Leon isst sein Brot auf.
…

6 a. Schreibe ein eigenes Gedicht.
Verwende die Verben aus Aufgabe 4.

b. Schreibe eine passende Überschrift auf.

Starthilfe

Die Pause ist gar nicht so schwer,
bitte schaut doch einmal her:
Ich esse auf,
ich trinke …,
ich …

7 Lies dein neues Gedicht in der Klasse vor.

Merkwissen

Einige Verben bestehen aus zwei Teilen. Man nennt sie **trennbare Verben**.
In der **Grundform** (im Infinitiv) schreibst du sie **zusammen**: *ausrechnen*.
Im **Satz** können die Teile des Verbs **getrennt** stehen: *Sie rechnet die Aufgabe aus*.

4 mein Buch, ein Kartenspiel, meine Freunde, eine Banane, einen Ball, den Apfelsaft

Training:
Einen Berufe-Steckbrief schreiben

Den Beruf „Bäcker“ kennen lernen

Kim, Deniz und Maja möchten den Beruf des Bäckers in einem Steckbrief vorstellen. Sie besuchen den Bäcker Herrn Klasing in der Bäckerei und stellen ihm Fragen.

Steckbrief „Bäcker“

1 die Berufsbezeichnung
2 die Tätigkeiten
3 die Arbeitsmittel
4 der Arbeitsort
5 die Arbeitszeit

Was macht ein Bäcker?

Herr Klasing erzählt von den Tätigkeiten eines Bäckers.

Steckbrief „Bäcker“

1 die Berufsbezeichnung
2 die Tätigkeiten
3 die Arbeitsmittel
4 der Arbeitsort
5 die Arbeitszeit

1 Was seht ihr auf den Fotos? Beschreibt.

Als Bäcker gehöre ich zu den Handwerkern. Ich arbeite viel mit den Händen und brauche viel Kraft. Gerade knete ich einen Brotteig und einen Hefeteig für Hörnchen. Ich backe aber auch Kuchen, Kekse und Brötchen.

Ich muss die Menge der Zutaten berechnen, die Zutaten wiegen und mischen, den Teig rühren oder kneten, den Teig in Backformen füllen und die Backformen in den Backofen stellen.

2 Was macht ein Bäcker?
Schreibt die Tätigkeiten in Stichworten auf.

2 ich knete einen Brotteig → einen Brotteig kneten
ich backe Kuchen → Kuchen backen

Welche Geräte braucht ein Bäcker?

Herr Klasing hat von seinen Tätigkeiten erzählt. Dafür braucht er als Arbeitsmittel auch unterschiedliche Geräte.

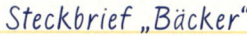

Steckbrief „Bäcker"
1 die Berufsbezeichnung
2 die Tätigkeiten
3 die Arbeitsmittel
4 der Arbeitsort
5 die Arbeitszeit

3 Welche Geräte braucht Herr Klasing?
Sprecht über die Bilder:
- Welche Geräte kennt ihr?
- Was kann man mit den einzelnen Geräten tun?

der Backofen

der Rührbesen

das Rollholz

die Mehlwaage

der Messbecher

der Spritzbeutel

die Teigknetmaschine

4 Was kann Herr Klasing mit welchem Gerät tun?
a. Ordnet den Tätigkeiten das passende Gerät zu.
Tipp: Die hervorgehobenen Wörter helfen euch.
b. Schreibt die Sätze vollständig auf.

Mit ____ kann Herr Klasing **Mehl wiegen**.
Mit ____ kann Herr Klasing **Teig kneten**.
Mit ____ kann Herr Klasing Brote **backen**.
Mit ____ kann Herr Klasing Teig **ausrollen**.
Mit ____ kann Herr Klasing Zutaten **abmessen**.
Mit ____ kann Herr Klasing Zutaten **verrühren**.
Mit ____ kann Herr Klasing **Spritzgebäck** herstellen.

Starthilfe
Mit der Mehlwaage kann Herr Klasing …
…

3 der Messbecher → mit dem Messbecher
das Rollholz → mit dem Rollholz
die Mehlwaage → mit der Mehlwaage

Wo arbeitet ein Bäcker?

**Herr Klasing arbeitet nicht nur in der Backstube.
Er erzählt Kim, Deniz und Maja
von seinen verschiedenen Arbeitsorten.**

Steckbrief „Bäcker"
1 die Berufsbezeichnung
2 die Tätigkeiten
3 die Arbeitsmittel
4 der Arbeitsort
5 die Arbeitszeit

5 a. Seht euch das Foto an.
b. Welcher Arbeitsort ist zu sehen?
Begründet eure Vermutung.

Ich arbeite täglich in der Backstube.
Einmal in der Woche fahre ich
in den Großmarkt.
Hier kaufe ich verschiedene Backzutaten ein.
Jeden Dienstagvormittag verkaufe ich
im Laden Backwaren und Kaffee.

6 Wo arbeitet ein Bäcker?
Schreibt die drei Arbeitsorte von Herrn Klasing auf.

Wann arbeitet ein Bäcker?

**Herr Klasing zeigt Kim, Deniz und Maja
seinen Arbeitsplan.**

Steckbrief „Bäcker"
1 die Berufsbezeichnung
2 die Tätigkeiten
3 die Arbeitsmittel
4 der Arbeitsort
5 die Arbeitszeit

Arbeitsplan						
Mo	Di	Mi	Do	Fr	Sa	So
frei	Beginn: 4:00 Uhr					frei
	Pause: 8:00 Uhr – 8:30 Uhr					
	Ende: 12:00 Uhr			Ende: 13:00 Uhr		

7 Beantwortet diese Fragen zum Arbeitsplan:
- An welchen Wochentagen arbeitet Herr Klasing?
- An welchen Tagen arbeitet er von 4:00 Uhr bis 12:00 Uhr?
- Wann beginnt und endet seine Arbeit am Freitag und Samstag?

7 Er arbeitet von … bis …

Von	Dienstag bis Donnerstag	arbeitet er	von 4:00 Uhr bis 12:00 Uhr.
	Freitag bis Samstag		von 4:00 Uhr bis 13:00 Uhr.

Den Berufe-Steckbrief schreiben

Du hast viel über den Beruf des Bäckers erfahren.
Nun kannst du den Berufe-Steckbrief schreiben.
Deine Notizen helfen dir dabei.

Steckbrief „Bäcker“

1 die Berufsbezeichnung
2 die Tätigkeiten
3 die Arbeitsmittel
4 der Arbeitsort
5 die Arbeitszeit

8 Bereite einen Berufe-Steckbrief zum Bäcker vor.
- a. Schreibe die fünf Hauptstichwörter untereinander auf.
- b. Ergänze die **Berufsbezeichnung**.

9 Welche **Tätigkeiten** übt Herr Klasing als Bäcker aus?
- a. Wähle die Tätigkeiten aus, die du besonders wichtig findest.
- b. Schreibe deine ausgewählten Tätigkeiten in den Steckbrief.

10 Welche **Arbeitsmittel** verwendet Herr Klasing?
- a. Wähle die Arbeitsmittel aus, die du besonders wichtig findest.
- b. Schreibe deine ausgewählten Arbeitsmittel in den Steckbrief.

11 An welchen **Arbeitsorten** arbeitet Herr Klasing?
Schreibe die Arbeitsorte in den Steckbrief.

12 Welche **Arbeitszeiten** hat Herr Klasing?
Schreibe die Arbeitszeiten in den Steckbrief.

13 Überarbeitet eure Steckbriefe.
- a. Tauscht eure Steckbriefe aus und überprüft sie.
  - Gibt es zu jedem Hauptstichwort eine Antwort?
  - Ist alles verständlich?
  - Ist alles richtig geschrieben?
- b. Überarbeitet eure Steckbriefe allein.

→ „einen Steckbrief schreiben“ auf einen Blick: Seite 271

Z **Vielleicht interessiert dich der Beruf des Bäckers.**

14
- a. Im Internet kannst du dich über die **Ausbildung** zum Bäcker informieren.
  → sich im Internet informieren: Seite 128–131
- b. Ergänze die Informationen in deinem Steckbrief.

Z Ein Beruferätsel

Frau Winkelmann und Frau Koslowski arbeiten an der Schule. Aber als was? Nina und Kenan haben sich zu ihren Berufen ein Rätsel ausgedacht. Ihr löst das Rätsel und lernt dabei die beiden Berufe kennen.

1 a. Seht euch die Fotos an.
b. Welche Berufe haben Frau Winkelmann und Frau Koslowski? Begründet.

Frau Winkelmann

Frau Koslowski

2 Im Beruferätsel sind die Informationen vermischt.
Lest das Beruferätsel genau.

K die Köchin
W die Raumpflegerin
o die Rührmaschine, der Herd
i die Poliermaschine
s für die Schüler kochen
l montags bis freitags von 8:00 Uhr bis 15:00 Uhr
n den Eingangsbereich der Schule kehren und wischen
k der Besen, das Putztuch
e der Schrubber, der Wischlappen
o in der Schulmensa
l montags bis freitags von 15:00 Uhr bis 18:00 Uhr
m die Klassenräume saugen
w die Waage, der Kochtopf und der Messbecher
s jeden Morgen zum Einkaufen der Lebensmittel in den Großmarkt fahren
k für jede Woche einen Speiseplan erstellen
a in allen Räumen des Schulgebäudes
n die Mülleimer in den Klassenräumen leeren
i die Zutaten für verschiedene Gerichte berechnen
n mit einem feuchten Putztuch die Tische abwischen

Welche Informationen gehören zu welchem Beruf?

3 Ordnet den Berufen die Informationen zu.
Schreibt sie in eine Tabelle.
Tipp: Wenn ihr alles richtig habt, ergeben sich zwei Lösungswörter.

Starthilfe

W die Raumpflegerin	K die Köchin
i die Poliermaschine, ...	...

4 Einer von euch ist Frau Winkelmann, einer ist Frau Koslowski.
Stellt euch gegenseitig Fragen zu eurem Beruf.
Beantwortet die Fragen mit Hilfe der Tabelle.

W Mit Hilfe der Informationen könnt ihr Berufe-Steckbriefe schreiben.
Wählt aus:
- **Steckbrief „Raumpflegerin" oder „Raumpfleger"**
- **Steckbrief „Köchin" oder „Koch"**

5 Bereitet einen Berufe-Steckbrief vor.
a. Schreibt die fünf Hauptstichwörter untereinander auf.
b. Ergänzt die Berufsbezeichnung.

Steckbrief
1 die Berufsbezeichnung
2 die Tätigkeiten
3 die Arbeitsmittel
4 der Arbeitsort
5 die Arbeitszeit

6 Ordnet die Informationen aus der Tabelle den passenden Hauptstichwörtern zu.
Schreibt sie in den Berufe-Steckbrief.

Z **7** Gestaltet euren Berufe-Steckbrief als Plakat.

→ ein Plakat gestalten: Seite 273

Z Welche Berufe gibt es oder gab es in deiner Familie?

8 Wähle einen Beruf aus, der dich besonders interessiert.
a. Sammle Informationen zu diesem Beruf.
- Befrage die Person aus deiner Familie.
- Oder informiere dich im Internet.

→ sich im Internet informieren: Seite 128–131

b. Schreibe einen Berufe-Steckbrief.

4 Welchen Beruf ...?, Wann ...?, Welche Arbeitsmittel ...?, Welche Tätigkeiten ...?, Wo ...?

Was quiekt und krach

1 Schließt für eine Minute die Augen und lauscht.
- Was könnt ihr jetzt gerade hören?
- Was hört ihr im Klassenraum?
- Was hört ihr draußen?

1 Ich höre …
Dieses Geräusch ist laut/leise/unheimlich …
Das klingt wie ein/ein/eine …
Ich habe das Geräusch schon einmal gehört, als …

es faucht, es klopft, es knarrt, es knistert, es kracht, es quiekt, es raschelt, es zischt

denn da?

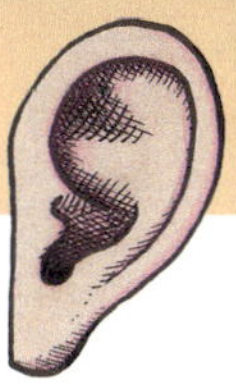

2 a. Seht euch das Bild an: Was könnt ihr sehen?
b. Lest die Sprechblasen laut: Was könnt ihr hören?

3 Macht Geräusche zu dem Bild: mit eurer Stimme oder mit den Händen oder … Probiert es aus.

In diesem Kapitel übt ihr, Geschichten mit Geräuschen vorzulesen.

2 Auf dem Bild sehe ich …
Das Bild sieht … aus.
In der Mitte ist … zu sehen.
Rechts / Links / Oben / Unten erkenne ich …

die Dunkelheit	düster
ein / der Lichtschein	graublau
das Schulhaus	unheimlich
ein / der Schulhof	verregnet

Es tropft und donnert

Bei einem Gewitter könnt ihr viele Geräusche hören, auch unheimliche. Diese Zeilen aus einem Gedicht machen das Gewitter hörbar.

Gewitter Erwin Moser

Blitze tollen
Donner rollen
Es plitschert und platscht
Es trommelt und klatscht
Es rauscht und klopft
Es braust und tropft

1 a. Lest die Zeilen aus dem Gedicht leise.
b. Lest die Zeilen so vor, dass man das Gewitter hören kann.

2 Ihr könnt die Gedichtzeilen auch zu zweit vortragen.
- Einer liest so vor, dass sich die Zuhörer das Gewitter vorstellen können.
- Der andere macht die Geräusche: mit der Stimme, mit den Händen oder …

3 Gestaltet ein Blatt zu dem Gedicht „Gewitter".
- Schreibt die Gedichtzeilen in die Mitte. Ihr könnt die Gewitter-Wörter besonders gestalten.
- Zeichnet Bilder dazu. Oder findet passende Bilder.

Z **4** Ihr könnt auch das vollständige Gedicht lesen oder vorlesen.

→ das vollständige Gedicht: Seite 286

W **5** Was ist noch alles bei einem Gewitter zu hören?
Wählt eine dieser Aufgaben aus:
- Ihr könnt weitere Wörter finden, die zu einem Gewitter passen.
- Ihr könnt Geräusche machen, die man bei einem Gewitter hört.
- Ihr könnt ein eigenes Gewittergedicht schreiben.

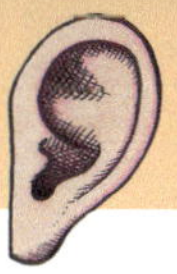

Es quiekt und faucht

Auch Tiere machen Geräusche.

u-iek-ie-iek
fch-fch-fch
rrrrrrrrrr
rtsch-rtsch-rtsch

6 Welche Geräusche machen die Tiere?
Schreibe Sätze auf. Ergänze passende Verbformen:
quiekt, knurrt, fauchen, raschelt.

Im Schweinestall _____ es laut: Die Schweine warten auf ihr Futter.
In der Ecke sitzen zwei Katzen und _____ sich an.
Den Hund scheint das zu stören, er _____ böse.
Da _____ doch etwas im Stroh!

7 Macht die Geräusche nach.

Ein Gewitter macht Geräusche, Tiere machen Geräusche.
Mit Gegenständen könnt ihr diese und andere Geräusche erzeugen.

8
a. Überlegt, wie ihr mit den Gegenständen Geräusche erzeugen könnt.
b. Probiert verschiedene Möglichkeiten aus.
c. Probiert noch andere Gegenstände aus.

Auch in Geschichten kommen Geräusche vor. Diese Geräusche könnt ihr hörbar machen. Und ihr könnt diese Geschichten so vorlesen, dass die Zuhörer sich genau vorstellen können, was geschieht. Das übt ihr Schritt für Schritt in diesem Kapitel.

Eine Geschichte mit Geräuschen vorlesen

Bevor du die Geschichte vorlesen kannst, solltest du sie verstehen. Dabei hilft dir der Textknacker.

1 Sieh den Text als Ganzes an: Was erzählen dir die Bilder und die Überschrift?

1. Vor dem Lesen

2 Lies die Geschichte einmal: Was fällt dir auf?

2. Das erste Lesen

3 Lies die Geschichte genau, Absatz für Absatz.

3. Den Text genau lesen

Was quiekt und kracht in der Lesenacht?

Werner B. Ninte

1 Vorsichtig öffnet Karim die Schultür. Kalter Regen klatscht ihm ins Gesicht. Vor ihm liegt der dunkle Schulhof. Plötzlich blitzt es am Himmel. In der Ferne ist ein dumpfes Donnern zu hören. Dann ist wieder alles still. Nur das Plätschern und Tröpfeln des Regens hält an.

2 Karim setzt seine Kapuze auf und macht sich eilig auf den Weg nach Hause. Er hat sein Buch mit Gruselgeschichten vergessen und will es noch schnell holen. Wenige Minuten später ist er zurück. Die Bäume und Sträucher auf dem Schulhof wirken in der Dunkelheit wie unheimliche schwarze Ungetüme. Der Regen rauscht in den Blättern. Am Tage ist der Schulhof ein schöner Park. Jetzt aber erscheint er geheimnisvoll.

3 Was ist das? Karims Herz scheint stehen zu bleiben. Da quiekt doch etwas ganz leise. Woher kommt das? Und wieder quiekt es und faucht noch dazu: „U-ie-ie-iek, u-ie-ie-ie-iek, fch-fch-ch, fch-fch-ch-ch." Das Geräusch wird lauter und lauter. Richtig gruselig klingt es. Karim starrt mit großen Augen in die Dunkelheit. Doch nichts ist zu sehen. Dann knurrt es drohend: „Rrrrrrrrr, rrrr, rrrrr." Plötzlich ist es ganz still. Hastig stolpert Karim weiter. Nur noch wenige Schritte bis zur Schule.

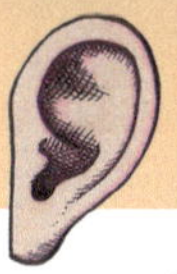

4 „Buhu-hu-hu, buhu-hu-hu, buhu-hu-hu“, tönt es bedrohlich über ihm. Und dazu raschelt es gespenstisch: „Buhu-hu-hu, buhu-hu-hu, rtsch, rtsch-rtsch-rtsch, buhu-huhu, rtsch-rtsch, buhu!“ Karims Schritte werden immer schneller. Ohje! Nun knackt es auch noch da drüben in den Büschen: „Knack-knack-knack.“ Wer schleicht sich da an? Und flüsterte da nicht jemand? – Mit weit aufgerissenen Augen blickt Karim zum Gebüsch. Aber er sieht nichts, hört nur: „Fst-fst-ft-ft-fst.“ Was bewegt sich dort für ein Schatten? – Karim holt tief Luft. Sein Herz klopft bis zum Hals.

5 Karim summt eine Melodie vor sich hin. So will er sich selbst Mut machen. Es sind ja nur noch ein paar Meter bis zur Schule. – „Krreck, krrck-kreck, krreck, krreck, krrck-kreck – fst-fst-ft-ft“, knarrt und flüstert es nun direkt neben ihm. Karim läuft es eiskalt den Rücken herunter[1]. Er rennt, so schnell ihn seine Füße tragen. Der kurze Weg zum Schulgebäude kommt ihm endlos vor.

6 Endlich kann er die Tür öffnen. Da huscht etwas an ihm vorbei, und noch etwas. Karim traut seinen Augen nicht: Im Lichtschein sieht er zwei kleine Waschbären! Wie die ihn erschreckt haben! – Bevor er den Leseraum betritt, holt er tief Luft. Ob die anderen Karim ansehen können, was er erlebt hat?

4 Sprich mit einer Partnerin oder einem Partner über diese Fragen:

4. Nach dem Lesen

- Wer ist die Hauptperson?
- Wo und wann spielt die Geschichte?
- Was erlebt und was fühlt die Person?
- Wie endet die Geschichte?

5 In der Geschichte kommen Geräusche vor.

a. Lest abwechselnd die Textstellen mit den Geräuschen vor. Lest so, dass man die Geräusche hören kann.

b. Beantwortet die Frage aus der Überschrift: Was quiekt und kracht in der Lesenacht?

[1] **Karim läuft es eiskalt den Rücken herunter:** Weil er sich gruselt, hat er eine Gänsehaut.

Bitte gruseln!

Die Geschichte „Was quiekt und kracht in der Lesenacht“ ist gruselig und enthält Geräusche. Das alles könnt ihr beim Vorlesen hörbar machen.
Ihr könnt das Vorlesen zu zweit vorbereiten und üben.

Der Absatz 1 der Geschichte ist schon zum Vorlesen vorbereitet.

1 Vorsichtig | öffnet **Karim** die Schultür. || Kalter **Regen** | klatscht ihm ins Gesicht. || Vor ihm liegt | der **dunkle** Schulhof. || Plötzlich **blitzt** es am Himmel. || In der Ferne ist | ein dumpfes **Donnern** zu hören. || Dann | ist wieder alles **still**. || **Nur** das Plätschern und Tröpfeln des Regens | hält an. |

1 a. Lest Absatz 1 vor.
Wechselt euch nach jedem Satz ab.
b. Sprecht über die Markierungen im Text.

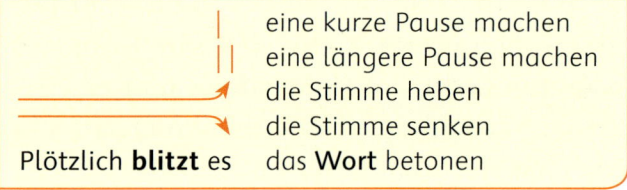

|	eine kurze Pause machen
||	eine längere Pause machen
↗	die Stimme heben
↘	die Stimme senken
Plötzlich **blitzt** es	das **Wort** betonen

2 Übt mehrmals, Absatz 1 vorzulesen.
- Achtet auf die Markierungen im Text.
- Probiert verschiedene Möglichkeiten aus.
- Macht Geräusche an den passenden Stellen.
- Beratet darüber, was ihr noch verbessern könnt.

3 Bereitet Absatz 2 auf Seite 86 zum Vorlesen vor:
- Legt eine Folie über den Text.
- Probiert es aus: Wo wollt ihr eine Pause machen?
  Wo hebt oder senkt ihr die Stimme?
  Welche Wörter betont ihr?
- Tragt Markierungen auf der Folie ein.

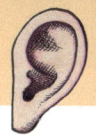

„Richtig gruselig klingt es“, findet Karim.
Auch ihr könnt es beim Vorlesen richtig gruselig klingen lassen.

4 Lest noch einmal Absatz 3 der Geschichte still.

3 Was ist das? Karims Herz scheint stehen zu bleiben. Da quiekt doch etwas ganz leise. Woher kommt das? Und wieder quiekt es und faucht noch dazu: „U-ie-ie-iek, u-ie-ie-ie-iek, fch-fch-ch, fch-fch-ch-ch.“ Das Geräusch wird lauter und lauter. Richtig gruselig klingt es. Karim starrt mit großen Augen in die Dunkelheit. Doch nichts ist zu sehen. Dann knurrt es drohend: „Rrrrrrrrrr, rrrr, rrrrr.“ Plötzlich ist es ganz still. Hastig stolpert Karim weiter. Nur noch wenige Schritte bis zur Schule.

5 Welche Wörter und Sätze machen den Absatz gruselig und spannend? Sprecht darüber.
Tipp: Ihr könnt die Stellen auch auf einer Folie markieren.

6 Lest Absatz 3 so vor, dass er gruselig und spannend klingt.
- Probiert es mehrmals aus:
  Lest mal laut, mal leise.
  Lest mal langsam, mal schnell.
- Besprecht, was ihr noch ändern könnt.

Starthilfe

Was ist das?
(flüstern und die Stimme heben)
Karims Herz scheint stehen zu bleiben.
(immer langsamer sprechen und die Stimme senken)
...

Am Ende der Geschichte heißt es:
„Ob die anderen Karim ansehen können, was er erlebt hat?“

7
a. Was erlebt Karim noch alles? Und wie fühlt er sich dabei? Sprecht über die Absätze 4, 5 und 6.
b. Markiert auf einer Folie die gruseligen und spannenden Stellen.

8
a. Bereitet die Absätze 4, 5 und 6 zum Vorlesen vor.
b. Lest euch die Absätze abwechselnd vor.
c. Besprecht, was euch gut gelungen ist und was ihr noch verbessern könnt.

→ „ausdrucksvoll vorlesen“ auf einen Blick: Seite 269

Eine Gruselgeschichte vorlesen

Ihr könnt nun die Gruselgeschichte „Was quiekt und kracht in der Lesenacht?" so vorlesen, dass die Zuhörer sich gruseln. Dazu könnt ihr eine Vorlesestunde planen, durchführen und auswerten. Ihr selbst seid die Vorleser und auch die Zuhörer.

→ Geschichte: Seite 86–87

1 Partnerarbeit! – **Das Vorlesen vorbereiten:**
- Teilt die Absätze untereinander auf.
- Besprecht auch, wer jeweils die Geräusche macht.
- Übt, die ganze Geschichte vorzulesen.

2 Klassengespräch! – **Das Zuhören vorbereiten:**
- Worauf wollt ihr als Zuhörer achten? Sammelt Stichworte.
- Erarbeitet aus den Stichworten einen Beobachtungsbogen.

Beobachtungsbogen: Vorlesen

Vorleser/in:

	☺	😐	☹
flüssig gelesen			
Tempo			
Lautstärke			
Betonung			
Geräusche			

Besonderheiten:

3 **Gut vorlesen:**
- Stellt euch gerade vor die Klasse.
- Sprecht deutlich.
- Seht die Zuhörer auch hin und wieder mal an.
- Beachtet eure Markierungen im Text.

4 **Aufmerksam zuhören:**
- Setzt euch ruhig hin und seht die Vorleser an.
- Hört aufmerksam zu und macht euch Notizen.

5 **Das Vorlesen auswerten:**
- Verwendet euren Beobachtungsbogen.
- Besprecht zunächst, was euch gut gefallen hat.
- Gebt Tipps, was man noch verbessern könnte.
- Tauscht euch sachlich und freundlich aus. Denn Kritik darf nicht verletzen!

Z **6** Ihr könnt auch einen Vorlesewettbewerb organisieren.

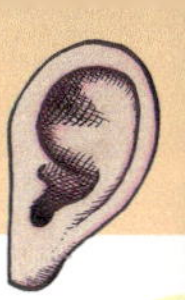

Ausdrucksvoll vorlesen

Mit dieser Gruselgeschichte kannst du noch einmal das Vorlesen üben.

7 Lies die Geschichte mit dem Textknacker:
die Bilder, die Überschrift, die Absätze, die Schlüsselwörter.

Lärm um Mitternacht

Heinz Müller

1 In ihrer ersten Nacht auf dem Ferienhof wurde Ilka plötzlich munter. Sie hörte die Turmuhr und zählte mit, zwölf Schläge: „Bim – bim – bim – bim – bim – bim – bim – bim – bim – bim – bim – bim.“ Kurze Zeit darauf war von draußen zu hören, wie etwas pfiff, zuerst ganz leise, dann immer lauter und immer schneller. „Pfchchch, pfchchch, pfchchchchchch, uiiiiiiiii, uiiiiiiiiii, fchchchchch“, fauchte der Wind um das Haus. Immer stürmischer wurde es.

2 Und dann prasselte der Regen auf das Dach herab, wie tausend Trommeln klang es: „Terrerrrrrrrrrrr, terrerrrrrrrrrr.“ – „Platsch, plitsch, klatsch, plitsch, klatsch“ – dicke Regentropfen landeten am Fenster. So rauschte, brauste und klopfte es unaufhörlich, es schien überhaupt kein Ende zu nehmen: „Pfchchchchchch, uiiiiiiiii, fchchchchch – terrerrrrrrrrrr, plitsch, klatsch, platsch.“ Ilka zog die Decke über ihren Kopf.

3 Doch dann, so plötzlich, wie alles begonnen hatte, war es wieder vorbei. Ilka stand auf, öffnete das Fenster und ein angenehm kühler Lufthauch strömte in ihr Zimmer. Von Ferne hörte sie die Turmuhr einmal schlagen: „Bim“ klang es durch die Luft, die nun wie gereinigt war. Beruhigt legte sie sich wieder ins Bett und schlief ein.

8 a. Bereite die Geschichte zum Vorlesen vor.
b. Übe mehrmals, die Geschichte vorzulesen.
c. Lies die Geschichte vor: deiner Klasse oder deinen Eltern.

Arbeitstechnik

Ausdrucksvoll vorlesen

- Betone **wichtige Wörter**.
- Lies manche Textstellen **lauter**, manche **leiser**.
- Lies manche Textstellen **schneller**, manche **langsamer**.
- Mache **Pausen**, z. B. vor einer spannenden Stelle.

Z Wir bauen eine Klangwand

Diese Klangwand steht in einem großen Garten.

**An der Klangwand hängen klingende Gegenstände.
Menschen, die vorbeikommen, machen Musik damit.
Sie hängen auch weitere klingende Gegenstände dazu.
Die Idee hatte der Künstler Bernd Maretsch,
der sonst Musikinstrumente baute.**

1 Was würdet ihr noch an die Klangwand hängen?
Findet klingende Gegenstände im Klassenraum oder anderswo.

2 Wie bringt ihr die Gegenstände zum Klingen?
Probiert es aus und sprecht darüber.

2 hämmern, klimpern, klopfen, kratzen, pusten,
reiben, rütteln, schlagen, schütteln, …

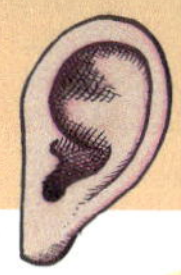

Ihr könnt selbst eine Klangwand bauen.

Die Bilder zeigen, wie das geht.

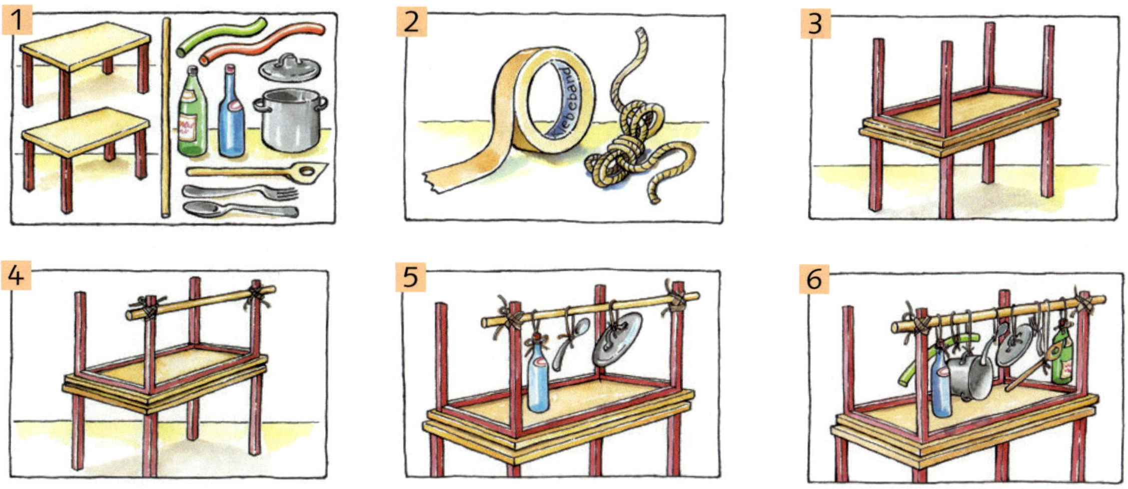

3 Klassengespräch!
Wie bauen wir eine Klangwand?
a. Seht euch die einzelnen Bilder genau an.
b. Beschreibt die einzelnen Arbeitsschritte.
- Welche Gegenstände benötigt ihr?
- Was müsst ihr nacheinander tun?

4 Baut eine Klangwand.

5 Schreibt eine Bauanleitung.

Z Mit eurer Klangwand könnt ihr nun Musik machen.

6 Vertont eine Geschichte mit eurer Klangwand.
a. Überlegt, welche Töne und Geräusche zu der Geschichte „Was quiekt und kracht in der Lesenacht?“ passen.
→ Geschichte: Seite 86–87
b. Wer hat ein Handy? Nehmt die Töne und Geräusche auf.
c. Macht nun eine Lesung mit Musik und Geräuschen.
- Einer liest die Geschichte vor.
- Die anderen machen mit ihren Handys an den richtigen Stellen die Musik und Geräusche.

3 5

Wir brauchen/benötigen …	stellen	zwei Tische, eine Stange,
Außerdem müssen wir … besorgen.	befestigen	das Klebeband, die Schnur
Zuerst stellen wir … verkehrt herum …	verknoten	*klingende Gegenstände:*
Danach/Als Nächstes/Zum Schluss …	anhängen	die Flasche, der Topf,
	benutzen	der Deckel, der Löffel,
		die Gabel, das Rohr

Bellt oder fiept die Maus?

Jedes Tier macht ein Geräusch. Aber welches?
Ob du es mit dem Gedicht „Manchmal“ herausfindest?

Manchmal

Jürgen Spohn

An manchen Tagen
geht nichts zusammen:
Da bellt die Maus.
Da kräht der Frosch.
Da muht das Schwein.
Da fiept der Hund.
Da quakt der Hahn.
Da quiekt das Huhn.
Da miaut die Ziege.
Da meckert die Meise.
Da gackert die Katze.
Da zwitschert die Kuh.

1 Lest das Gedicht mit verteilten Rollen vor.
Ahmt dabei auch die Tierstimmen nach.

2 Da bellt die Maus?
Das stimmt doch nicht!
a. Ordnet den Tieren die passenden Stimmen zu.
b. Schreibt das Gedicht richtig auf.

3 Und wenn es viele Mäuse sind?
Schreibe das **geordnete** Gedicht um.
Verwende den Plural.
Tipp: Verändere auch die Verbformen.

Starthilfe
Manchmal
…
Da bellen die Hunde.
Da krähen die …

3

Da	bellen krähen … gackern zwitschern	die	Hunde. Hähne. … Hühner. Meisen.

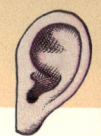

4 Du kennst noch mehr Tiere und ihre Stimmen.
Schreibe weitere Tiere zusammen mit ihren Stimmen auf.
Tipp: Du kannst ein Lexikon oder ein Wörterbuch verwenden.

Starthilfe

der Hirsch röhrt
...

W **5** Schreibe ein eigenes „Manchmal"-Gedicht.
- Verwende die Tiere und Tierstimmen aus Aufgabe 4.
- Wähle aus: immer **ein** Tier oder immer **mehrere**.
- „Schüttele" die Tiere und ihre Stimmen schön „durcheinander".

Starthilfe

Manchmal
An manchen Tagen
geht nichts zusammen:
Da wiehert das Küken.
Da schnattert ...

Oder:
Da wiehern die Küken.
Da schnattern ...

6 Ihr könnt das „Schüttelgedicht" von eurer Partnerin oder eurem Partner ordnen.
a. Tauscht eure Gedichte aus.
b. Schreibt die Gedichte mit den passenden Tierstimmen auf.

7 Lest eure neuen Gedichte in der Klasse vor.

Merkwissen

Nomen können im Singular (in der Einzahl) stehen:
der Hund, das Huhn, die Maus.
Nomen können im Plural (in der Mehrzahl) stehen:
die Hunde, die Hühner, die Mäuse.
Die Verbform richtet sich nach dem Singular oder dem Plural des Nomens:
der Hund bellt, die Hunde bellen.

4 der Hirsch, das Küken, das Pferd, die Biene, die Gans, die Grille
piepst, röhrt, schnattert, summt, wiehert, zirpt

Training:
Eine Geschichte vorlesen

In dieser Geschichte erzählt Alfons von einem unheimlichen Erlebnis. Du kannst sie so vorlesen, dass deine Zuhörer sich gruseln.
Gut vorlesen kannst du, wenn du die Geschichte verstanden hast. Der Textknacker hilft dir dabei.

1. Vor dem Lesen
2. Das erste Lesen
3. Den Text genau lesen
4. Nach dem Lesen

1 a. Sieh dir den Text als Ganzes an: Was erzählen dir die Bilder und die Überschrift?
b. Überfliege die Geschichte.
- Wo spielt die Geschichte?
- Wer sind die Hauptpersonen?

c. Lies die Geschichte genau, Absatz für Absatz.

Gerhard Holtz-Baumert

Mein Erlebnis in der Gespensterbahn

Eines Tages ging Alfons Zitterbacke mit seinem Freund Erwin auf den Jahrmarkt. Sie wollten mit der Gespensterbahn fahren.

1 Der Mann an der Kasse sagte: „Kommen Sie rein, hier werden Sie das Klappern Ihrer Zähne hören, hier werden Sie zittern wie Hunde im Winter." Ich merkte, wie mir eine kalte Hand auf dem Rücken herumkrabbelte. Erwin und ich stiegen in einen Wagen.

2 Der Wagen machte einen Ruck, eine große Tür knallte uns um die Ohren und wir fuhren ins Dunkel. Überall heulte und jaulte es. Es ging im Zickzack[1], wir mussten uns festhalten, damit wir nicht aus dem Wagen flogen. Plötzlich blickte uns etwas mit rot glühenden Augen[2] an, und wir sausten unter einer riesigen Eule durch. Wir bumsten wieder gegen ein paar Türen, und ich duckte mich etwas ins Polster, weil ich Angst hatte, es ginge mir an die Ohren. Da erschien plötzlich ganz blaurot ein Gespenst und drohte uns. „Raus", schrie Erwin, „weg von hier!" Aber wie konnten wir aus dem Wagen steigen, der fuhr doch mit uns weiter, und es ging erst richtig los!

[1] **es ging im Zickzack:** Der Wagen fuhr schnell hin und her.
[2] **mit rot glühenden Augen:** mit Augen, die rot leuchten wie Feuer

3 Lange zittrige Finger griffen nun nach unseren Köpfen und fuhren über unser Gesicht. „Totenfinger“, schrie ich und schloss die Augen. Dann schlug ein Blitz neben uns ein und Donner rollte. Damit wir die Augen aufmachten, blendete uns Licht[3], und zwei Hexen umtanzten unseren Wagen. Die Fahrt wurde auf einmal langsamer, es wurde ein bisschen heller, Erwin und ich guckten uns an und wollten gerade aufatmen, da entdeckten wir es.
In einer beleuchteten Nische stand ein Gerippe und winkte uns zu. Wir fuhren ganz langsam drauflos. Immer, immer näher. Mir stiegen die Haare zu Berge[4]. Ich sprang auf und schrie: „Ich kann nicht mehr …“

4 Erwin wollte mich festhalten, da machte der Wagen einen Ruck und ich lag auf dem kalten Sand und sah nichts. Ich hörte nur noch Erwin von ferne jammern: „Hilfe, Zitterbacke, wo bist du?“
Ich war in der Gespensterbude allein. Raus wollte ich und rappelte mich auf[5]. Als ich stand, sauste ein neuer Wagen vorbei und eine Frauenstimme rief: „Ewald, schon wieder ein Gespenst!“ Die meinte wohl mich.

2 Klassengespräch!
  a. Alfons und Erwin hatten Angst.
     An welchen Textstellen merkt man das? Lest die Stellen vor.
     Tipp: Die Schlüsselwörter helfen euch.
  b. Wen hielt die Frau am Ende für ein Gespenst? Warum?

Ihr könnt zu zweit üben, die Geschichte spannend vorzulesen.
Besonders spannend klingt die Geschichte, wenn ihr die wörtliche Rede auf besondere Weise vorlest.

3 a. Lest noch einmal Absatz 1.
  b. Wie spricht der Mann an der Kasse?
     Lest die wörtliche Rede vor.
     Tipp: Ihr könnt schreien, flüstern, rufen, locken, …

4 Lest den ersten Absatz vor.
Probiert verschiedene Betonungen aus.

[3] **Licht blendete uns:** Licht schien uns sehr hell in die Augen.
[4] **mir stiegen die Haare zu Berge:** Ich hatte große Angst.
[5] **ich rappelte mich auf:** Ich stand wieder auf.

Unheimliches hörbar machen

Die Stimme ist beim Vorlesen euer wichtigstes Instrument.
Besonders spannend klingt es, wenn ihr wichtige Wörter betont und Pausen an den richtigen Stellen macht.

1 a. Lest noch einmal Absatz 2.
b. Welche Wörter und Sätze machen den Absatz unheimlich? Legt eine Folie über den Absatz und markiert wichtige Wörter.
c. Lest den Absatz so vor, dass man das Unheimliche hören kann.
- Sprecht gruselige Wörter mit unheimlicher Stimme.
- Macht Pausen an spannenden Stellen.

2 In Absatz 3 sind schon Betonungen und Pausen markiert. Lest den Absatz still.

3 **Lange** zittrige **Finger** griffen nun nach unseren Köpfen und fuhren über unser Gesicht. | „Totenfinger“, schrie ich und schloss die Augen. || Dann schlug ein **Blitz** neben uns ein | und **Donner** rollte. || Damit wir die Augen aufmachten, | blendete uns Licht, | und zwei Hexen umtanzten unseren Wagen. || Die Fahrt wurde auf einmal langsamer, | es wurde ein bisschen heller, || Erwin und ich guckten uns an | und wollten gerade **aufatmen**, | da entdeckten wir es. ||
In einer beleuchteten Nische stand ein **Gerippe** und winkte uns zu. Wir fuhren ganz langsam drauflos. || Immer, | immer || näher. Mir stiegen die Haare zu Berge. | Ich sprang auf und schrie: „Ich kann nicht **mehr** …“

3 a. Lest die Sätze abwechselnd vor.
b. Sprecht über die Markierungen.
c. Übt mehrmals, den Absatz vorzulesen.

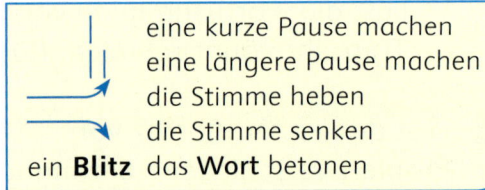

|	eine kurze Pause machen
||	eine längere Pause machen
↗	die Stimme heben
↘	die Stimme senken
ein **Blitz**	das **Wort** betonen

Eure Stimme kann noch mehr:
Ihr könnt schnell oder langsam sprechen.

4 Bereitet Absatz 4 zum Vorlesen vor.
a. Legt eine Folie über den Text auf Seite 97.
Markiert wichtige Wörter und Pausen auf der Folie.
b. Lest den Absatz vor. Probiert dabei verschiedene Möglichkeiten aus:
- Lest mal schnell, mal langsam.
- Sprecht die wörtliche Rede auf besondere Weise.

Z **5** Lest einen Absatz gleichzeitig vor.
- Wenn einer von euch einen Fehler macht, verbessert er sich zuerst selbst.
- Danach lest ihr den ganzen Satz noch einmal gleichzeitig vor.

6 Übt, den ganzen Text vorzulesen.
Beachtet die Arbeitstechnik.

Arbeitstechnik

Ausdrucksvoll vorlesen

Du kannst eine Geschichte so vorlesen, dass **die Zuhörer** sich **genau vorstellen** können, was geschieht.

Vor dem Lesen:
- Lies die Geschichte **mehrmals** leise.
Der **Textknacker** hilft dir, sie zu verstehen.

Beim Lesen:
- Betone **wichtige Wörter**.
- Lies manche Textstellen **lauter**, manche **leiser**.
- Lies manche Textstellen **schneller**, manche **langsamer**.
- Mache **Pausen**, z. B. vor einer spannenden Stelle.
- Achte auf **die wörtliche Rede**:
Die Zuhörer sollen verstehen, *wer* spricht.
Sie sollen auch hören, *wie* jemand spricht.
- Achte auf die **Satzzeichen**.
Hebe die Stimme leicht an, z. B. vor einem Komma.
Senke die Stimme, z. B. nach einem Punkt.

W **7** a. Lest die Geschichte vor Zuhörern vor.
- Ihr könnt der Klasse einen Absatz vorlesen.
- Ihr könnt die Geschichte eurer Familie oder euren Freunden vorlesen.

b. Besprecht, was gut gelungen ist und was ihr noch verbessern könnt.
Tipp: Ihr könnt auch einen Beobachtungsbogen verwenden.

→ Beobachtungsbogen: Seite 90

Die Welt der Bücher

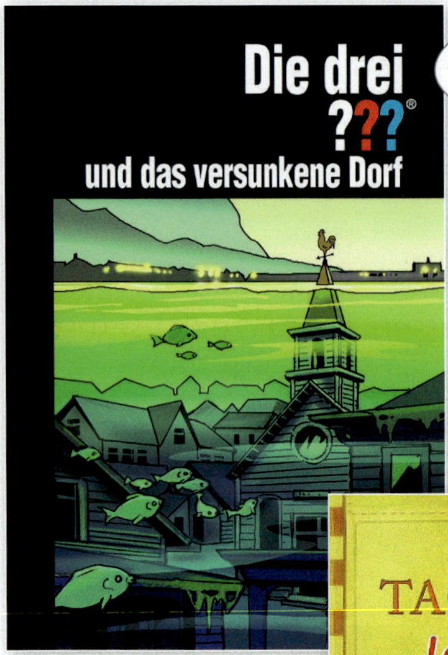

Mir gefällt das Buch, weil es spannend aussieht.

Das ist bestimmt ein Abenteuerbuch.

Das ist bestimmt ein lustiges Buch!

1 a. Seht euch die Bilder auf den Büchern an.
Welche Bilder machen euch neugierig? Warum?
b. Stellt Vermutungen an: Worum könnte es in den Büchern gehen?

2 a. Lest die Titel der Bücher.
b. Welche Bücher möchtet ihr vielleicht lesen?
Begründet eure Entscheidung.

1 In dem Buch geht es bestimmt um …
Wahrscheinlich erfährt man in dem Buch …
Ich glaube, in dem Buch …
Mich interessiert das Buch, weil …

Ich möchte wissen, worum es in dem Buch geht.

Das Buch finde ich nicht so interessant, denn ...

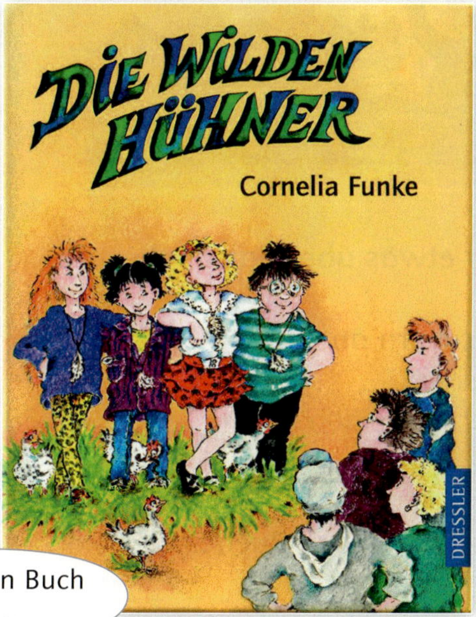

Das ist ein Buch für ...

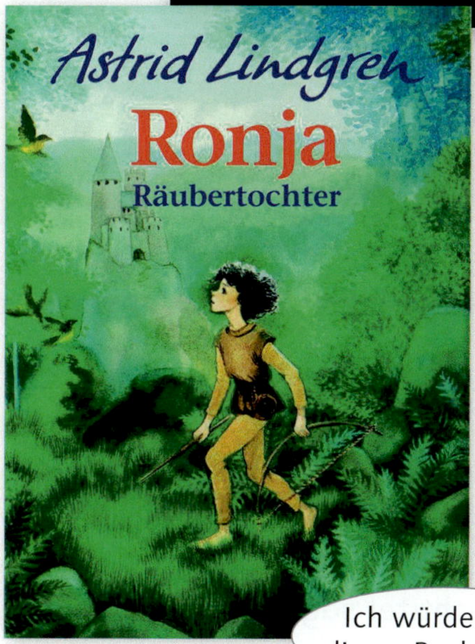

Ich würde gern dieses Buch lesen.

In diesem Kapitel begegnet ihr vielen Büchern.
- Ihr erfahrt, wie ihr ein Buch zum Lesen auswählen könnt.
- Leitfragen werden euch beim Lesen helfen.
- In einer Lesemappe sammelt ihr alles rund ums Lesen.

3 Lege eine Lesemappe an.
Schreibe deinen Namen auf die Lesemappe.

Das Buchcover

Wie wählt ihr ein Buch aus? Ihr erfahrt schon viel, wenn ihr euch den Buchdeckel, also das Buchcover, anseht.

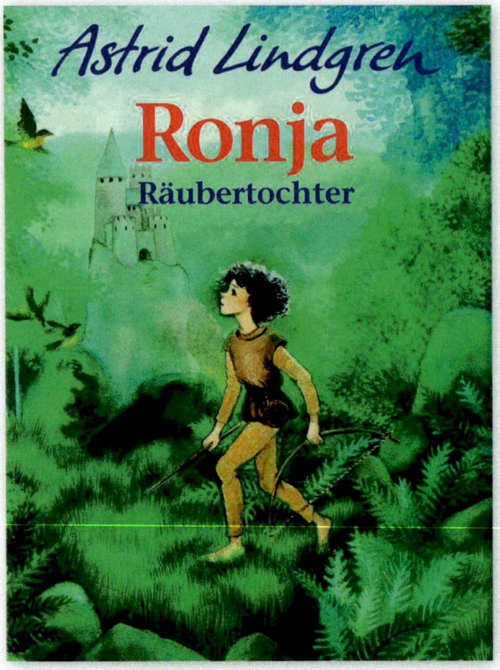

Das Bild auf dem Buchcover verrät euch etwas über das Buch.

1 a. Seht euch die Bilder auf den Buchcovern an.
b. Worum geht es wohl in den Büchern? Sprecht in der Klasse über eure Vermutungen.

Der Buchtitel sagt euch etwas über das Thema des Buches.

2 a. Lest die Buchtitel.
b. Stellt Vermutungen über das Thema der Bücher an.

3 Welches der beiden Bücher möchtet ihr vielleicht lesen?
a. Schreibt es mit einer Begründung auf.
b. Heftet das Blatt in die Lesemappe.
Tipp: Ihr könnt auch das Cover dazu zeichnen.

das Buchcover

1 Auf dem Cover sehe ich …
Man kann … erkennen.
Ich denke, dass …
Mich interessiert vor allem, ob …

Der Klappentext

**Viele Bücher haben einen Klappentext.
Er steht oft auf der Rückseite des Buches.
Der Klappentext erzählt euch ganz kurz,
worum es in dem Buch geht.**

der Klappentext →

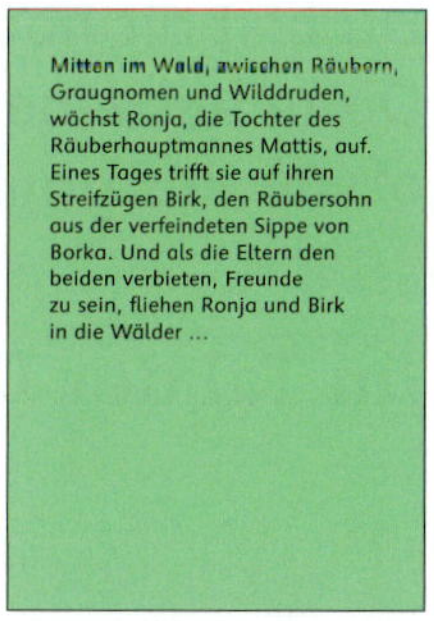

Mitten im Wald, zwischen Räubern, Graugnomen und Wilddruden, wächst Ronja, die Tochter des Räuberhauptmannes Mattis, auf. Eines Tages trifft sie auf ihren Streifzügen Birk, den Räubersohn aus der verfeindeten Sippe von Borka. Und als die Eltern den beiden verbieten, Freunde zu sein, fliehen Ronja und Birk in die Wälder ...

4 Die beiden Klappentexte gehören zu den Buchcovern auf Seite 102.
Ordnet die Klappentexte den Buchcovern zu.

1

Philipp und Anne trauen ihren Augen nicht[1], als sie ein Baumhaus im Wald entdecken. Gespannt klettern sie über die lange Strickleiter nach oben. Was für ein toller Ausblick! Doch plötzlich beginnt sich das Baumhaus zu drehen. Schneller und schneller! Dann ist alles still. Aber Philipp und Anne sind nicht mehr da, wo sie vorher waren. Sie sind im Tal der Dinosaurier …

2

Mitten im Wald, zwischen Räubern, Graugnomen und Wilddruden[2], wächst Ronja, die Tochter des Räuberhauptmannes Mattis, auf. Eines Tages trifft sie auf ihren Streifzügen[3] Birk, den Räubersohn aus der verfeindeten Sippe von Borka. Und als die Eltern den beiden verbieten, Freunde zu sein, fliehen Ronja und Birk in die Wälder …

5 a. Was verraten euch die Klappentexte über den Inhalt der Bücher? Sprecht darüber.
b. Überprüft eure Vermutungen aus den Aufgaben 1 und 2.

der Klappentext

6 Bleibst du bei deinem ausgewählten Buch?
Oder würdest du nun das andere Buch auswählen?
a. Schreibe den Klappentext in deine Lesemappe.
b. Welche Wörter findest du spannend? Unterstreiche sie.
c. Begründe deine Wahl.

[1] **sie trauen ihren Augen nicht:** sie können es kaum glauben
[2] **Graugnome und Wilddruden:** unheimliche Wesen
[3] **auf ihren Streifzügen:** auf ihren Ausflügen

Ausschnitte aus zwei Büchern

Du bist dir noch nicht sicher, ob dir das Buch gefällt? Dann lies einen Buchausschnitt. So kannst du entscheiden, ob du das ganze Buch lesen möchtest.

Im Tal der Dinosaurier

Mary Pope Osborne

1 Philipp verließ den Weg und ging mitten in den Wald hinein. Die Bäume leuchteten golden im Licht der untergehenden Sonne. „Hierher!", rief Anne. „Schau mal!", sagte sie und deutete auf eine Strickleiter. Das war die längste Strickleiter, die Philipp je gesehen hatte. „Nicht zu fassen!", flüsterte er. Die Leiter führte ganz hoch in die Baumkrone. Und dort, zwischen den Zweigen, war ein Baumhaus. „Das ist bestimmt das höchste Baumhaus der Welt!", meinte Anne.

2 Philipp und Anne stiegen zu dem Baumhaus hinauf. Dort oben war der ganze Raum voller Bücher. „Schau, hier ist ein Buch für dich!" Anne hielt ein Buch über Dinosaurier hoch. Da war das Bild eines fliegenden Reptils, eines Pteranodons[1]. Philipp fuhr mit dem Finger die riesigen, fledermausartigen Flügel nach. „Oh, Mann!", flüsterte er. „Ich wünschte, ich könnte so ein Pteranodon mal in Wirklichkeit sehen."

3 Philipp sah aus dem Fenster. Dann blickte er auf das Bild in dem Buch und dann wieder aus dem Fenster. Die Welt draußen vor dem Fenster und die auf dem Bild sahen absolut gleich aus. Das Pteranodon segelte über den Himmel. Der Boden war mit riesigen Farnen[2] und hohen Gräsern bewachsen. Ein Fluss schlängelte sich durch die Landschaft, Philipp sah einen Hügel und in der Ferne Vulkane[3]. „Wo … sind wir denn?", stammelte Philipp. Das Pteranodon landete am Fuß des Baumes und saß ganz still. „Was ist passiert?", fragte Anne. Sie sah Philipp an, er sah sie an. „Ich weiß auch nicht", sagte er. „Ich habe mir dieses Buch angesehen …"

[1] **das Pteranodon:** ein fliegender Saurier. Er lebte in der Kreidezeit.
[2] **der Farn:** eine Pflanze, die im Wald wächst
[3] **der Vulkan:** ein Berg, aus dem heiße Flüssigkeit strömt

Leitfragen helfen dir, den Buchausschnitt zu verstehen. Die Leitfragen und deine Antworten sammelst du in deiner Lesemappe.

Wer sind die Hauptpersonen?

Wer?

W **1** a. Schreibe die Namen der Hauptpersonen auf.
b. Wie stellst du dir die Hauptpersonen vor?
Wähle aus:
- Beschreibe, wie die Personen aussehen könnten.
- Oder zeichne die Personen.

Wo spielt die Geschichte?

Wo?

2 Was erfährst du über das magische Baumhaus?
a. Zeichne das magische Baumhaus.
b. Beschreibe es.
c. Warum ist das Baumhaus ein magisches Baumhaus? Schreibe es auf.

Wann spielt die Geschichte?

Wann?

3 Philipp und Anne befinden sich plötzlich in einer anderen Zeit, nämlich in der Kreidezeit. Was erfährst du in der Geschichte über diese Zeit? Schreibe es auf.
Tipp: Lege zunächst eine Folie über den Text und markiere.

Z **4** Was weißt du noch über die Kreidezeit?
a. Informiere dich im Lexikon oder im Internet.
b. Schreibe die Informationen auf.
c. Hefte die Informationen in deine Lesemappe.

5 Du hast nun einen ersten Eindruck von dem Buch erhalten. Würdest du das Buch gern lesen? Schreibe deine Meinung auf und begründe sie.

Was Anne und Philipp in der Kreidezeit erleben, kannst du in dem Buch lesen.

2 eine lange Strickleiter, eine riesige Baumkrone, … bis in den Himmel …

Mit Hilfe der Leitfragen kannst du auch diesen Ausschnitt verstehen.
Die Antworten sammelst du in deiner Lesemappe.

Ronja Räubertochter

Astrid Lindgren

Ronja ist eine Räubertochter. Sie lebt in der Mattisburg. Eines Tages rannte Ronja durch den Mattiswald. Dort begegnete sie Birk, dem Sohn der verfeindeten Räuberfamilie.

1 „Gib Acht, Räubertochter", sagte Birk. „So eilig hast du es ja wohl nicht, oder?" „Wie eilig ich es habe, geht dich nichts an", fauchte sie und stürmte weiter. Doch dann verlangsamte sie ihre Schritte. Ihr kam der Gedanke zurückzuschleichen, um zu sehen, was Birk in ihrem Wald trieb.

2 Er hockte vor dem Bau, wo ihre Fuchsfamilie wohnte. Das machte sie nur noch wütender, denn es waren ja **ihre** Füchse! Sie hatte sie schon beobachtet, seit im Frühjahr die Jungen zur Welt gekommen waren. Sie sprangen und bissen und balgten sich[1] vor dem Bau und Birk saß da und schaute zu. Er saß mit dem Rücken zu ihr, dennoch merkte er auf geheimnisvolle Weise, dass sie hinter ihm stand, denn ohne sich umzuwenden rief er: „Was willst du, Räubertochter?"

3 „Ich will, dass du meine Jungfüchse in Frieden lässt und aus meinem Wald verschwindest!" Da stand er auf und kam zu ihr. „**Deine** Jungfüchse! **Dein** Wald! Die Jungfüchse gehören nur sich allein, verstehst du das nicht? Und sie leben im Wald der Füchse. Und es ist auch der Wald der Wölfe und der Bären, der Elche und der Wildpferde." [...] „Erzähl mir was Neues", sagte Ronja, „was ich nicht besser weiß als du. Sonst halt lieber den Mund."

1
- **Wer** sind die Hauptpersonen?
- **Wo** spielt die Geschichte?
- **Wann** spielt die Geschichte?

Schreibe die Antworten in deine Lesemappe.

Wer?
Wo?
Wann?

[1] **sie balgten sich:** sie stritten / rauften sich

Ronja und Birk sind keine Freunde.

2 • Was tat Ronja? Was sagte sie?
• Warum reagierte Ronja so?
Schreibe es in deine Lesemappe.

3 • Was tat Birk? Was sagte er?
• Was dachte Birk?
Schreibe es in deine Lesemappe.

An einem Winterabend geriet Ronja beim Skifahren in eine Notlage.

4 Ronja schoss den Hang hinab. Plötzlich gab es eine Vertiefung in der Schneedecke. Ronja flog darüber hinweg. Doch mitten im Flug verlor sie einen Ski. Ihr Fuß brach bei der Landung in die Schneedecke ein. Ronja steckte bis zum Knie fest. Sie sah noch, wie ihr Ski den steilen Hang hinunterrutschte. Zuerst lachte sie darüber. Doch das Lachen verging ihr bald. Sie bekam ihren Fuß nicht mehr frei. Wie sehr sie auch zog, es half nichts. […]

5 Es war totenstill. Ein eiskalter Wind wehte. Ronja lag reglos da. Große Schneeflocken fielen vom Himmel. Da hörte Ronja, wie jemand ihren Namen rief. Das konnte nur ein Traum sein. „Ronja, willst du denn nicht nach Hause?“ Mühsam öffnete sie die Augen. Vor ihr stand Birk. „Ich hab da unten deinen Ski gefunden. Du brauchst wohl Hilfe?“

4 • Was könnte Ronja denken?
• Hilft Birk wohl Ronja? Oder hilft er ihr vielleicht nicht?
Schreibe deine Vermutungen auf und begründe sie.

Du hast nun einen ersten Eindruck von dem Buch erhalten.

5 Würdest du das Buch gern lesen?
Schreibe deine Meinung auf und begründe sie.

Ob Ronja und Birk Freunde werden, kannst du in dem Buch lesen.

4 Oh nein, ausgerechnet Birk! Was will der denn hier? …

Deine Lesemappe

Deine Lesemappe begleitet dich immer, wenn du ein Buch liest.
Du kannst in deiner Lesemappe Informationen, viele gute Ideen, eigene Texte und Bilder sammeln.

1 Was alles gehört in deine Lesemappe?
a. Lies die folgenden Ideen.
b. Überlege, wie du deine Lesemappe gestalten möchtest.

Das Buchcover

Schreibe Informationen zum Buchcover auf.
- Was ist auf dem Buchcover zu sehen?
- Wie heißt der Buchtitel?
- Wie heißt der Autor?

Der Klappentext

Fasse kurz zusammen, was der Klappentext über das Buch erzählt.

Wer ist die Hauptperson?

Wähle eine Person aus dem Buch aus.
- Du kannst die Person zeichnen.
- Du kannst die Person in einem kurzen Text beschreiben.
- Du kannst die Person sich selbst vorstellen lassen.

Wo spielt die Geschichte?

- Du kannst den Ort beschreiben.
- Du kannst den Ort zeichnen.
- Du kannst Informationen zu dem Ort im Lexikon oder im Internet suchen.

Der Ort ist schön / hässlich, weil ...
Das Besondere an diesem Ort ist, dass ...
Der Ort ist im Buch wichtig, denn ...

Wann spielt die Geschichte?

- Du kannst aufschreiben, in welcher Zeit dein Buch spielt.
- Du kannst dich im Lexikon oder im Internet über die Zeit informieren.
- Du kannst Bilder über die Zeit in Sachbüchern oder im Internet suchen.

Mein Buch spielt in der heutigen Zeit / in der Vergangenheit / im Jahr ...

Was ist deine Lieblingsstelle?

Du kannst eine besondere Textstelle auswählen.
- Schreibe die Seitenzahl auf.
- Fasse kurz zusammen, was in dieser Textstelle geschieht.
- Begründe, warum die Stelle deine Lieblingsstelle ist.

> – *Eine wichtige Textstelle steht auf der Seite* ___
> – *Das geschieht dort:* ___
> – *Die Textstelle finde ich besonders wichtig / lustig / traurig, weil* ___

Welche Gedanken und Gefühle hattest du?

Du kannst aufschreiben, was du beim Lesen gedacht und gefühlt hast.
- Was hat dir gut gefallen?
- Was hat dir nicht so gut gefallen?

Begründe deine Meinung.

Zu deiner Lesemappe gehört auch ein Inhaltsverzeichnis.

2 Du hast nun viele Blätter in deiner Lesemappe gesammelt.
  a. In welcher Reihenfolge möchtest du die Blätter ordnen? Nummeriere die Seiten.
  b. Schreibe ein Inhaltsverzeichnis für deine Lesemappe.
  Tipp: Gestalte das Inhaltsverzeichnis mit schöner Schrift und mit Bildern. Du kannst z. B. einzelne Buchstaben oder die Seitenangaben verzieren.

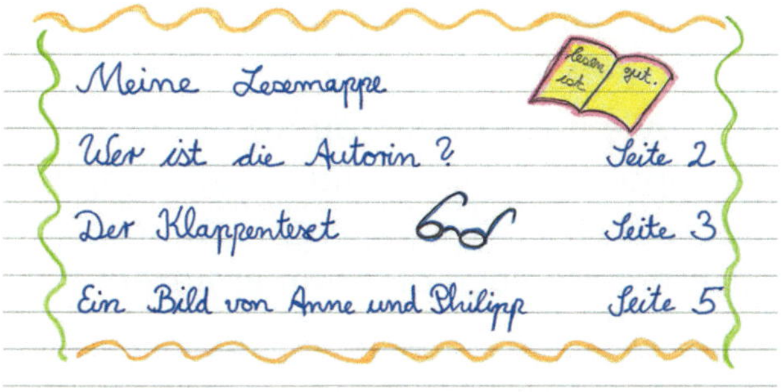

3 Gestalte zum Schluss ein schönes Deckblatt passend zum Buch.
Schreibe auch deinen Namen darauf.

→ die Lesemappe auf einen Blick: Seite 269

Ein Jugendbuch auswählen

Möchtest du dieses Buch lesen?
Finde es selbstständig heraus.

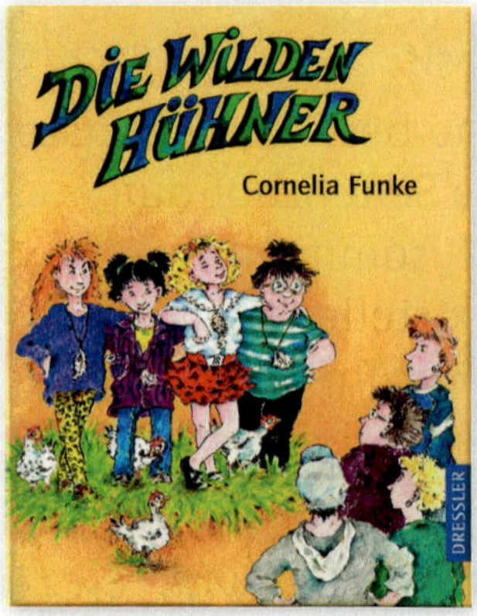

1 a. Sieh dir das Buchcover an.
- Was verrät dir das Bild?
- Wie heißt der Buchtitel?
- Wie heißt die Autorin?

b. Schreibe die Antworten auf.

Die wilden Hühner

Cornelia Funke

Es war ein wunderbarer Tag. Warm und weich wie Hühnerfedern. Aber leider ein Montag. Und die riesige Uhr über dem Schuleingang zeigte schon Viertel nach acht, als Sprotte auf den Schulhof gerast kam. „Mist!“, sagte sie, bugsierte[1] ihr Rad in den verrosteten Fahrradständer und zerrte die Schultasche vom Gepäckträger. Dann stürmte sie die Treppe rauf und rannte durch die menschenleere Pausenhalle. Auf der Treppe raste sie fast in Herrn Mausmann, den Hausmeister, hinein. „Hoppla!“, sagte er und verschluckte sich an seinem Käsebrot. „'tschuldigung!“, murmelte Sprotte – und stürmte weiter. Noch zwei Flure entlang, dann stand sie japsend[2] vor ihrer Klassentür. Mucksmäuschenstill war's da drin. Wie immer bei Frau Rose. Sprotte schnappte noch einmal nach Luft, klopfte und öffnete die Tür. „'tschuldigung, Frau Rose“, sagte sie, „ich musste noch die Hühner füttern.“

2 Beantworte die Leitfragen zum Textausschnitt schriftlich.
- **Wer** ist die Hauptperson?
- **Wo** und **wann** spielt die Geschichte?
- **Was** geschieht?

3 Würdest du das Buch gern lesen?
Schreibe eine Begründung auf.

[1] **sie bugsierte:** sie schob, sie beförderte
[2] **japsend:** keuchend, Luft schnappend

Z Ein Buch vorstellen

Wenn du ein Buch gelesen hast, kannst du es in deiner Klasse vorstellen. Deine Lesemappe hilft dir bei der Vorbereitung.

das Buchcover
der Klappentext
Wer?
Wo?
Wann?
Was?

1 Bereite eine Buchvorstellung vor.
a. Lies noch einmal die Einträge in deiner Lesemappe.
b. Wie möchtest du deine Buchvorstellung gliedern? Mache dir Notizen mit Hilfe des Inhaltsverzeichnisses.

2 Wähle passende Materialien für deine Buchvorstellung aus.
- Lege das Buch bereit.
- Wähle einen Textausschnitt aus, den du vorlesen möchtest.
- Welche Bilder möchtest du zeigen?

3 Übe, dein Buch vorzustellen.
Du kannst die folgenden Satzanfänge verwenden.

- Ich möchte euch mein Buch vorstellen. Es hat den Titel ___.
- Der Autor/die Autorin heißt ___.
- Die Hauptpersonen sind ___.
- In dem Buch geht es um ___.
- An dem Buch hat mir besonders gut gefallen, dass ___.

4 Stelle dein Buch der Klasse vor.
Beachte dabei die Arbeitstechnik.

Arbeitstechnik

Ein Buch vorstellen

- Zeige den Zuhörern das **Buchcover**.
- Nenne den **Titel** und den **Autor** des Buches.
- **Wer?** – Stelle die **Hauptpersonen** vor.
- **Wo?** – **Wann?** – **Was?** – Erzähle **kurz** etwas über den **Inhalt** des Buches. Aber verrate nicht zu viel.
- Erkläre, **warum** dir das Buch gut **gefallen** (oder nicht so gut gefallen) hat.
- **Lies** einen **Ausschnitt** aus dem Buch **vor**.

5 Wertet die Buchvorstellung gemeinsam aus.
- Welche Fragen habt ihr noch?
- Würdet ihr das Buch gern lesen?

Was alles fand der Bücherwurm?

Auf seiner Reise durch das Bücherland fand der Bücherwurm sieben Sachen. Welche sieben Sachen? Du kannst es mit diesem Gedicht herausfinden.

Der Bücherwurm

Şule Aslan

Ein kleiner, schlauer Bücherwurm
kroch auf einen Bücherturm.
Er reiste durch das Bücherland,
wo er sieben Sachen fand:
Einen spannenden Krimi,
ein verstaubtes Bilderbuch,
eine gruselige Fantasiegeschichte,
einen aufregenden Abenteuerroman,
einen lustigen Comic,
ein vergilbtes Heft
und einen roten Füller.
Er setzte sich an einen Tisch
und schrieb ein eigenes Gedicht.

1 Lies das Gedicht laut.
Versuche, dir die sieben Sachen zu merken, die der Bücherwurm gefunden hat.

2 Konntest du dir alle sieben Sachen merken?
a. Decke das Gedicht ab.
b. Sage die sieben Sachen auswendig auf.

3 Welche sieben Sachen fand der Bücherwurm?
a. Schreibe einen Satz mit allen sieben Wortgruppen auf.
b. Markiere jeweils die unbestimmten Artikel und die Endungen der Adjektive farbig.

Starthilfe

Der Bücherwurm fand einen spannenden Krimi, ein verstaubtes Bilderbuch, eine gruselige …

2 Der Bücherwurm fand einen spannenden Krimi. → ein spannender Krimi

4 Welche Gegenstände findet der Bücherwurm noch?
Schreibe Sätze auf.
Beschreibe dabei jeden Gegenstand mit einem Adjektiv genauer.
- Du kannst die Satzschalttafel verwenden.
- Du kannst auch eigene Sätze schreiben.

Der Bücherwurm findet	einen	alt- bunt- kaputt- groß- hübsch- lustig- winzig-	en	Fußball. Regenschirm. Wecker.
	ein		es	Foto. Lineal.
	eine		e	Perle. Socke.

5 Schreibe ein eigenes Gedicht.
Verwende die Gegenstände aus Aufgabe 4.

Starthilfe

…
Einen bunten Regenschirm,
ein lustiges Foto,
…

6 Lest eure Gedichte in der Klasse vor.

Z **7** Du kannst auch ein Gedicht über ein Buch schreiben.
a. Welche Orte, Personen und Gegenstände gibt es in dem Buch?
Schreibe Nomen mit ihren unbestimmten Artikeln auf.
b. Beschreibe die Orte, Personen und Gegenstände mit Adjektiven genauer.
Verwende die richtigen Endungen.
c. Schreibe das ganze Gedicht auf.

Merkwissen

Adjektive **beschreiben Nomen** genauer.
Sie können **zwischen Artikel und Nomen** stehen.
Achte auf die Endungen:
Der Bücherwurm fand einen alten Roman,
ein verstaubtes Buch, eine gruselige Geschichte.

7

In dem Buch gibt es	einen	gefährlich- mutig- riesig- treu- unheimlich- wunderschön-	en	Dinosaurier. Helden.
	ein		es	Haus. Mädchen.
	eine		e	Burg. Feder.

Training:
Wir gehen in die Bücherei

Jonas und Alina gehen in die Bücherei.

1 Klassengespräch!
Seht euch das Bild an.
- Was könnt ihr alles in einer Bücherei entdecken?
- Welche Abteilungen gibt es?

In einer Bücherei könnt ihr nicht nur Bücher ausleihen.

2 Was könnt ihr alles in einer Bücherei ausleihen?
Sprecht darüber.

3 a. Welche Abteilungen interessieren euch besonders? Begründet.
b. Was würdet ihr gern ausleihen? Sammelt es an der Tafel.

1 die Hörbuchabteilung
die Jugendbuchabteilung
der Lesetisch
die Mediathek
das Neuheitenregal
die Sachbuchabteilung

Was gibt es alles in der Jugendbuchabteilung?

Jonas und Alina gehen in die Jugendbuchabteilung.
Dort sind die Bücher nach Themen geordnet.

4 Welche Themen gibt es in der Jugendbuchabteilung?
Schreibe sie untereinander auf.

5 Wo im Regal stehen die folgenden Bücher?
Ordne die Buchtitel den Themen zu.

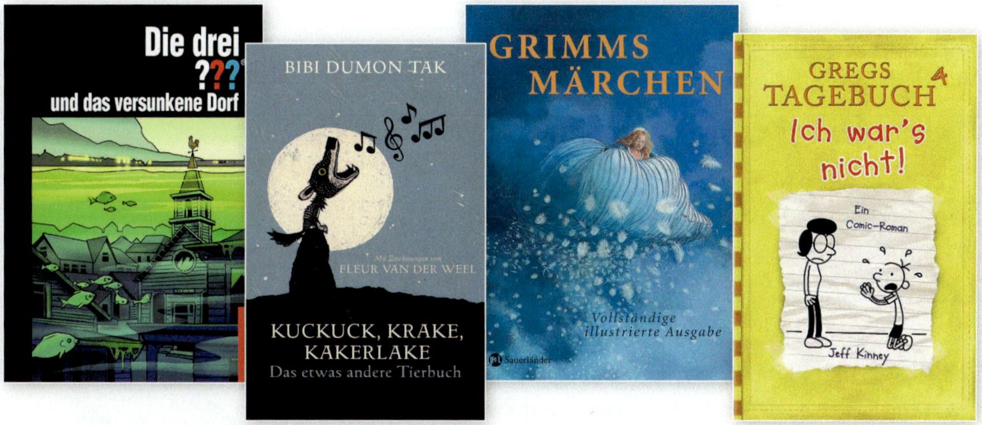

Z **6** Welches der vier Bücher möchtest du gern lesen?
Begründe.

6 …, denn ich finde es interessant/spannend/gruselig.
…, denn ich interessiere mich für …

Wie findest du Bücher mit dem Computer?

Im Computer der Bücherei kannst du Bücher suchen.

Jonas gibt in das Suchfeld das Stichwort Harry Potter ein.

Titel: Harry Potter und der Stein der Weisen — **Band:** 1
Autor/in: Joanne K. Rowling[1] — **Jahr:** 1998
Signatur JUG 900 Row — Dieser Titel ist vorhanden.

Titel: Harry Potter und die Kammer des Schreckens — **Band:** 2
Autor/in: Joanne K. Rowling — **Jahr:** 1998
Signatur JUG 900 Row — Dieser Titel ist verliehen.

Titel: Harry Potter und der Feuerkelch — **Band:** 4
Autor/in: Joanne K. Rowling — **Jahr:** 2000
Signatur JUG 900 Row — Dieser Titel ist vorhanden.

1 a. Lies die Informationen auf dem Bildschirm.
- Wie heißt Band 1?
- Wie heißt die Autorin?
- Welche Bände sind verliehen?
  Welche Bände sind vorhanden?

b. Kann Jonas Band 1 ausleihen? Begründe.

Alina möchte lieber ein spannendes Hörbuch ausleihen.
Sie gibt Hörbuch + Abenteuer in das Suchfeld ein.

Titel: Das Rennen zum Südpol (Audio CD)
Autor/in: Arved Fuchs — Dieser Titel ist vorhanden.

Titel: Die drei ??? In der Geisterstadt (Hörkassette)
Autor/in: Ulf Blanck — Dieser Titel ist vorhanden.

Titel: Fear Street 01. Falsch verbunden … (Audio CD)
Autor/in: R. L. Stine — Dieser Titel ist verliehen.

2 Lies die ersten drei Suchergebnisse.
Welche Hörbücher werden angezeigt?

3 Welches Hörbuch würde dich interessieren?
Begründe.

[1] **Joanne K. Rowling** [sprich: Dschoän Käi Roling]

Wie findest du ein Buch im Regal?

Jedes Buch in der Bücherei hat eine eigene Kennzeichnung aus Buchstaben und Zahlen. Diese Kennzeichnung nennt man Signatur.

4 Welche Signaturen haben die folgenden Bücher?
Schreibe sie auf.

Titel: Weltgeschichte
Autor/in: Manfred Mai
Signatur G 200 Mai

Titel: Beinhart, die Steinzeit
Autor/in: Terry Deary
Signatur G 210 Dear

JUG – Jugendbücher
G – Geschichte
N – Natur

Die Abkürzungen sagen dir, in welcher Abteilung du ein Buch findest.

5 In welcher Abteilung findest du die beiden Bücher?
Schreibe es auf.

Z **6** Was bedeuten die Abkürzungen am Ende der Signatur?
Begründe deine Vermutung.

7 Seht euch das Foto genau an.
- Welches der beiden Bücher findet ihr in diesem Regal?
- Wie heißt das Buch mit der Signatur **G 200 Nase**?

Z **8** Erkundet eine Bücherei in eurer Nähe.
- Wie ist die Jugendbuchabteilung aufgebaut?
- Wie sind die Signaturen aufgebaut?
- Was kostet eine Mitgliedskarte für Schüler?

Computer, Handy und CD

Das Bild zeigt verschiedene Geräte und Gegenstände.

1 Klassengespräch!
- Welche Geräte und Gegenstände kennt ihr?
- Was könnt ihr damit alles machen?

1 Auf dem Bild sehe ich einen/ein/eine … Ich habe selbst einen/ein/eine …
Den/das/die … nutze ich, weil ich damit/darin …

ein E-Book-Reader, ein Fernseher, ein Laptop/ein Computer,
ein MP3-Player, ein Buch, ein Handy, eine CD

Mit den Geräten und Gegenständen könnt ihr viele verschiedene Dinge tun.

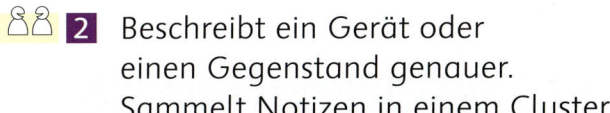

2 Beschreibt ein Gerät oder einen Gegenstand genauer. Sammelt Notizen in einem Cluster.

3 Präsentiert euren Cluster mit dem Overheadprojektor. Zeichnet dazu den Cluster auf eine Folie und stellt ihn der Klasse vor.

4 Klassengespräch!
- Was nutzt ihr besonders **gern**? Wofür?
- Was nutzt ihr besonders **häufig**? Begründet.

Statt von Geräten und Gegenständen wird heute meist von Medien gesprochen. Das Wort Medien hast du sicher schon oft gehört. Medien begleiten dich jeden Tag und überall.

Was heißt eigentlich „Medien"?

5 Was sind eigentlich Medien?
- a. Schreibe auf, was du dir darunter vorstellst.
- b. Vergleiche deine Gedanken mit dem Lexikonartikel aus dem Internet.

> die **Medien**, das **Medium**: hier: Mittel zur Verständigung.
> Moderne Medien sind zum Beispiel: der Computer, das Fernsehen, das Internet, aber auch Zeitungen. Mit Medien kann man sich in kürzester Zeit und über weite Entfernungen hinweg informieren, Gedanken austauschen oder unterhalten.

2 telefonieren, spielen, chatten, mit Freunden sprechen, mich informieren, mich unterhalten, Hausaufgaben, lesen, Spaß haben, mich schnell erkundigen

Moderne Medien vergleichen

**Geschichten könnt ihr lesen oder hören.
Wie oder wo? – Mit den modernen Medien habt ihr die Wahl!**

1 Klassengespräch!
- Was seht ihr auf den Bildern?
- Mit welchen Medien könnt ihr lesen?
- Mit welchen Medien könnt ihr hören?
- Kennt ihr noch andere Medien zum Lesen oder Hören?

2 Und wie lernt **ihr** neue Geschichten kennen?
Sprecht über diese Fragen:
- Welche Medien habt ihr schon zum Lesen oder Hören genutzt?
- An welchen Orten habt ihr diese Medien genutzt?
- Was war dabei gut, was hat euch vielleicht gestört?

3 Macht euch Notizen zu den Fragen aus den Aufgaben 1 und 2.

Starthilfe

Geschichten lesen
– Buch: kann ich in jede Tasche packen, kann ich ausleihen …
– …

Geschichten hören
– MP3-Player: kann ich unterwegs hören …
– …

1 das/ein Buch, die/eine CD, das/ein Smartphone, der/ein MP3-Player, der/ein E-Book-Reader – ich sehe/ich benutze den/einen E-Book-Reader – mit dem/einem E-Book-Reader

Ihr könnt Vorteile und Nachteile der Medien zusammentragen.

Ich brauche kein Gerät und keinen Strom.
Manchmal bin ich abgelenkt und kriege nicht alles mit.
Die Akkus können leer sein.
Ich kann es mir dabei gemütlich machen.
Ich kann mit meinem Freund sofort darüber sprechen.
Ich kann es überall mit hinnehmen.
Es ist klein und handlich.
Da sind viele Bücher drin, nicht nur eins.

4 Welche Vorteile und Nachteile nennen die Schülerinnen und Schüler?

a. Sprecht über die Sprechblasen.
b. Ordnet die Vorteile und die Nachteile den verschiedenen Medien zu.
c. Findet selbst weitere Vorteile und Nachteile.
d. Ergänzt eure Notizen aus Aufgabe 3.

Z Die Arbeitsergebnisse präsentieren

W **5** Mit welchen Medien könnt ihr Geschichten kennen lernen?
Haltet einen Kurzvortrag. Wählt dazu aus:

- Ihr könnt eine Präsentation mit dem Computer gestalten.
- Ihr könnt ein Plakat oder eine Wandzeitung gestalten.
- Ihr könnt Folien gestalten.

→ Tipps zum Kurzvortrag: Seite 273

Arbeitstechnik

Mit Folien oder dem Computer präsentieren

- Verwendet eine gut **lesbare, große Schrift**.
- Schreibt eine **Überschrift** auf.
- Schreibt das Wichtigste **in Stichworten** auf.
- Schreibt **nicht zu viel** auf jede Folie oder Seite.
- Verwendet **Farben** zum Hervorheben, aber nicht zu viele.
- Fügt anschauliche **Bilder** ein.
  Tipp: Fotos könnt ihr auch auf Folie drucken.
- Überprüft die **Reihenfolge** der Folien oder Seiten.

Chatten: Im Internet „schwatzen“

Viel zu tun? – Zum Chatten ist immer Zeit! Oder?

Mir geht es gut.
Ich bin gut gelaunt.
Und wie geht es dir?
Ich freue mich,
dich zu sehen, und
umarme dich.

1 a. Seht euch das Bild an.
b. Lest die Texte.
c. Sprecht über das Bild.

Maria und Roxana chatten miteinander.

Maria *[So 17:30]* sagt zu Roxana: Hi, wie geht es dir? {dich}
Roxana *[So 17:30]* sagt: gut ☺ und dir? *freu* {dich}
Maria *[So 17:31]* sagt: danke, :`-) *groß freu*
Roxana *[So 17:31]* sagt: ???
Maria *[So 17:32]* sagt: war gestern mit meinen Eltern in der Stadt, hab endlich mein neues Handy bekommen.
Roxana *[So 17:33]* sagt: wieso neues Handy?
Maria *[So 17:33]* sagt: Das alte war kaputt. ☹ konnte Akku nicht mehr aufladen (:-(((
Roxana *[So 17:34]* sagt: *graz* und wie ist das neue Handy?
Maria *[So 17:34]* sagt: prima, kann damit auch ins Internet ☺ lol
Roxana *[So 17:35]* sagt: toll, freu mich mit dir.

[...]
Maria *[So 18:02]* sagt: muss jetzt Schluss machen, war schön zu plaudern {dich} bis bald, cu
Roxana *[So 18:03]* sagt: ich dich auch, cu

2 Worum geht es in dem Chatgespräch?
Gebt den Inhalt mit eigenen Worten wieder.

Z **3** Woran erkennt ihr, dass sich die beiden in Echtzeit unterhalten?
Erklärt es.

Beim Chatten verwenden Maria und Roxana eine ganz besondere Sprache.

4 Maria und Roxana drücken aus, was sie fühlen.
Besprecht:
- Welche Wörter verwenden sie für Gefühle?
- Welche Zeichen drücken Gefühle aus?

5 „Übersetzt" das Chatgespräch in die „normale" Sprache:
- Schreibt verkürzte Sätze vollständig auf.
- Findet Worte für die verschiedenen Zeichen.

Schreibt eure Übersetzung auf.

Starthilfe

Maria: Hi, wie geht es dir? (Ich umarme dich).
Roxana: Mir geht es gut. (Sie ist gut gelaunt).
Und wie geht es dir? (Ich freue mich, dich …

6 Was ist im Chatgespräch anders als in eurer Übersetzung? Begründet.

7 W Spielt ein „echtes" Gespräch zwischen Maria und Roxana.
Wählt dazu aus:
- Maria und Roxana telefonieren miteinander.
- Oder Maria und Roxana treffen sich im Park und unterhalten sich.

Tipp: Ihr könnt vor dem Gespräch einen Szenenplan entwickeln.

Arbeitstechnik

Eine Szene spielen

- **Was sagen** die beiden **der Reihe nach**?
- **Wie** sprechen sie?
- Wie ist der **Gesichtsausdruck** (die Mimik)?
- Wie ist die **Körperhaltung**?
- **Was tun** sie während des Gesprächs noch?

Z **8** Schreibe einen kurzen Text über das Chatten.
- Was ist eigentlich „chatten"?
- Was brauchst du zum Chatten? Was musst du tun?
- Wie ist deine Meinung zum Chatten?

Tipp: Informiere dich auch im Internet.

5 ☺ lächeln, gut gelaunt, :'-) zum Weinen glücklich, ☹ traurig, schlecht gelaunt, (:-(((sehr traurig, {…} umarmen, *freu* ich freue mich, *groß freu* ich freue mich sehr, ??? warum?, lol laut lachen, *graz* Gratulation, cu wir sehen uns (engl.: see you)

Umfragen zum Thema „Fernsehen“

Eine Grafik: Fernsehzeit

Die Schülerinnen und Schüler der 5c haben in ihrer Klasse eine Umfrage gemacht.
Über die Ergebnisse informiert dich die Grafik.

1 Sieh dir die Grafik als Ganzes an und notiere:
- Was fällt dir als Erstes auf?
- Wie heißt die Überschrift?

2 Lies die Beschriftung der Grafik und notiere:
Worüber sagt die Grafik etwas aus?
Tipp: Die roten Pfeile helfen dir.

Klasse 5c:
Wie lange sehen wir jeden Tag fern?

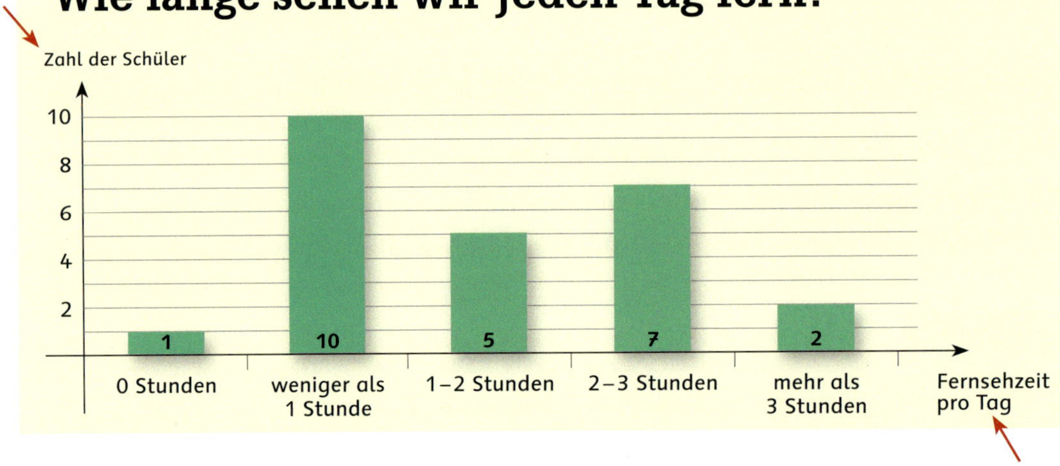

3 Nun kannst du die Ergebnisse aus der Grafik ablesen.
a. Sieh dir die Grafik genau an.
b. Was hat die Klasse 5c in der Umfrage herausgefunden? Schreibe die folgende Antwort auf und ergänze sie.

In der Klasse 5c lernen ___ Schülerinnen und Schüler.
Die meisten Schülerinnen und Schüler sehen am Tag ___ Stunde fern.
Das sind ___ Schülerinnen und Schüler.
Zwei Schülerinnen und Schüler sehen mehr als ___ Stunden fern.
Nur ___ Schüler ___ überhaupt nicht fern.

2 Die untere Zeile zeigt … an./In der unteren Zeile kann ich …
Die Säulen zeigen, wie viele …

Eine eigene Umfrage: Unsere Fernsehzeit

Auch ihr könnt in eurer Klasse eine Umfrage machen.

4 Wie lange seht **ihr** jeden Tag fern?
- Macht die Umfrage in eurer Klasse.
- Schreibt die Ergebnisse auf.

Zu eurer Umfrage könnt ihr eine Grafik gestalten.

W **5** **Wie** wollt ihr die Grafik gestalten? Wählt aus:
- Ihr könnt die Grafik auf Karopapier zeichnen: Für jeden Schüler malt ihr ein Kästchen aus.
- Ihr könnt die Grafik mit dem Computer gestalten. Das klappt auch mit einem einfachen Schreibprogramm.
  Tipp: Sucht mit der Hilfe-Funktion die Tipps für Diagramme. Folgt dann Schritt für Schritt den Tipps.

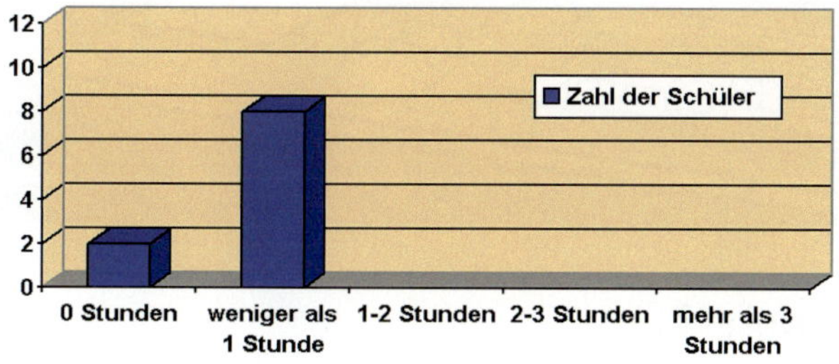

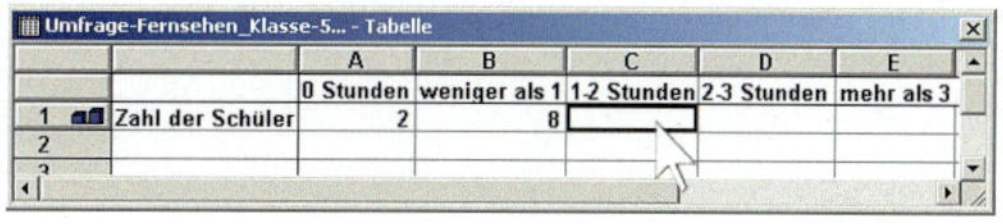
Umfrage-Fernsehen_Klasse-5... - Tabelle

		A	B	C	D	E
		0 Stunden	weniger als 1	1-2 Stunden	2-3 Stunden	mehr als 3
1	Zahl der Schüler	2	8			
2						

Eine Punktabfrage: Unsere Lieblingssendungen

Mit einer Punktabfrage könnt ihr eure Lieblingssendungen herausfinden.

6 Welche Sendungen seht ihr besonders gern?
- **a.** Tragt die Sendungen untereinander an der Tafel zusammen.
- **b.** Jeder vergibt zwei Klebepunkte.
- **c.** Wertet die Punktabfrage aus. Welche Sendungen sind die beliebtesten?

Z **7** Gestaltet eine Grafik zu eurer Punktabfrage.

6 Die beliebteste Sendung in unserer Klasse ist/heißt ... Auf Platz 2 folgt ...
Den dritten Platz belegt ... Die wenigsten Punkte bekam die Sendung ...

Training:
Texte am Computer schreiben

Der Computer

Mit dem Computer könnt ihr Texte schreiben und überarbeiten.
Ein Computer besteht aus verschiedenen Teilen.

1 Aus welchen Teilen besteht ein Computer?
a. Seht euch das Bild genau an.
b. Nennt die Teile des Computers.
c. Schreibt die Namen auf.
Zeichnet zu jedem Teil ein Bild.

Jedes Teil des Computers hat eine besondere Aufgabe.

2 Welche Aufgaben haben die einzelnen Teile des Computers?
Schreibt die Sätze vollständig auf.

Mit der Tastatur kann man ___.
Auf dem Bildschirm kann man ___.
Mit dem Drucker kann man ___.
Mit den Lautsprechern kann man ___.
Mit der Maus kann man ___.
Im Rechner kann man ___.

etwas anklicken
Musik hören
Texte und Bilder ausdrucken
Texte lesen und Bilder ansehen
Texte schreiben
Informationen speichern

1 der Bildschirm, der Drucker, der Lautsprecher, die Maus, der Rechner, die Tastatur

Mit der Tastatur schreiben

**Zum Schreiben braucht ihr die Tastatur.
Die Tastatur hat viele Tasten.
Jede Taste hat eine andere Funktion.**

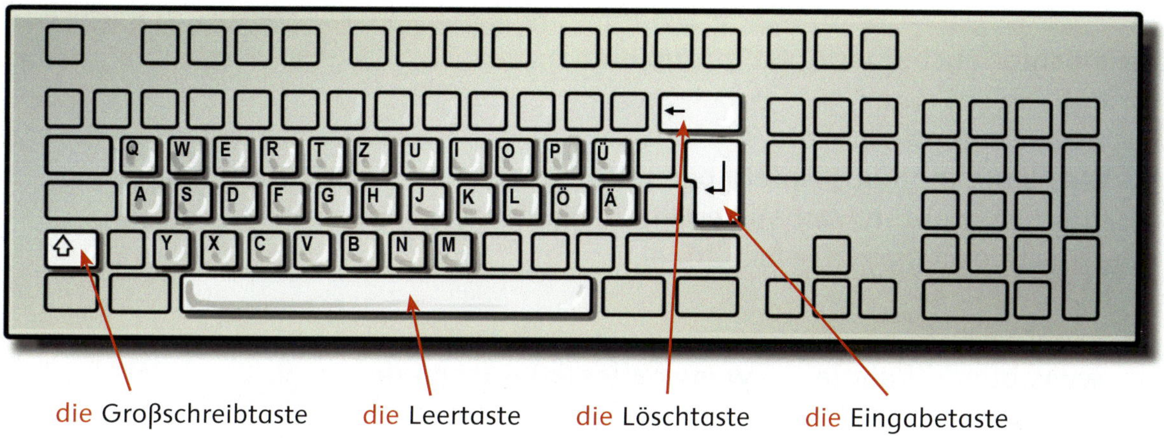

3 Welche Funktionen haben die Tasten?
Schreibt die Sätze vollständig auf.

Großbuchstaben schreibst du mit ___: Halte die Taste gedrückt und tippe dabei einen Buchstaben. Dann wird er großgeschrieben. Zwischen zwei Wörter setzt du mit ___ ein Leerzeichen. Buchstaben kannst du mit ___ löschen. Wenn du ___ drückst, beginnt eine neue Zeile.

Mit dem Computer könnt ihr auch die Rechtschreibung überprüfen: Rechtschreibfehler könnt ihr an den roten Wellenlinien erkennen.

Der Apfel stammtnicht aus europa. Er wurde wahrscheinlich als Heilmittel aus Asien mitgebracht. Dem Abpfel wurde nachgesagt, dass er auf wundersame Weise das Leben verlängert.

Achtung: Fehler!

4 Drei Wörter kennt das Rechtschreibprogramm nicht.

a. Wie werden die Wörter richtig geschrieben? Welche Taste wurde jeweils nicht gedrückt?

b. Schreibt den Text richtig auf.

3 die Taste → mit der Taste
die Leertaste → mit der Leertaste

Training:
Sich im Internet informieren

Eine Suchmaschine nutzen

Ihr möchtet euch über Äpfel informieren.
Ihr habt zwei Fragen:
? Woher kommt der Apfel?
? Was kann man aus Äpfeln herstellen?
Im Internet könnt ihr Antworten auf diese Fragen finden.
Eine Suchmaschine hilft euch dabei.

1 Diese Suchmaschinen sind besonders geeignet:
www.blinde-kuh.de **www.helles-koepfchen.de**
Seht euch die Startseiten (Homepages[1]) im Internet an.
Gebt dazu jeweils die Adresse in das Adressfeld ein und drückt die Eingabetaste.

das Suchfeld

2 Auf dieser Homepage könnt ihr euch über verschiedene Themen informieren.
Unter welcher Überschrift könntet ihr etwas zum Thema **Apfel** finden?

3 Probiert die Suche aus.
Gebt dazu das Stichwort **Apfel** in das Suchfeld ein.

[[1] die **Homepages** [sprich: hoompäidsches] – die **Homepage** [sprich: hoompäidsch]

Die Suchmaschine zeigt dieses Suchergebnis an.

4 Wie viele Seiten (Treffer) hat die Suchmaschine gefunden?

Welche der Seiten helfen euch überhaupt, die Fragen ? zu beantworten?
Ihr könnt die Liste mit den Treffern mit dem Textknacker prüfen.

5 Wendet die Schritte 1 und 2 vom Textknacker an.
- Seht euch die Bilder in der folgenden Liste an.
- Lest die Überschriften.
- Überfliegt die Liste.

1. Vor dem Lesen
2. Das erste Lesen

1

Experimente | Wissenskarten

Versuch
Ist in einem Apfel Wasser?
Alter = um die 11 Jahre, Land = Deutschland, Sprache = Deutsch
Wissen
Wissenskarte - Klassenstufe von [1-2] bis [7+]
Bereich: Versuchsabläufe

Mit einer Plastiktüte und einem Apfel kannst du feststellen, ob in einem Apfel Wasser ist.

Alter S M L XL
• Mehr dazu in den Wissenskarten

2

Schule | Wissenskarten

Dritter Projekttag zum Thema Apfel
Einen Apfelsteckbrief erstellen
Alter = um die 11 Jahre, Land = Deutschland, Sprache = Deutsch
Wissen
Wissenskarte - Klassenstufe von [1-2] bis [3-4]
Bereich: Projekttage zum Thema Apfel

Am letzten Projekttag zum Thema Apfel wurde zuerst ein Steckbrief über den Apfel erstellt.

Alter S M L XL
• Mehr dazu in den Wissenskarten

3

Natur | Pflanzen | Wissenskarten

Apfel
Alter = um die 11 Jahre, Land = Deutschland, Sprache = Deutsch
Wissen
Wissenskarte - Klassenstufe von [3-4] bis [7+]
Bereich: Obstsorten

In den Gebirgsregionen Chinas, der eigentlichen Heimat des Apfels, wurden mehr als 20 verschiedene Wildarten entdeckt, von denen die heute vorkommenden unzähligen Sorten stammen.

Alter S M L XL
• Mehr dazu in den Wissenskarten

6 Welche Seiten könnten euch helfen, eure Fragen ? zu beantworten? Begründet.

Internetseiten prüfen, auswählen und lesen

Ihr habt zwei Seiten gefunden, die euch helfen könnten, eure Fragen ? zu beantworten. Wenn ihr die beiden Links anklickt, führen sie euch zu diesen Internetseiten.

2. Das erste Lesen

1 Überfliegt die beiden Texte.

Einen Apfelsteckbrief erstellen

Aber an unserem dritten und letzten Projekttag – einem Freitag – hatten wir jedenfalls vier ganze Schulstunden Zeit, uns mit unseren Elstars zu beschäftigen. Um diesen köstlichen Apfel nicht zu vergessen, haben wir einen Steckbrief über ihn geschrieben.

Da auch das Gewicht des Apfels auf dem Steckbrief notiert werden sollte, haben natürlich alle versucht, den dicksten und größten Apfel zu erwischen. Und Isabelle hat ihn dann auch erwischt. Er wog tatsächlich 195 Gramm, war aber nun nicht gerade der schönste von allen.

Der Apfel

In den Gebirgsregionen Chinas, der eigentlichen Heimat des Apfels, wurden mehr als 20 verschiedene Wildarten entdeckt, von denen die heute vorkommenden unzähligen Sorten stammen. […] Mehrere tausend Sorten werden inzwischen gezüchtet[1], die sich in der Farbe, der Form und dem Geschmack voneinander unterscheiden. Der Apfelbaum gehört zur Familie der Rosengewächse. Anfang April blühen die Apfelbäume in rosaroten Farben und sind daher auch eine Zierde in jedem Garten.

Inzwischen ist der Apfel in Europa die bedeutendste Obstsorte. Reife Äpfel können roh verzehrt oder einem Obstsalat beigemischt werden.

2 a. Welche Wörter und Wortgruppen sind euch in den Texten aufgefallen? Schreibt sie auf.
b. Welche Wörter und Wortgruppen passen zu euren Fragen ? ? Unterstreicht sie in eurem Heft.
c. Welcher Text hilft, eure Fragen ? zu beantworten? Begründet.

[1 **sie werden gezüchtet:** sie werden angepflanzt

Ihr habt euch nun für einen Text entschieden.

3 Lest den ganzen Text genau.

3. Den Text genau lesen

Der Apfel

In den Gebirgsregionen Chinas, der eigentlichen Heimat des Apfels, wurden mehr als 20 verschiedene Wildarten entdeckt, von denen die heute vorkommenden unzähligen Sorten stammen. [...] Mehrere tausend Sorten werden inzwischen gezüchtet, die sich in der Farbe, der Form und dem Geschmack voneinander unterscheiden. Der Apfelbaum gehört zur Familie der Rosengewächse. Anfang April blühen die Apfelbäume in rosaroten Farben und sind daher auch eine Zierde in jedem Garten.

Inzwischen ist der Apfel in Europa die bedeutendste Obstsorte. Reife Äpfel können roh verzehrt oder einem Obstsalat beigemischt werden. Viele Apfelsorten eignen sich auch gut zum Herstellen von Apfelsaft. Weitere Verwendung findet der Apfel auch bei der Herstellung von Apfelmus, Apfelkuchen und Apfelstrudel. Im Winter verzehren ihn viele Menschen auch gerne als Bratapfel.

In Deutschland wird der Apfel im Spätsommer oder Herbst – je nach Sorte – geerntet. Da er aber in vielen verschiedenen Ländern angebaut wird und es eine Vielzahl von Sorten gibt, kann er im Handel ganzjährig angeboten werden.

4 Der Text ist in drei Absätze gegliedert.

a. Schreibt zu jedem Absatz eine Überschrift auf.

b. Schreibt zu jedem Absatz Schlüsselwörter auf.

Nun könnt ihr die Fragen beantworten:

? • **Woher kommt der Apfel?**

? • **Was kann man aus Äpfeln herstellen?**

5 Beantworte die Fragen ? schriftlich.

4. Nach dem Lesen

Gespenstergeschichten

Oh, wie unheimlich!

Das sieht aber unheimlich aus!
Da kriege ich eine Gänsehaut.

1 a. Seht euch die Bilder an.
b. Lest auch die Sprechblasen.

2 Klassengespräch!
Was ist an den Bildern unheimlich?

Z **3** Erzählt von euch:
- Habt ihr schon einmal etwas Unheimliches erlebt?
- Wobei bekommt ihr eine Gänsehaut?

2 der finstere, staubige Dachboden, der dunkle Schatten, der geöffnete Schrank, der rätselhafte Gegenstand, das alte Haus, das riesige Spinnennetz, die schwere Holztruhe, die düstere Ecke, die geheimnisvollen Bücher

Fanni riecht Gespensterluft

Auch Fanni hatte ein unheimliches Erlebnis.
Davon erzählt diese Geschichte.
Der Textknacker hilft dir, die Geschichte zu verstehen.

1. Vor dem Lesen
2. Das erste Lesen
3. Den Text genau lesen
4. Nach dem Lesen

1. Schritt: Vor dem Lesen
Du siehst dir die Geschichte als Ganzes an.

4 a. Sieh dir die Bilder an.
b. Lies die Überschrift.
c. Worum könnte es in der Geschichte gehen? Schreibe es auf.

Gespensterluft
Sibylle Durian

1 Fannis Familie war umgezogen. Das neue Haus machte einen gespenstischen Eindruck. Fanni streifte durch das Haus. Plötzlich tauchte wie aus dem Nichts eine Katze auf. Die Katze drehte sich um und lief die Treppe hinauf zum Dachboden. „Warte!" Fanni folgte ihr.

2. Schritt: Das erste Lesen

Du liest die Geschichte einmal still durch.

5 a. Lies die Geschichte still.
b. Überprüfe deine Vermutung aus Aufgabe 4.

Gespensterluft

Sibylle Durian

1 Fannis Familie war umgezogen. Das neue Haus machte einen gespenstischen Eindruck. Fanni streifte durch das Haus. Plötzlich tauchte wie aus dem Nichts eine Katze auf. Die Katze drehte sich um und lief die Treppe hinauf zum Dachboden. „Warte!" Fanni folgte ihr.

2 Auf dem Dachboden war es dunkel. Spinnweben streiften ihr Gesicht. Im flackernden Kerzenschein sah Fanni einen etwa gleichaltrigen Jungen vor sich. „Was suchst du hier?", fragte er und musterte sie von oben bis unten. „Ich wohne hier. Seit heute!" Fanni wischte sich die Spinnwebe von der Wange. „Und du?" „Ich habe auch mal hier gewohnt. Früher." – „Und wieso kommst du immer noch her?", fragte Fanni. „Nur so. Ich wollte meine Katze holen!" Die Katze schmiegte sich an die Beine des Jungen und schnurrte. Er bückte sich und hob sie auf. Ein Lufthauch ließ die Kerze flackern. Fanni hatte Angst, sie könnte verlöschen, und schirmte sie mit der Hand ab. „Ganz schön unheimlich hier oben", sagte sie und fröstelte. „Man könnte glauben, hier gibt's Gespenster!"

3 „Na, und ob!" Der Junge grinste sie an. „Riech mal! Du atmest echte Gespensterluft!" – „Gespensterluft! So'n Blödsinn!" – „Wenn ich's dir doch sage! Ich könnte dir da Geschichten erzählen ..." „Au ja, ich mag Gespenstergeschichten", sagte Fanni. „Na ja, du meinst erfundene. Aber ich kenne Geschichten von echten Gespenstern!" Der hält mich wohl für blöd, dachte Fanni. „Du meinst also, es gibt in diesem Haus tatsächlich Gespenster?", fragte sie und bemühte sich, nicht zu kichern. „Jetzt bloß noch eins", sagte der Junge.

4 „Aber früher wimmelte es hier nur so von ihnen! – Von gefährlichen Piraten und Räubern“, fügte er flüsternd hinzu. „Du spinnst ja“, rief Fanni. „Ehrlich, hier hat mal eine richtige Räuberbande gehaust, so vor hundert oder mehr Jahren. Die waren in der ganzen Stadt gefürchtet. Sogar ein Kind soll dabei gewesen sein, ungefähr so alt wie wir.“

5 „Und das Kind war auch so gefährlich?“, fragte Fanni ungläubig. „Jedenfalls hat es geklaut wie ein Rabe, sagt man. Eines Tages hat man die Räuber gefasst und vor Gericht gestellt. Aber die haben den Richter nur ausgelacht. Das Kind soll ihm sogar heimlich seinen Geldbeutel gestohlen haben, während er die anderen verhört hat. Da bekam der Richter so eine Wut, dass er die ganze Bande zum Tode verurteilt und dazu noch verflucht hat …“ – „Verflucht?“ „‚Ihr sollt keinen Frieden finden, bis ihr eure bösen Taten gesühnt[1] habt‘, hat er gebrüllt. Und von da an mussten die Räuber nachts herumgespenstern.“

6 „Alle? Auch das Kind?“ – „Na klar! Aber mit der Zeit sind die meisten von ihnen müde geworden und dorthin gezogen, wo mehr los ist. Nur einer ist geblieben.“ „Und wer?“, fragte Fanni.

3. Schritt: Den Text genau lesen

Du liest die Geschichte genau und in Ruhe – Absatz für Absatz.

6 a. Lest die Absätze 1 und 2 noch einmal genau.
b. Sprecht mit einer Partnerin oder einem Partner über diese Fragen:
- Wer sind die Hauptpersonen?
- Wo und wann spielt die Geschichte?

c. Findet die „unheimlichen“ Textstellen und lest sie vor.
Tipp: Markiert die Textstellen auf Folie.

Wer?
Wo?
Wann?

7 a. Lest die Absätze 3 bis 6 genau.
b. Welche Menschen haben früher in dem Haus gelebt? Sprecht darüber.

[1] **gesühnt:** wieder gut gemacht

4. Schritt: Nach dem Lesen

Du arbeitest mit dem Inhalt der Geschichte.

8 Was erzählte der Junge Fanni von früher?
Erzählt es mit eigenen Worten.

Starthilfe
Früher gab es in dem Haus eine richtige Räuberbande. …

Hauptteil:
Was passiert?

9 Z Stellt eigene Fragen an den Text.
Schreibt sie auf und beantwortet sie gemeinsam.

„Nur einer ist geblieben." – „Und wer?", fragte Fanni.

10 W Der Schluss der Geschichte fehlt noch.
Wählt aus:

- Erzählt die Geschichte selbst zu Ende.
  Lest dann Absatz 6. Vergleicht ihn mit eurem Schluss.
- Oder lest den Schluss der Geschichte mit verteilten Rollen.

Schluss:
Auflösung?

6 „Alle? Auch das Kind?" – „Na klar! Aber mit der Zeit sind die meisten von ihnen müde geworden und dorthin gezogen, wo mehr los ist. Nur einer ist geblieben." „Und wer?", fragte Fanni. „Das wirst du schon sehen", grinste der Junge. „Ich schätze, ihr bleibt eine Weile hier wohnen, oder?" „Sogar für immer", sagte Fanni. „Und dass du's nur weißt: Es gibt überhaupt keine Gespenster!" „Bist du sicher?", fragte der Junge – und verschwand mit der Katze im Arm durch die Wand …

Der Junge verschwand durch die Wand.

11 Was fühlt Fanni? Was denkt sie?
Schreibe es auf.
Tipp: Du kannst Fanni auch zeichnen und ihre Gedanken dazuschreiben.

Das gibt es doch nicht! Er ist einfach weg. Träume ich?

Z Unheimlich spannend erzählen

Die Geschichte „Gespensterluft" ist spannend und an einigen Stellen auch unheimlich.

1 Klassengespräch!
  a. Findet spannende und unheimliche Textstellen.
  b. Welche Wörter und Wortgruppen machen die Geschichte spannend oder unheimlich?
  Tragt sie an der Tafel zusammen.

2 Jeder Mensch hat eigene „Gruselwörter".
  a. Wählt eure Gruselwörter aus den Vorschlägen aus. Begründet.
  b. Findet weitere eigene Gruselwörter. Schreibt sie auf.

die Geisterstunde, eine feuchtkalte Hand,
der Vampir, das Krächzen des Raben, heulen,
die dunkle Burgruine, die scheppernden Ketten,
die Totenschädel, kreischen, die glühenden Augen,
das bleiche Mondlicht ...

Fanni trifft den Jungen bestimmt irgendwann wieder.
Vielleicht lädt er sie in seine Gespensterwelt ein?
Ihr könnt die Gespenstergeschichte selbst weitererzählen.

3 Plant eure Gespenstergeschichte.
- Sammelt dazu Ideen.
- Notiert euch Stichworte zu eurer Geschichte. Die Fragewörter helfen euch dabei.

Wer ...?
Wo ...?
Wann ...?
Hauptteil:
Was passiert ...?
Schluss:
Auflösung?

4 Schreibt nun eure Geschichte auf.
- Verwendet auch eure „Gruselwörter".
- Schreibt zum Schluss eine passende Überschrift auf.

→ mehr Tipps zum Erzählen: Seite 272

5 a. Stellt eure Geschichten in der Schreibkonferenz vor.
  b. Überarbeitet eure Geschichten.

→ Regeln für die Schreibkonferenz: Seite 271

Hendrik: Unheimlich mutig

Wie viel Mut braucht man nachts in einem Museum?
In dieser Geschichte erfährst du es.

Der Textknacker hilft dir, die Geschichte zu verstehen.
W Nach dem Lesen kannst du wählen:
- Du kannst die Geschichte nacherzählen.
- Du kannst die Geschichte vorlesen.

1. Vor dem Lesen
2. Das erste Lesen
3. Den Text genau lesen
4. Nach dem Lesen

1. Schritt: Vor dem Lesen
Du siehst dir die Geschichte als Ganzes an.

1 a. Sieh dir die Bilder an.
b. Lies die Überschrift.
Worum könnte es in der Geschichte gehen? Schreibe es auf.

2. Schritt: Das erste Lesen
Du liest die Geschichte einmal still durch.

Allein im Museum
Alexandra Fischer-Hunold

1 Bis auf das Licht der Straßenlaternen, das von draußen hereinfiel, lag die Steinzeithalle im Dunkeln. Hendrik ließ den Schlüssel in seine Hosentasche gleiten. Er grinste. Bis jetzt hatte sein Plan hervorragend funktioniert. Das Naturkundemuseum gehörte ihm. Für eine lange Nacht! „Jippieh!", rief Hendrik. Er zückte seine Taschenlampe und leuchtete durch den Raum. „Hallo, Freunde!", rief er dem Säbelzahntiger, dem Höhlenbären, dem Nashorn und vor allem dem Mammut zu. „Heute Nacht sind wir allein und können machen, was wir wollen!" Die ausgestopften Tiere zeigten keine Begeisterung. Aber das störte Hendrik nicht. Endlich konnte er sich mal so richtig in Ruhe umsehen. Hendriks Mutter war zwar die Direktorin des Naturkundemuseums, aber sie erlaubte ihm nie, allein auf Erkundungstour zu gehen.

2 Als Erstes zog sich Hendrik eines der Felle über, die für die Kinder am Eingang der Halle bereitlagen. Jetzt sah er wie ein richtiges Steinzeitkind aus. Dann […] ging er zu den Tieren hinüber. „Brüll, Säbelzahntiger!“, rief er und drückte auf einen schwarzen Knopf neben dem ausgestopften Tier. Sofort erfüllte ein markerschütterndes[1] Gebrüll die Steinzeithalle. „Und wie geht es dir?“, erkundigte Hendrik sich beim Mammut. Er drückte wieder auf einen Knopf. Ein Trompetenkonzert schmetterte aus der Box neben dem Mammut. „Dir geht es gut? Das freut mich!“, lachte Hendrik. „Und jetzt habe ich Hunger!“

3 Er öffnete seinen Rucksack. „Hmm. Leckere Salamibrote! Die magst du doch auch?“, fragte er den Säbelzahntiger. „Ich mag solche Sachen nicht!“, sagte eine Stimme. Hendrik ließ das Brot fallen. Entgeistert starrte er den Säbelzahntiger an. Hatte der eben gesprochen? „Ein Einbruch in ein Naturkundemuseum lohnt sich fast nie! Aber man muss nehmen, was man kriegen kann. Vielleicht ist wenigstens die Einnahmekasse[2] gut gefüllt. Schließlich ist heute Sonntag. Da gehen viele Leute ins Museum!“, fuhr die Stimme fort. „Stimmt!“, sagte eine andere Männerstimme. „Das sind Diebe!“ Plötzlich verstand Hendrik.

4 Er löschte seine Taschenlampe und kroch hinter das Mammut. Jetzt näherten sich Schritte und zwei Lichtkegel. „Zum Büro der Museumsleitung geht es da lang!“, sagte einer der Männer und ließ das Licht seiner Taschenlampe einen Gang entlanghuschen. Was sollte Hendrik nur tun? […] „Blödes Urzeitviech!“, lachte der Mann verächtlich und schlug gegen den Rüssel des Mammuts. […] „Na, wartet!“, dachte Hendrik. „He, ihr Schurken[3]!“ Seine Stimme dröhnte durch die Steinzeithalle. Die Männer wirbelten herum. Im Licht ihrer Taschenlampen sahen sie einen Steinzeitjungen, der lässig an einem Bein des Mammuts lehnte. „Ihr habt das Mammut beleidigt! Entschuldigt euch gefälligst!“

[1] **ein markerschütterndes Gebrüll:** ein sehr lauter Schrei, vor dem man sich fürchten kann
[2] **die Einnahmekasse:** die Kasse mit dem Geld von den verkauften Eintrittskarten
[3] **ihr Schurken:** ihr gemeinen Verbrecher

5 Die Männer schauten sich an. „W-w-wo kommst du denn her?", stammelte[4] der eine von ihnen. „Direkt aus der Steinzeit!", erwiderte Hendrik. „Wie wir alle hier! Nur werden wir einer nach dem anderen wieder lebendig, wenn man einem von uns etwas Böses antut!" „Das ist ja lächerlich!", sagte jetzt der andere Mann. Aber das Zittern in seiner Stimme verriet seine Unsicherheit. „So, meinst du?", fragte Hendrik und drückte unauffällig auf den schwarzen Knopf neben dem Mammut. Ohrenbetäubendes Mammuttrompeten ließ die Luft erzittern. Die Männer wurden kreidebleich. Jetzt hatten Hendriks Finger einen zweiten Knopf ertastet. Der Boden vibrierte[5] und es stampfte, als ob eine ganze Mammuthorde auf die Steinzeithalle zutraben würde.

6 Das war zu viel für die Einbrecher. Sie ließen ihre Taschenlampen fallen und rannten schreiend aus dem Museum. „Lauft nur!", rief Hendrik ihnen nach. „Und lasst euch nie wieder hier blicken!" Er tätschelte[6] das Mammut und flüsterte leise: „Und ich verdünnisier mich[7] jetzt lieber, bevor meine Mutter merkt, dass ich eine Reise in die Steinzeit gemacht habe!"

3. Schritt: Den Text genau lesen

Du liest die Geschichte genau und in Ruhe – Absatz für Absatz.

2 Die Geschichte besteht aus sechs Absätzen.
- **a.** Lege für jeden Absatz eine Karteikarte an.
- **b.** Finde zu jedem Absatz eine treffende Überschrift. Schreibe sie auf die jeweilige Karteikarte.
- **c.** Schreibe für jeden Absatz die Schlüsselwörter dazu.

3 Kläre unbekannte Wörter.
- **a.** Lies die Worterklärungen.
- **b.** Schlage weitere unbekannte Wörter im Wörterbuch nach.

[4] **er stammelte:** er stotterte
[5] **der Boden vibrierte:** der Boden bebte, erzitterte
[6] **er tätschelte:** er streichelte, klopfte sanft
[7] **ich verdünnisier mich:** ich gehe hier weg (umgangssprachlich)

Nacherzählen oder vorlesen? – Du hast die Wahl!

4. Schritt: Nach dem Lesen

Du arbeitest mit dem Inhalt der Geschichte „Allein im Museum".

W In diesem Fall kannst du wählen:

- Du kannst die Geschichte nacherzählen. → Aufgaben 4 und 5
- Du kannst die Geschichte vorlesen. → Aufgaben 6 und 7

Die Geschichte nacherzählen

Mit Hilfe von Erzählkärtchen kannst du die Geschichte nacherzählen.

4 Lege deine Karteikarten aus Aufgabe 2 bereit: Du kannst sie als Erzählkärtchen verwenden.

5 Was erlebte Hendrik in der Nacht im Museum? Erzähle die Geschichte deiner Partnerin oder deinem Partner.

Arbeitstechnik

Eine Geschichte mündlich nacherzählen

- Ordne die Kärtchen in **der richtigen Reihenfolge**.
- Erzähle **spannend** und **mit eigenen Worten**.
- Lass nichts **Wichtiges** aus. **Füge nichts hinzu.**
- Erzähle **im Präteritum**, also wie in der Geschichte.

Die Geschichte vorlesen

Du kannst die Geschichte so vorlesen, dass deine Zuhörer dir gespannt zuhören.

6 a. Lies die Geschichte noch einmal leise.
b. Markiere auf einer Folie die Stellen, die du besonders spannend findest.

7 a. Bereite die Geschichte zum Vorlesen vor. Beachte die Tipps zum Vorlesen.
b. Lies die Geschichte deinen Zuhörern vor.

Arbeitstechnik

Ausdrucksvoll vorlesen

- Betone **wichtige Wörter**.
- Mache **Pausen**, z. B. vor spannenden Stellen oder nach einem Satz.
- Lies manchmal **lauter**, manchmal **leiser**.
- Lies mal **schneller** und mal **langsamer**.
- Lies **wörtliche Rede** auf besondere Weise.

Z Jack the Ghost

In welcher Sprache spricht man mit englischen Gespenstern? Ihr erfahrt es in dieser Geschichte.
Zwei Absätze fehlen: Nach dem Lesen könnt ihr diese Absätze selbst erzählen.

1. Vor dem Lesen
2. Das erste Lesen
3. Den Text genau lesen
4. Nach dem Lesen

1 Lest die Geschichte mit dem Textknacker.

Das Gespenst von Bedfort Castle

Dietrich Herters

1 „Du, Papa, gibt es eigentlich Gespenster?", fragte Rüdiger am Frühstückstisch. Er war stinksauer. Erst verschleppten seine Eltern ihn im Urlaub nach England in ein Schlosshotel, damit er endlich vernünftig Englisch lernt, und dann so was. Ab Mitternacht war da nur Gequietsche, Geklapper und Geschrei in dem alten Gemäuer, sodass er kein Auge zubekam. Sein Vater antwortete: „Nein, Rüdiger, da brauchst du keine Angst zu haben, Gespenster gibt's nicht", und seine Mutter strich ihm dabei tröstend über den Kopf – vor allen Leuten: „Ich bin ja bei dir, hab keine Angst, mein Junge." War das peinlich!

2 Doch was war das? Unter ihrem ausgestreckten Arm hindurch sah er in einem Fenster des hohen Turms eine weiße Gestalt. Und – kein Zweifel – sie winkte Rüdiger zu sich. Nach dem Frühstück nahm Rüdiger allen Mut zusammen. Er betrat den alten Turm und kletterte vorsichtig die Wendeltreppe hoch. An den Wänden hingen Spinnweben, die Stufen waren von einer dicken Staubschicht bedeckt. Es roch nach vermodertem Holz. Ein kalter Windhauch streifte Rüdigers Gesicht. Tapfer ging er weiter. „Hello, nice to see you", sagte eine weiße Gestalt, die lässig am Fenster lehnte, „my name is Jack." „Hello, my name is Rüdiger, I am … äh … I'm from Germany", stotterte er. „Are you a real Geist … äh … a ghost[1]?"

3 Das Gespenst antwortete: „…" Rüdiger …

[1] **a real ghost**: ein echter Geist

4 Jack grinste: „Übrigens, Deutsch kann ich auch, meine Mutter ist Deutsche.“ Rüdigers Gesicht färbte sich rötlich: „Und ich stottere hier so rum! Und überhaupt – wieso Mutter? Ich denke, du bist ein Gespenst!“ „Ja“, lachte Jack, „bin ich, das ist gut fürs Geschäft, aber ich spuke nur in den Ferien. Sonst muss ich zur Schule, wie du auch.“ „Verstehe ich nicht.“ Rüdiger machte ein ratloses Gesicht. „Na ja, englische Schlösser sind berühmt für ihre Geister. Und wenn es in einem alten Schlosshotel spukt, finden die Leute das aufregend und kommen in Scharen. Sie wissen zwar, dass es keine Gespenster gibt, aber so ganz sicher sind sie nicht.“ „Meine Eltern sagen, das sei alles Unfug, Gespenster gäbe es nicht.“ „Wir können ihnen heute Nacht das Gruseln beibringen, wenn du willst. Machst du mit?“ „Klar, Ehrensache! Wann treffen wir uns und was soll ich mitbringen?“ „Häng dir nur ein weißes Bettlaken um, für den Rest sorge ich.“

5 Die Uhr des alten Schlossturms schlug halb zwölf. Rüdiger …

6 Am nächsten Morgen, beim Frühstück auf der Schlossterrasse, fragte Rüdiger seinen Vater: „Du, Papa, gibt es eigentlich Gespenster?“ Sein Vater gähnte, rieb sich die müden Augen und antwortete: „Ach, Rüdiger, seit letzter Nacht denke ich, dass die Menschen noch nicht alles darüber wissen.“ Und die Mutter stöhnte: „Oh je, ich habe ganz schlecht geträumt.“ Da stand Rüdiger auf, sagte: „Ihr braucht keine Angst zu haben, Gespenster gibt's nicht.“ Und dabei strich er beiden tröstend über den Kopf – vor allen Leuten.

Wie geht die Geschichte in den Absätzen 3 und 5 weiter?

W Ihr wählt aus, welchen Teil ihr selbst erzählen möchtet.

W Ihr könnt im Tandem oder in der Gruppe arbeiten.

2 Absatz 3: Rüdiger und Jack unterhielten sich auf Englisch. Schreibt das Gespräch weiter: auf Englisch oder auf Deutsch.

2 Absatz 5: Rüdiger und Jack trafen sich zum gemeinsamen Spuken. Erzählt, wie sie Rüdigers Eltern das Gruseln beibrachten. Schreibt eure Fortsetzung auf.

→ Gruselwörter: Seite 137

2 Where do you come from? How old …? What are you doing here? …
every night, to fly through the floors, to make noise, to go through the wall …

Einfach märchenhaft

Das alles gibt es in Märchen: Einen Wolf, der mit einem Mädchen spricht, einen Jungen mit einer Wunderlampe, einen Zauberer, einen Bären, der spricht, ein Tier, das ein verzaubertes Prinz ist.

A

1 Ängstlich drückte Aladin die Lampe an sich.

B

2 Als das Tier hörte, dass der Kaufmann eine schöne Tochter hatte, ließ es von ihm ab und brummte: „Wenn du mir morgen deine Tochter bringst, dann lasse ich dich leben."

C

3 Sogleich packte der Bär die kleine Mascha und brüllte: „Was hast du hier zu suchen? Ich werde dich fressen!"

4 Ein dritter Bewerber überreichte der Prinzessin einen Becher aus feinstem Porzellan, mit einer blauen Rose bemalt.

D

E

5 Auf dem Waldweg kam Rotkäppchen ein Wolf entgegen.

1 Klassengespräch!
  a. Seht euch die Bilder an.
  b. Welcher Textausschnitt könnte zu welchem Bild passen?

In diesem Kapitel lest ihr Märchen. Und ihr könnt sie weitererzählen, miterzählen, nacherzählen, weiterschreiben, selbst schreiben …

Im Märchenwald

Dieses Märchen wurde schon vor vielen Jahrhunderten erzählt.
Du kannst es selbst weitererzählen.

2 Lies den Märchenanfang.

Rotkäppchen Brüder Grimm

1 Es war einmal ein Mädchen, das von seiner Großmutter ein rotes Mützchen aus Samt bekommen hatte. Das Kind trug das Käppchen jeden Tag. Deshalb nannten alle es „Rotkäppchen“.

2 Eines Tages, als die Großmutter schon alt und schwach geworden war, sollte Rotkäppchen ihr einen Korb mit Kuchen und Wein zur Stärkung bringen. Die Großmutter aber wohnte weit draußen im Wald. Auf dem Waldweg kam Rotkäppchen ein Wolf entgegen. Rotkäppchen wusste nicht, dass der Wolf sehr böse sein konnte. Deshalb fürchtete es sich auch nicht. Der Wolf grüßte höflich und erkundigte sich, wohin Rotkäppchen mit dem Korb wollte. Freundlich gab Rotkäppchen Auskunft.

3 Nun wollte der Wolf wissen, wo denn die Großmutter wohnte. Als Rotkäppchen ihm das verraten hatte, zeigte er dem Mädchen die vielen schönen Blumen auf der Waldwiese. Er gab Rotkäppchen den Rat, der Großmutter einen Blumenstrauß mitzunehmen. Diesen Rat nahm das Mädchen an und ging Blumen pflücken. So gewann der Wolf Zeit: Er lief geradewegs zum Haus der Großmutter und klopfte an ihre Tür.

4 Die Großmutter öffnete, weil sie glaubte, Rotkäppchen wolle sie besuchen. …

3 Was ist an diesem Märchen besonders märchenhaft?

Merkmal:
In Märchen können Tiere oft sprechen.

4 Erzählt, wie das Märchen weitergehen **könnte**.
- Was könnte im Haus der Großmutter geschehen?
- Wie könnte das Märchen enden?
- Ihr könnt auch erzählen, wie das Märchen **tatsächlich** weitergeht.

→ Das Ende vom Märchen könnt ihr auf Seite 286 lesen.

Wunder und Zauberei

In Märchen werden manchmal Wunder wahr.
Dieses Märchen könnt ihr an einigen Stellen gemeinsam miterzählen.

Aladin und die Wunderlampe

1 In fernen Zeiten lebte in einem fernen Land eine sehr arme Frau mit ihrem Sohn Aladin. Aladin träumte davon, durch ein Wunder aus seinem Elend erlöst zu werden.
Eines Tages nun stand ein Zauberer vor Aladins Hütte. Er sagte, er wolle Aladin zu großem Glück verhelfen. Aladin glaubte ihm und folgte ihm bis zu einem hohen Berg. Dort gab es eine Tür zu einer unterirdischen Höhle. Die Tür ließ sich aber nur durch einen Zauberspruch öffnen.

1 Was könnte an dem Berg wohl geschehen sein? Erzählt.

Merkmal:
In Märchen gibt es Zauberer und Zauberkräfte.

2 Die Tür war aber so eng, dass nur Aladin hindurchpasste. In der Höhle erstarrte Aladin, denn er war geblendet von Gold und Edelsteinen. Doch der Zauberer rief: „Rühre nichts an. Bringe mir nur die alte Lampe!“
Was hatte der Zauberer vor? Aladin wollte ihm die Lampe erst draußen wiedergeben. Da wurde der Zauberer wütend und schlug die Tür zur Höhle zu.

3 Ängstlich drückte Aladin die Lampe an sich. Unbewusst rieb er mit seiner Hand daran. Was war das? Nach dem dritten Mal blitzte die Lampe hell auf und in der Höhle erschien aus einer Wolke ein riesiger Geist. Der Geist fragte: „Womit kann ich dir dienen, junger Herr?“ Aladin war hungrig und wollte nach Hause. Kaum hatte er das ausgesprochen, saß er zu Hause an einem reich gedeckten Tisch. Nun erfuhr Aladin auch das Geheimnis der Lampe: „Wer die Lampe besitzt, ist mein Herr, und ich bin sein Diener. Was immer du möchtest, das bekommst du. Du brauchst nur die Lampe dreimal zu reiben.“

2 Welche Wünsche könnte der Geist Aladin noch erfüllen? Erzählt.

4 Aladin und seine Mutter lebten durch den Geist in der Lampe in Wohlstand und Zufriedenheit. Eines Tages erblickte Aladin die wunderschöne Tochter des Sultans[1], die in einer Sänfte[2] durch die Stadt getragen wurde. Aladin konnte den Blick nicht von ihr lassen und auch sie sah ihn verliebt an. Schon bald ließ Aladin mit einem Kästchen voller Edelsteine um die Hand der Prinzessin anhalten[3]. Der Sultan überzeugte sich von Aladins Wohlstand und willigte in die Hochzeit ein. Aladins Träume vom Glück hatten sich endlich erfüllt. Der Zauberer aber dachte: ___.

3 Was könnte der Zauberer gedacht haben, als er von Aladins Glück erfuhr? Erzählt.

5 Eines Tages, als Aladin auf Reisen war, erschien der Zauberer verkleidet vor Aladins Palast. Die Prinzessin wusste nichts von der Zauberkraft der Wunderlampe und ließ den Zauberer ein. Als der Zauberer die Wunderlampe endlich erblickt hatte, bot er der Prinzessin an, die alte Lampe gegen eine neue einzutauschen. Gern willigte sie ein. Kaum jedoch hielt er die Lampe in der Hand, wünschte er auch schon den Geist herbei. Der Geist sollte den Palast mitsamt der Prinzessin in eine weit entfernte Wildnis entführen.

6 Wie groß war Aladins Verzweiflung, als er wieder zurückkehrte und sah, dass sein ganzes Glück verschwunden war! Das konnte nur das Werk des Zauberers gewesen sein! Verzweifelt suchte Aladin in der ganzen Welt nach dem Zauberer. Lange irrte er umher, bis er endlich das Haus des Zauberers fand. Denn nur durch die Zauberkraft der Lampe würde Aladin sein Glück wiedererlangen und den Zauberer bestrafen können.

4 Was geschah danach mit Aladin, mit dem Zauberer und mit der Wunderlampe? Erzählt das Märchen zu Ende.

Merkmal:
Märchen haben ein glückliches Ende.
Das Böse wird bestraft.

→ Das Ende vom Märchen könnt ihr auf Seite 287 lesen.

[1] **der Sultan:** der Herrscher in einem islamischen Land
[2] **die Sänfte:** ein Tragesessel
[3] **um die Hand anhalten:** um die Erlaubnis zur Hochzeit bitten

Mit kluger List

Märchen wurden schon immer erzählt und nacherzählt.
Das kannst du bei diesem Märchen ausprobieren.

Mascha und der Bär

1 Es war einmal in alten Zeiten, da lebte irgendwo in Russland die kleine Mascha bei ihren Großeltern Baba und Djeduschka.[1] Als Mascha eines Tages Pilze suchte, kam sie immer tiefer in den Wald hinein. Schließlich stand sie vor einer Höhle und ging hinein. Es war spät und Mascha war müde und hungrig. In der Höhle standen ein gedeckter Tisch und ein Bett zum Ausruhen. Mascha aß von den Speisen auf dem Teller, trank aus dem Glas, legte sich dann hin und schlief ein.

2 Die Höhle aber gehörte einem großen, gefährlichen Bären. Der Bär kam in der Nacht zurück und brummte böse, als er sich umsah: „Wer hat von meinem Essen gegessen? Wer hat auf meinem Stuhl gesessen? Wer liegt da in meinem Bett?“ Sogleich packte er Mascha und brüllte: „Was hast du hier zu suchen? Ich werde dich fressen!“ Da bat ihn Mascha: „Lass mich leben, ich werde auch alles für dich tun, was du willst!“ Das ließ sich der Bär nicht zweimal sagen. Fortan musste Mascha für ihn arbeiten.

3 Mascha aber bekam mit jedem Tag größere Sehnsucht nach ihrer Baba und ihrem Djeduschka. Lange überlegte sie, was sie tun könnte. Eines Tages sagte sie zu dem Bären: „Ich bleibe gern bei dir, aber meine Großeltern Baba und Djeduschka haben nichts zu essen. Ich möchte ihnen etwas schicken. Du kannst es ja in einer Kiepe[2] selbst auf dem Rücken zu ihnen bringen.“ Der Bär willigte ein und Mascha begann sogleich, Piroggen[3] zu backen. Die Piroggen lud sie in eine Kiepe, schnallte sie dem Bären auf den Rücken und sagte: „Aber du darfst nicht ruhen unterwegs, sonst isst du vorher schon alles auf! Ich werde auf einen Baum steigen und dir von hier aus zusehen.“ Blitzschnell sprang sie dann selbst in den Korb hinein, deckte sich und die Piroggen zu und der Bär wanderte los.

[1] **Baba und Djeduschka:** die Großmutter und der Großvater
[2] **die Kiepe:** ein Korb, der wie ein Rucksack getragen wird
[3] **die Pirogge, die Piroggen:** gefüllte Teigtaschen, die gebacken werden

4 Nach einiger Zeit wurde der Bär müde: „Die Kiepe ist so schwer! Ich will mich ausruhen.“ Als er versuchte, die Kiepe abzusetzen, rief Mascha mit lauter Stimme: „Bär, ich sitze hoch und sehe weit, ich sehe, dass du ruhen willst.“ Da sprang der Bär auf und lief weiter. Ein zweites und auch ein drittes Mal versuchte er noch, sich hinzusetzen. Aber Mascha rief jedes Mal aus der Kiepe: „Ich sitze hoch und sehe weit, ich sehe, dass du ruhst.“

5 Endlich kam der Bär in das Dorf zu Baba und Djeduschka und alle Leute liefen zusammen, um den Bären zu sehen. Der Bär lud seine Last ab und im gleichen Augenblick sprang Mascha aus der Kiepe heraus. Wie groß war da die Freude im Dorf und gemeinsam verjagten sie den bösen Bären. Von da an lebten alle zufrieden und ohne Angst vor dem Bären.

Besser nacherzählen kannst du, wenn du das Märchen gut kennst.

1 Beantworte die folgenden Fragen zum Inhalt.
- Wann und wo spielt das Märchen?
- Warum wollte Mascha den Bären davon abhalten, sich auszuruhen?
- Was ist an Maschas Erlebnis mit dem Bären märchenhaft?

Tipp: Lege eine Folie über den Text und markiere die passenden Stellen.

Merkmal:
Märchen spielen in der Vergangenheit an einem unbestimmten Ort.

2 Erzählt das Märchen mit Hilfe von Erzählkärtchen nach.
- Schreibt zu jedem Absatz eine Überschrift auf ein Erzählkärtchen.
- Schreibt zu jeder Überschrift die Schlüsselwörter auf.
- Erzählt das Märchen gemeinsam nach.

→ Tipps zum Nacherzählen: Seite 272

Z **3** Was könnte Mascha den Dorfbewohnern über ihr Erlebnis erzählen? Schreibe eine kurze Geschichte.

Mit Liebe und Fantasie

Eine blaue Rose gibt es nicht? Doch! Du kannst sie sehen, wenn du es willst. Dieses Märchen kannst du an einigen Stellen weiterschreiben.

Die blaue Rose

1 Vor langer Zeit lebte in China ein Kaiser. Er hatte eine Tochter, die so schön war, dass man ihre Schönheit im ganzen Lande lobte. Ihr Lachen klang wie Silberglocken. Mit ihren zierlichen Füßen bewegte sie sich wie eine Tänzerin. Darüber hinaus war sie sehr klug und verstand es, wunderschöne Lieder zu singen. Aber die Prinzessin machte dem Vater Sorgen, denn sie wollte nicht heiraten. Sie hatte zur Bedingung gemacht, dass sie nur den Mann heiraten werde, der ihr eine blaue Rose schenkte. Der Kaiser suchte landauf, landab nach einem passenden Mann. Weil noch niemand eine blaue Rose gesehen hatte, versuchten viele Männer erst gar nicht, um die Gunst der schönen Prinzessin zu werben[1]. Andere aber waren so verliebt, dass sie überlegten, wie sie die Prinzessin mit einer blauen Rose für sich gewinnen konnten.

1 Welche Ideen könnten die Bewerber gehabt haben, um der Prinzessin eine blaue Rose zu schenken? Schreibe es auf.

2 Der Tag, an dem die jungen Männer im Palast mit einer blauen Rose um die Hand der Prinzessin anhalten sollten, war gekommen. Der erste Bewerber kam aus dem Land der Perser[2]. Aus blauen Edelsteinen hatte er eine kostbare Rose anfertigen lassen. Ein anderer Jüngling ließ eine weiße Rose in eine blaue Flüssigkeit stellen, sodass die Rose blau wurde. Die Prinzessin aber sagte: „Diese Rose will ich nicht. Wenn sich die Schmetterlinge und die Vögel auf sie setzen, müssen sie sterben." Ein dritter Bewerber überreichte der Prinzessin einen Becher aus feinstem Porzellan, mit einer blauen Rose bemalt. Die Prinzessin bewunderte das Kunstwerk sehr. Aber sie sagte: „Auch dies ist nicht die rechte Rose." Nicht nur diese drei Männer, sondern sieben mal sieben Bewerber wurden so abgewiesen.

[1] **um die Gunst werben:** die Zuneigung gewinnen wollen
[2] **das Land der Perser:** etwa das Gebiet des heutigen Iran und des Irak

2 Warum wohl wurden sieben mal sieben Bewerber abgewiesen? Schreibe es auf.

Merkmal:
Die magischen Zahlen **3** oder **7** kommen häufig in Märchen vor.

3 Da kam eines Tages ein Wanderer daher. Er wusste nichts von der Prinzessin und von der blauen Rose. Er setzte sich an die Mauer des Schlosses und sang ein bezauberndes Lied. Das Lied war so schön, dass die Königstochter wissen wollte, wer da sang. Sie trat aus dem Tor und hörte zu. Und es geschah ein Wunder: Beide sahen sich an und verliebten sich ineinander. Sogleich wollte der Jüngling zum König gehen und um die Hand der Tochter bitten. Aber da fing das Mädchen an zu weinen. Als der Jüngling ihre Tränen getrocknet hatte, begann sie zu erzählen: ___.

3 Was erzählte die Prinzessin dem Jüngling? Schreibe es auf.

4 Die Prinzessin seufzte: „Ich werde dich nie heiraten können." Der Jüngling aber lächelte: „Ich werde die blaue Rose finden." Er ging zum Wegesrand, pflückte dort eine weiße Rose und brachte sie in den Palast. Der Kaiser lachte, zeigte die weiße Rose seiner Tochter und sagte: „Schau her! Meinst du, dass dies die Rose ist, die du zur Bedingung für deine Heirat gemacht hast?" Er erwartete natürlich, dass die Tochter sich abwenden würde. Aber es kam anders. „Ja, das ist eine blaue Rose, genau so, wie ich sie haben wollte", antwortete die Prinzessin. Der Kaiser protestierte.

4 Wie könnte das Märchen enden? Schreibe den Schluss.

→ Das Ende vom Märchen kannst du auf Seite 287 lesen.

Z **5** Auf den Seiten 145 bis 151 hast du die **Merkmale von Märchen** kennen gelernt.
Schreibe die Merkmale auf ein Blatt.
Tipp: Gestalte das Blatt „märchenhaft".

Ein Märchen in Bildern

Auch hier wird ein Märchen erzählt – in Bildern.

Der Wolf und die sieben Geißlein

Brüder Grimm

Das Märchen könnt ihr mit Worten erzählen.

1 Erzählt das Märchen gemeinsam in der Klasse.
Beantwortet dabei die folgenden Fragen:

- Bild 1: Warum ging die Geiß fort? Was wollte der Wolf?
- Bild 2: Warum ließen die sieben Geißlein den Wolf nicht in das Haus?
- Bild 3: Wie wollte der Wolf die Geißlein überlisten?
- Bild 4: Wie wollte der Wolf die Geißlein beim nächsten Mal überlisten?
- Bild 5: Was geschah, als der Wolf dann doch ins Haus kam?
- Bild 6: Was geschah, als die Geiß nach Hause kam?

1 die Geiß: die Ziege
das Geißlein: das Kind der Ziege
die Geißlein: die Kinder der Ziege

Du weißt jetzt, worum es in dem Märchen geht.
Nun kannst du es aufschreiben.

2 Was geschah der Reihe nach?
a. Lies noch einmal die Fragen aus Aufgabe 1.
b. Lies dazu auch die Stichworte auf den Erzählkärtchen.

Bild 1:
- Geiß ging fort, wollte Futter holen
- Geißlein sollten den Wolf nicht in das Haus lassen
- Wolf wollte die Geißlein fangen und fressen

Bild 2:
- Wolf hatte eine raue Stimme und schwarze Pfoten
- Geißlein erkannten den Wolf

Bild 3:
- Wolf fraß Kreide, hatte eine feine Stimme, aber schwarze Pfoten
- Geißlein erkannten den Wolf

Bild 4:
- Wolf ließ sich beim Bäcker Teig und Mehl um die Pfoten wickeln
- hatte nun weiße Pfoten
- Geißlein erkannten den Wolf nicht

Bild 5:
- Geißlein versteckten sich
- Wolf verschluckte sechs Geißlein, fand eins nicht

Bild 6:
- Geiß fand nur das siebte Geißlein und den schlafenden Wolf
- Geiß befreite die Geißlein aus dem Bauch, alle lebten und freuten sich
- steckten dem Wolf Steine in den Bauch
- Wolf wachte auf und fiel in den Brunnen

3 Schreibe das Märchen mit Hilfe der Fragen und der Stichworte auf.
Tipps:
- Verwende das Präteritum.
- Überlege dir einen märchenhaften ersten und letzten Satz.
- Beachte die Märchenmerkmale.

4 Schreibe dein Märchen noch einmal in schöner Schrift auf.

3

sie versteckten sich	in unter	dem	Ofen, Schrank, Tisch, Uhrenkasten
		dem	Bett
		der	Küche, Waschschüssel

Ein Märchen schreiben

Du weißt nun, was das Besondere an Märchen ist.
Das hilft dir beim Schreiben eines eigenen Märchens.

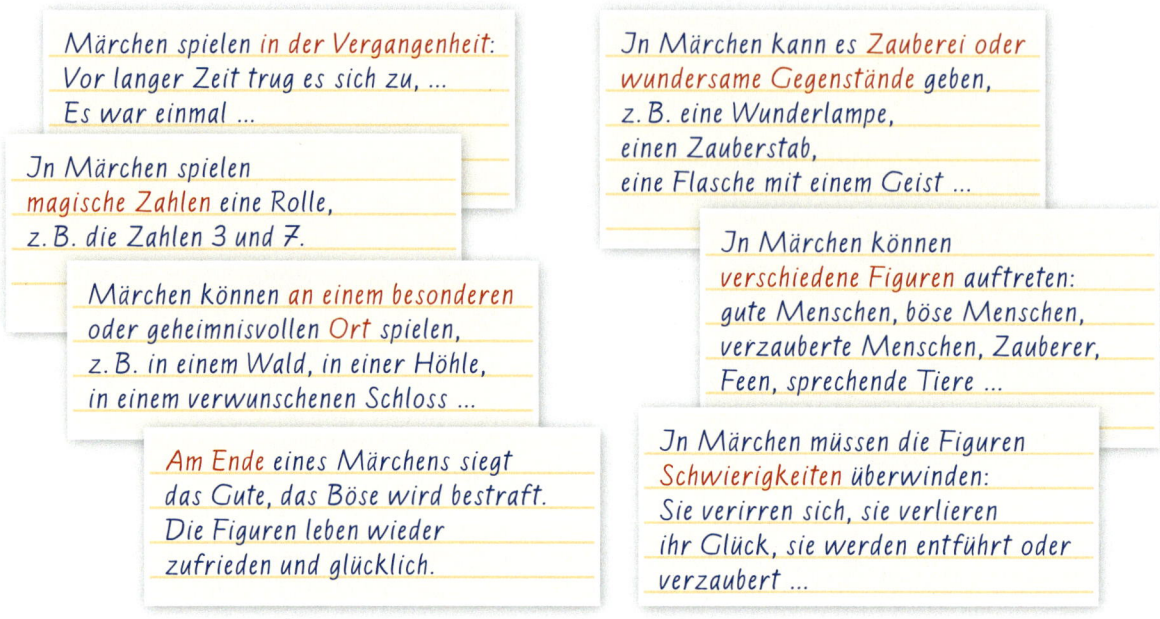

Märchen spielen in der Vergangenheit: Vor langer Zeit trug es sich zu, ... Es war einmal ...

Jn Märchen spielen magische Zahlen eine Rolle, z. B. die Zahlen 3 und 7.

Märchen können an einem besonderen oder geheimnisvollen Ort spielen, z. B. in einem Wald, in einer Höhle, in einem verwunschenen Schloss ...

Am Ende eines Märchens siegt das Gute, das Böse wird bestraft. Die Figuren leben wieder zufrieden und glücklich.

Jn Märchen kann es Zauberei oder wundersame Gegenstände geben, z. B. eine Wunderlampe, einen Zauberstab, eine Flasche mit einem Geist ...

Jn Märchen können verschiedene Figuren auftreten: gute Menschen, böse Menschen, verzauberte Menschen, Zauberer, Feen, sprechende Tiere ...

Jn Märchen müssen die Figuren Schwierigkeiten überwinden: Sie verirren sich, sie verlieren ihr Glück, sie werden entführt oder verzaubert ...

1 a. Schreibe die hervorgehobenen Wortgruppen auf einzelne Kärtchen.
b. Schreibe Ideen für **dein** Märchen dazu.

2 Schreibe dein Märchen mit Hilfe der Arbeitstechnik.

Arbeitstechnik

Ein Märchen schriftlich erzählen

- Beginne mit einem **märchenhaften Anfang**.
- Schreibe dann, **wie** deine Figuren **lebten** und wodurch eine Figur in **Schwierigkeiten** geriet.
- Verwende das Präteritum.
- Erzähle nun nacheinander, welche **Abenteuer** deine Figur bestehen oder welche **Aufgabe** sie lösen musste.
- Schreibe einen **passenden Schluss** für dein Märchen.
- Überlege dir eine **Überschrift** für dein Märchen.

Z **3** Schreibe dein Märchen in schöner Schrift auf ein Blatt.
Gestalte das Blatt mit Bildern.

2 Vor vielen Jahren, als das Zaubern noch ...
Es geschah vor langer, langer Zeit ...
Sie lebten glücklich/zufrieden ...
Doch dann geschah es, dass ...
Eines Tages jedoch ...
Plötzlich stand sie vor/an/in ...
Als die erste Aufgabe gelöst war, ...
Tagein, tagaus ...

Zu Märchenfiguren schreiben

Ein Untier in einem Rosengarten – was mag wohl geschehen sein?
Du kannst zu diesen Märchenfiguren schreiben.

1 Sieh dir die Bilder an und lies die Überschrift. Was könnte in diesem Märchen geschehen?

Die Schöne und das Tier

1 Es war einmal ein Kaufmann, der hatte drei Töchter, eine schöner als die andere. Aber die Jüngste war bei weitem die Schönste. Alle Leute nannten sie deshalb nur die „Schöne". Eines Tages musste der Vater verreisen. Seine Töchter baten ihn, schöne Kleider oder Schmuck mitzubringen. Die „Schöne" aber war sehr bescheiden und bat nur um eine Rose.

2 Auf der Rückreise von seinen Geschäften erfüllte der Kaufmann die Wünsche seiner Töchter, aber eine Rose fand er nicht. Spät am Abend kam er an ein wunderschönes Schloss mit einem herrlichen Rosengarten. Rasch pflückte er eine Rose. Da nahte mit furchtbarem Gebrüll ein riesiges Tier mit weit aufgerissenem Rachen, mit Schuppen und Borsten am ganzen Körper, mit Krallen und Warzen an den Füßen. Es schrie: „Was suchst du hier? Du bist in mein Reich eingedrungen – ich werde dich fressen." Der Kaufmann fiel vor dem Tier auf die Knie und bat: „Bitte töte mich nicht! Meine jüngste Tochter ist nicht nur sehr schön, sondern auch bescheiden. Sie hat sich nur eine einzige Rose gewünscht."

In dem Märchen lernst du drei Figuren kennen:
den Kaufmann, seine Tochter, also die Schöne, und das Tier.

2 Das Tier hörte, dass der Kaufmann eine wunderschöne Tochter hatte. Was könnte das Tier vom Kaufmann verlangt haben? Schreibe es auf.

3 Als das Tier hörte, dass der Kaufmann eine schöne Tochter hatte, ließ es von ihm ab und brummte: „Wenn du mir morgen deine Tochter bringst, dann lasse ich dich leben.“ Der Kaufmann sah keinen Ausweg und versprach es zitternd.

4 Zu Hause angekommen, gab der Kaufmann den Töchtern ihre Geschenke. Als er aber der Schönen die Rose gab, erzählte er traurig von dem Versprechen, das er dem Tier gegeben hatte. Da wurden alle sehr traurig. Doch die Schöne war auch klug und gütig und meinte: „Wenn du das Versprechen gabst, dann muss ich dort hingehen.“ Am nächsten Tag brachte der Kaufmann die Schöne zu dem Schloss.

W **3** Was fühlten und sagten die Schöne und der Kaufmann beim Abschied? Wähle eine der Figuren aus und schreibe einen kurzen Text.

5 Das Tier hatte schon ungeduldig gewartet und schnaubte wütend. Wie erschrak da die Schöne beim Anblick des hässlichen Tiers! Als dieses aber die Schönheit des Mädchens erblickte, wurde sein Herz weich und glücklich und es sprach zu ihr: „Hab keine Angst, du sollst es in meinem Schloss gut haben und alles bekommen, was du dir wünschst. Aber ich möchte, dass du jeden Abend auf mich wartest und mit mir sprichst.“ Die Schöne hatte keine Wünsche, versprach aber, jeden Tag auf das Tier zu warten.

6 So kam es, dass die beiden jeden Abend, wenn das Tier heimkam, zusammensaßen und plauderten[1]. Die Schöne verlor ihre Angst vor dem Tier, und nach einiger Zeit sah sie auch nicht mehr, wie hässlich es war. Sie sah nur, dass es gütige Augen und ein freundliches Wesen hatte. In der Schönen wuchs eine große Freundschaft für das Tier. Und das Tier verliebte sich so in sie, dass es sie heiraten wollte. Dreimal fragte das Tier die Schöne, ob sie seine Frau werden wollte. Doch die Schöne entgegnete jedes Mal sanft: „Ich mag dich sehr, aber ich liebe dich nicht so, dass ich dich heiraten könnte.“ Da wurde das Tier traurig, aber es verstand die Schöne und sagte nur leise: „Bleib bitte trotzdem bei mir und verlass mich nicht!“

4 Warum wollte das Tier, dass die Schöne bei ihm blieb? Schreibe auf, was das Tier fühlte.

[1] **sie plauderten:** sie redeten miteinander

7 Die Schöne versprach, bei dem Tier zu bleiben. Es vergingen drei Monate. Da bekam die Schöne Sehnsucht und bat darum, den Vater und die Schwestern wiedersehen zu dürfen. Das Tier erlaubte ihr die Reise, gab ihr einen Ring und sagte: „Dies ist ein Zauberring. Wenn du zurückkommen möchtest, drehe diesen Ring und du wirst gleich bei mir sein." Sofort wurde die Schöne wie durch eine Zauberhand in die Lüfte gehoben und gelangte mitten in das Haus ihres Vaters. Wie groß war die Freude dort! Alle waren glücklich miteinander – einen ganzen Tag lang. Aber schon am Abend füllte sich das Herz der Schönen mit Sehnsucht nach dem Tier und seinen gütigen Augen. Und am nächsten Tag drehte sie den Ring und wünschte sich wieder in das Schloss zurück.

5 Warum sehnte sich die Schöne nach dem Tier?
Schreibe auf, was sie ihrem Vater erklärt haben könnte.

8 Als die Schöne das Tier begrüßte, sagte sie: „Ich weiß nicht, ob ich dich so lieben kann, wie du das möchtest, aber ich weiß jetzt, dass ich ohne dich nicht mehr leben will." Da traten Tränen in die Augen des Tiers. Und dann war ein schreckliches Zischen und Krachen zu hören, sodass die Schöne vor Schreck die Augen schloss.

9 Als sie die Augen wieder öffnete, war das Tier verschwunden und vor ihr stand ein schöner junger Prinz. Der Prinz nahm sie dankbar in die Arme und erzählte sein Geheimnis: „Ich lebte glücklich in meinem Schloss. Doch eine böse Fee verzauberte mich in ein Tier. Erlösen konnte mich nur die Liebe einer schönen Frau." Bald schon gab es eine prächtige Hochzeit im Schloss. Und die Schöne und ihr Prinz wurden sehr glücklich miteinander. Und wenn sie nicht gestorben sind, dann leben sie noch heute.

Z **6** Märchen haben besondere Merkmale.
Findest du im Märchen „Die Schöne und das Tier" solche Merkmale?

a. Lege eine Folie über den Text und markiere passende Stellen.
b. Schreibe die gefundenen Merkmale auf.

Training:
Das Präteritum verwenden

**Märchen werden im Präteritum erzählt.
Das kannst du hier noch einmal üben.**

1 Lies den Anfang von dem Märchen „Der süße Brei“.

Der süße Brei
Brüder Grimm

1 Es war einmal ein armes Mädchen, das lebte mit seiner Mutter allein und sie hatten nichts zu essen. Das Mädchen ging in den Wald und begegnete einer alten Frau. Diese kannte den Kummer des Mädchens schon und schenkte ihm ein Töpfchen. Wenn das Mädchen Hunger hatte, sollte es sagen: „Töpfchen, koche“, und dann kochte es süßen Hirsebrei. Wenn das Mädchen sagte: „Töpfchen, steh“, dann kochte es nicht mehr weiter.

2 In dem Text sind Verben im Präteritum hervorgehoben.
- **a.** Schreibe die Verben in eine Tabelle.
- **b.** Ergänze jeweils die Grundform (den Infinitiv) und das Präsens.
- **c.** Wie unterscheiden sich das Präteritum, die Grundform und das Präsens? Markiere die Endungen.

Präteritum	Grundform (Infinitiv)	Präsens
lebte	leben	er/sie/es lebt
begegnete	…	er/sie/es …

3 In diese Sätze gehören Präteritumformen aus deiner Tabelle.
Setze die passenden Formen ein.

Das Mädchen ___ mit seiner Mutter.
Im Wald ___ das Mädchen einer alten Frau.
Die alte Frau ___ dem Mädchen einen Topf.
Das Töpfchen ___ auf Befehl süßen Hirsebrei.
Dann ___ das Mädchen: „Töpfchen, steh.“

So geht das Märchen weiter.

2 Das Mädchen ____ sich bei der alten Frau und ____ nach Hause zu seiner Mutter. Immer wenn die beiden nun Hunger hatten, ____ das Mädchen den Topf auf den Tisch und ____ süßen Brei, bis sie satt waren.

bedanken eilen stellen kochen

4 Schreibe den Absatz 2 mit den richtigen Präteritumformen auf.

Diese Sätze stehen im Präsens:

Sie haben Hunger. Sie sind satt.

5 a. Schreibe die Sätze ab und unterstreiche die Verben.
b. Finde im Text die passenden Verbformen im Präteritum.
c. Schreibe die Sätze im Präteritum auf.

Das Ende des Märchens ist im Präsens erzählt.

3 Eines Tages nun geht das Mädchen wieder in den Wald. Die Mutter hat Hunger und sagt zu dem Töpfchen: „Töpfchen, koche." Das Töpfchen kocht süßen Brei und die Mutter isst sich satt. Die Mutter weiß die Worte nicht und das Töpfchen kocht immer weiter. Schließlich kocht es über den Rand hinaus, kocht immerzu. Erst ist die Küche voll Brei, dann das Haus und auch die ganze Straße. Die Mutter weiß sich nicht mehr zu helfen. Endlich kommt die Tochter nach Hause und spricht: „Töpfchen, steh." Da kocht es nicht mehr. Aber wer in die Stadt will, der muss sich durch den Brei essen.

6 Korrigiert den Absatz 3 gemeinsam.
a. Wie lauten die Präteritumformen?
Tipp: Schlagt in der Verbtabelle auf Seite 284 nach.
b. Schreibt den Absatz 3 mit den richtigen Präteritumformen auf.

4 es bedankte es stellte
es kochte es wanderte

Training:

Ein Märchen überarbeiten

Tim hat ein Märchen geschrieben. Du kannst es überarbeiten.

Die verwandelten Trolle

Es war einmal eine Hexe, die hieß Hixa. Sie wohnte in einem alten, zerfallenen Haus und war böse und gemein.

Und dann fand Hixa ein altes Zauberbuch in einem Regal. Und dann entdeckte sie einen Zauber, der alle Menschen in Trolle verwandelte. Und dann stellte sich Hixa auf einen Hügel und holte ihren Zauberstab hervor. Sie rief: „Abrakadabra! Ich verwandle euch in Trolle und ihr hört von jetzt an nur noch auf mich!"

Sofort wurden die Menschen in Trolle verwandelt. Sie befolgten alle Befehle der Hexe. Hixa war glücklich.

Eines Tages sollte der Troll Gernot Holz holen. Dabei stolperte er und stieß sich den Kopf. In diesem moment war der zauber vorbei. Gernot hate seinen eigenen Wilen wieder. Er wusste, dass er die anderen Trolle befreien musste.

Also ging Gernot zu dem Haus der Hexe. Er fand sie in ihrem Wohnzimmer und ging zu ihr. Doch die Hexe ging weg, weil sie die Gefahr spürte. Sofort rief sie einige Trolle. Die Trolle gingen zu Gernot und hielten ihn fest. Gernot brauchte seine ganze Kraft, um sich zu befreien.

Die Hexe ist überrascht, dass Gernot mehrere Trolle besiegt. Erstaunt lässt sie den Zauberstab fallen. Schnell greift Gernot nach dem Zauberstab und ruft: „Abrakadabra, verschwunden sollst du sein, Hixa!" Im selben Moment trifft ein Blitz die Hexe und sie verschwindet mit einem lauten Knall.

Als die Hexe weg war, verwandelten sich alle Trolle zurück in Menschen. Sie feierten ein großes Fest. Und wenn sie nich gestorben sind, dann lebn sie noch heute.

Tims Märchen kannst du anschaulicher erzählen.
So können die Leserinnen und Leser sich alles besser vorstellen.
Die folgenden Tipps helfen dir bei der Überarbeitung.

Tipp 1: Gestalte die Satzanfänge abwechslungsreich.

Und dann fand Hixa ein altes Zauberbuch in einem Regal. Und dann entdeckte sie einen Zauber, der alle Menschen in Trolle verwandelte. Und dann stellte sich Hixa auf einen Hügel und holte ihren Zauberstab hervor.

1 Probiere aus, wie du die Satzanfänge verbessern kannst.

Starthilfe
Eines Tages fand Hixa …
…

Tipp 2: Erzähle das Märchen anschaulich und lebendig. Verwende dazu Adjektive, treffende Verben und wörtliche Rede.

Mit Adjektiven kannst du etwas genauer beschreiben.

Es war einmal eine Hexe, die hieß Hixa.

Sofort wurden die Menschen in Trolle verwandelt.

2 Wie war die Hexe? Wie waren die Trolle?
Beschreibe sie mit Adjektiven genauer.

Also ging Gernot zu dem Haus der Hexe.

3 Wie sah das Haus der Hexe aus?
Beschreibe es genauer.

1 Eines Tages …, Später …, Plötzlich …, Im nächsten Moment …

2 alt, böse, bucklig, faltig, hässlich, klein, riesig, runzlig

3 alt, düster, gruselig, verwittert

Mit treffenden Verben kannst du anschaulicher erzählen.

Also ging Gernot zu dem Haus der Hexe. Er fand sie in ihrem Wohnzimmer und ging zu ihr. Doch die Hexe ging weg, weil sie die Gefahr spürte. Sofort rief sie einige Trolle. Die Trolle gingen zu Gernot und hielten ihn fest. Gernot brauchte seine ganze Kraft, um sich zu befreien.

eilen
entkommen
rennen
stürmen
stürzen

4 Schreibe die Sätze um.
Verwende statt **gehen** verschiedene treffende Verben.

5 Was taten Gernot, die Hexe und die Trolle?
Ergänze eigene Sätze, die das Märchen anschaulicher machen.

Durch wörtliche Rede wird das Märchen lebendiger.

6 Gernot betrat das Haus der Hexe.
- Was könnte Gernot sagen?
- Was könnte die Hexe sagen?

Schreibe wörtliche Rede auf.

Starthilfe

Gernot brüllte: „Wo bist du, Hixa?
Ich habe …"
Die Hexe kreischte: „Was? Warum?
Du! Was hast du hier zu suchen? …"
…

5
er griff
er schlug um sich
er schüttelte
er stürzte
sie sprang weg
sie rannten
sie gehorchten
sie zerschlugen

6
sie krächzte
sie kreischte
sie schrie
sie brüllten

Tipp 3: Erzähle das Märchen im Präteritum.

Die Hexe ist überrascht, dass Gernot mehrere Trolle besiegt. Erstaunt lässt sie den Zauberstab fallen. Schnell greift Gernot nach dem Zauberstab und ruft: „Abrakadabra, verschwunden sollst du sein, Hixa!“ Im selben Moment trifft ein Blitz die Hexe und sie verschwindet mit einem lauten Knall.

7 Welche Verbformen stehen nicht im Präteritum?
a. Schreibe sie untereinander auf.
b. Schreibe die Präteritumformen daneben.

Starthilfe
sie ist – sie war
er besiegt – …
…

Tipp 4: Denke beim Schreiben an die Leserinnen und Leser. Rechtschreibfehler stören beim Lesen.

Jn diesem moment war der zauber vorbei.

Achtung: Fehler!

8 Korrigiere die zwei Fehler in der Großschreibung.

Und wenn sie nich gestorben sind, dann lebn sie noch heute.

Achtung: Fehler!

9 In diesem Satz gibt es zwei Flüchtigkeitsfehler. Schreibe den Satz richtig auf.

Gernot hate seinen eigenen Wilen wieder.

Achtung: Fehler!

10 Zwei Wörter in diesem Satz schreibt man mit Doppelkonsonant. Schreibe den Satz richtig auf.

Tipp 5: Schreibe den Text ganz am Ende in Reinschrift auf.

11 Schreibe Tims Märchen mit deinen Überarbeitungen auf.

→ Schreibkonferenz: Seite 271

Von Weisen und Spaßvögeln

Till Eulenspiegel und Nasrettin Hoca

In diesem Kapitel lest ihr lustige Geschichten von Till Eulenspiegel und Nasrettin Hoca. Ihr könnt sie mit verteilten Rollen lesen oder nachspielen.

Till Eulenspiegel
Till Eulenspiegel lebte vor ungefähr 700 Jahren. Er war ein Narr[1] und ein Schelm[2]. Er brachte die Menschen oft zum Lachen.
Auf Bildern trägt Till Eulenspiegel ein buntes Narrengewand. In den Händen hält er oft eine Eule und einen Spiegel.

Nasrettin Hoca[3]
Wann genau Nasrettin gelebt hat oder ob überhaupt, wissen wir nicht. Nasrettin wird oft der „türkische Eulenspiegel" genannt. Der Name „Hoca" bedeutet „Gelehrter". Nasrettin zeigt den Menschen mit einem Lachen, wie dumm sie sind.
Auf Bildern trägt Nasrettin immer einen großen Turban.
Oft ist Nasrettin auch mit einem Esel abgebildet.

1 Klassengespräch!
- Wie sieht Till Eulenspiegel aus? Wie sieht Nasrettin Hoca aus?
- Was erzählen die Texte über Till Eulenspiegel und Nasrettin Hoca?

[1] **ein Narr:** jemand, der andere unterhält und sie an der Nase herumführt
[2] **ein Schelm:** ein Spaßvogel
[3] **Hoca** [sprich: hodscha]

Wie Eulenspiegel fliegen wollte

Wie Eulenspiegel in Magdeburg verkündete, dass er vom Rathauserker fliegen wollte

A Eulenspiegel kam in die Stadt Magdeburg und spielte den Bürgern viele Streiche. Deshalb war sein Name bald bekannt. Die Bürger der Stadt baten ihn: „Mache doch einmal etwas ganz Abenteuerliches.“ Da sagte Eulenspiegel: „Das will ich tun. Ich werde auf das Rathaus steigen und vom Erker[1] herabfliegen.“

2 Wie geht die Geschichte weiter?
Die Bilder verraten es dir.

a. Ordne die Absätze B, C, D den Bildern zu.

b. Lies die Geschichte in der richtigen Reihenfolge vor.

→ Tipps zum Vorlesen: Seite 269

1

2

3

B Da fing Eulenspiegel an zu lachen und rief: „Ich dachte, ich sei der einzige Narr auf der Welt. Aber nun sehe ich, dass die Stadt voller Narren ist. Wenn ihr mir sagt, ihr wollt fliegen, dann glaube ich es nicht. Aber ihr glaubt mir, einem Dummkopf! Ich bin doch keine Gans und auch kein Vogel. Ich habe auch keine Flügel. Und ohne Flügel oder Federn kann keiner fliegen. Nun seht ihr wohl, dass meine Geschichte gelogen ist.“

C Er drehte sich um, lief weg und ließ die Menschen stehen. Die einen fluchten, die anderen lachten und sagten: „Er ist ein Dummkopf, ein Narr. Aber er hat doch die Wahrheit gesagt.“

D Da gab es ein großes Geschrei in der Stadt. Alle versammelten sich vor dem Rathaus und wollten sehen, wie Eulenspiegel flog. Eulenspiegel stand auf dem Erker des Rathauses und bewegte seine Arme, als ob er fliegen wollte. Die Leute standen da, rissen Augen und Mund auf und meinten wirklich, Eulenspiegel wolle fliegen.

[1] **der Erker:** ein Vorbau, manchmal mit Geländer

Geschichten von Nasrettin Hoca

Nasrettin Hoca erzählte oft unglaubliche Geschichten.

Bienen so groß wie Schafe

1 Nasrettin erzählte, dass er in Stambul[1] im Garten des Sultans[2] gewesen sei und dort Bienen gesehen habe, so groß wie Schafe.

2 Da fragte ihn einer der Zuhörer: „Wie groß waren denn die Bienenstöcke?“ Nasrettin antwortete: „Die Bienenstöcke waren so groß wie bei uns.“ „Wie kamen denn da die Bienen hinein oder heraus?“ „Ich bin gerade dazugekommen, als sie in den Bienenstock wollten. Aber als die Bienen mich bemerkt haben, sind sie erschrocken weggeflogen. Deshalb kann ich euch nicht sagen, wie sie es schafften, in die Bienenstöcke hineinzukommen.“

1 Klassengespräch!
Was ist an Nasrettins Geschichte unglaublich?

2 Was erzählte Nasrettin in Absatz 1?
Schreibe es in wörtlicher Rede auf.

Starthilfe

Nasrettin erzählte: „Ich war in … Dort habe ich …“

3 Lest die Geschichte mit verteilten Rollen.
Ihr braucht einen Erzähler, Nasrettin und einen Zuhörer.

Z Du kannst eine eigene unglaubliche Geschichte erzählen.

4 a. Ersetze **Bienen**, **Schafe** und **Bienenstöcke** durch andere Tiere und ihre Behausungen.
b. Schreibe deine Geschichte auf.
c. Lies deine Geschichte in der Klasse vor.

[1] **Stambul:** Istanbul, die größte Stadt der Türkei
[2] der **Sultan:** der Herrscher in einem islamischen Land

4 der Ameisenhaufen, das Entennest, der Fuchsbau

Nasrettin Hoca war ein weiser Mann. Er hatte auch Schüler.
Auch die Schüler erzählten Geschichten.
Diese Geschichte könnt ihr zusammen vorlesen.

Der große Kohlkopf

1 Auf einem Spaziergang erzählten zwei Schüler von Nasrettin Hoca einander unglaubliche Geschichten und versuchten, sich gegenseitig mit Lügen zu übertrumpfen[1].

2 Unter anderem sagte der eine: „Als ich einmal in Stambul war, habe ich einen Kohlkopf gesehen, unter dem sich dreihundert Leute verstecken konnten."

3 Darauf entgegnete ihm der andere: „Aber Bruder, das ist noch gar nichts gegen das, was ich in Athen gesehen habe. Dort habe ich nämlich einen großen Kessel gesehen, an dem schmiedeten[2] dreihundert Leute, und die standen so weit voneinander, dass einer den anderen nicht hören konnte."

4 Nun fragte der erste: „Wozu soll denn so ein großer Kessel dienen?" „Aber Bruder. Wie kannst du nur so dumm fragen? Um den großen Kohlkopf zu kochen, den du gesehen hast."

5 Klassengespräch!
Was ist an dieser Geschichte unglaublich?

Die Geschichte könnt ihr mit verteilten Rollen lesen.

6 Gruppenarbeit!
- **a.** Verteilt die Rollen:
  Ihr braucht einen Erzähler und die beiden Schüler.
- **b.** Lest nun die Geschichte mit verteilten Rollen.
  Tipp: Betont besonders die hervorgehobenen Wörter.

→ Tipps zum Vorlesen: Seite 269

[1] **sich gegenseitig übertrumpfen:** der Bessere sein wollen
[2] **sie schmiedeten:** sie stellten aus heißem Metall her

Noch ein Streich von Till Eulenspiegel

Die Geschichte von Till Eulenspiegel könnt ihr spielen. Das gelingt nur gut, wenn ihr die Geschichte verstanden habt.

Eulen und Meerkatzen

1 Als Eulenspiegel nach Braunschweig kam, wohnte er in einer Herberge. In der Nähe hatte ein Bäcker seine Bäckerei. Der Bäcker sprach Eulenspiegel an und fragte ihn, was für einen Beruf er habe. Till antwortete: „Ich bin Bäckergeselle[1].“ „Oh“, sagte der Bäckermeister, „mir fehlt gerade ein Bäckergeselle. Willst du bei mir arbeiten?“ Eulenspiegel war einverstanden und sagte: „Ja.“

1 Ihr wisst es besser: Till Eulenspiegel war kein Bäckergeselle.
Was war Till Eulenspiegel? Sprecht darüber.

2 Als Till nun zwei Tage in der Bäckerei war, beauftragte ihn der Bäcker, für den nächsten Morgen allein zu backen, denn er könne ihm in dieser Nacht nicht helfen. Eulenspiegel fragte: „Ja, aber was soll ich denn backen?“ Der Bäcker ärgerte sich über die Frage, denn was sollte man in einer Bäckerei auch anderes backen als Brot und Brötchen? Er wurde zornig und fragte: „Weißt du nicht, was du backen sollst? Bist du ein Bäckergeselle oder nicht? Was backt man in einer Bäckerei?“ Als Till nicht antwortete, sprach der Bäckermeister spöttisch[2] weiter: „Dann back doch Eulen und Meerkatzen!“ Und damit legte er sich schlafen.

3 Till aber ging in die Backstube, heizte den Backofen, knetete den Teig und backte lauter Eulen und Meerkatzen, so wie der Bäcker wörtlich gesagt hatte – die ganze Backstube voll.

2 Klassengespräch!
- Was sollte Till eigentlich backen?
- Was backte Till?

[1] **der Bäckergeselle:** ein Bäcker mit abgeschlossener Ausbildung
[2] **spöttisch:** sich lustig machend

Wie geht die Geschichte weiter?

3 a. Beschreibt das Bild.
- Was ist in der Backstube zu sehen?
- Wie sieht der Bäckermeister aus? Was fühlt und sagt er wohl?
- Wie sieht Till Eulenspiegel aus? Was denkt er wohl?

b. Wie könnte die Geschichte weitergehen? Sprecht darüber.

c. Lest, wie die Geschichte weitergeht.

4 Der Meister stand morgens auf und ging in die Backstube. Doch da fand er kein Brot und keine Brötchen, sondern lauter Eulen und Meerkatzen! Er wurde zornig und schimpfte: „Was ist dir denn eingefallen? Was hast du da gebacken?“
Eulenspiegel antwortete: „Eulen und Meerkatzen. Genau das hast du mir gesagt.“
Der Meister schimpfte weiter: „Was soll ich denn bloß mit diesem Zeug machen? Das kann ich nicht verkaufen.“ Er packte Eulenspiegel am Kragen und forderte: „Du bezahlst mir meinen Teig und verschwindest dann.“ So geschah es. Eulenspiegel zahlte, nahm die Eulen und Meerkatzen und ging.

5 Eulenspiegel ging auf den Markt. Dort baute er seine Eulen und Meerkatzen auf und rief laut: „Eulen und Meerkatzen zu verkaufen! Eulen und Meerkatzen zu verkaufen! Sonderpreis!“
Am selben Tag verkaufte er alle Eulen und Meerkatzen und nahm mehr Geld ein, als er dem Bäcker für den Teig bezahlt hatte.

3 freut sich, fröhlich, stolz, wütend, zornig

W Zwei Situationen aus der Geschichte lassen sich gut spielen.
Ihr könnt eine Situation auswählen und spielen:

- Situation 1: Arbeitet zu zweit. Am Morgen in der Backstube → Aufgaben 1–3
- Situation 2: Arbeite alleine. Till auf dem Markt → Aufgaben 4–6

Situation 1: Am Morgen in der Backstube

1 Lest noch einmal die Zeilen 27–40.

2 a. **Was** sagen Till Eulenspiegel und der Bäcker?
Schreibt das Gespräch auf.
b. **Wie** sprechen Till und der Bäcker?
Schreibt es jeweils in Klammern dahinter.

Starthilfe
Till: „Guten Morgen, Meister!" (freundlich)
Bäcker: „Was ist dir denn eingefallen? …" (…)

3 Bereitet die Situation zum Spielen vor.
a. Lest das Gespräch mit verteilten Rollen.
b. Wie fühlen sich Till und der Bäcker?
Überlegt, wie ihr das mit dem Körper darstellen könnt:
Wie schauen sie? Wie sind ihre Hände?

Situation 2: Till auf dem Markt

4 Lies noch einmal die Zeilen 41–47.

5 Eulenspiegel ruft auf dem Markt seine Eulen und Meerkatzen aus.
Wie hört sich das wohl am besten an?
- Probiere aus, verschiedene Wörter zu betonen.
- Probiere unterschiedliche Lautstärken aus.
- Probiere unterschiedliche Tonhöhen aus: hoch, tief, …

6 a. Was könnte Till Eulenspiegel noch sagen?
Schreibe es auf.
b. Überlege, wie Eulenspiegel sich bewegt und wie sein Gesicht aussieht.

7 Spielt anschließend eure ausgewählte Situation vor.

2 belustigt, erstaunt, schelmisch, schmunzelnd, verärgert, wütend

5 flüsternd, normal laut, richtig laut, schreiend

Z Nasrettins Weg zum Dorf

Was Nasrettin auf dem Weg zum Dorf erlebt, lest ihr hier.

W **8** Wählt aus:
- Lest die Geschichte vor.
- Lest die Geschichte mit verteilten Rollen.
- Spielt die Geschichte als Szene.

Der Mund ist kein Sack, den man zubinden kann

1 Nasrettin ist unterwegs zum Dorf. Er hat seinen Sohn auf den Esel gesetzt und geht selbst nebenher. Da kommen ein paar Leute vorbei und sagen: „Schau dir das an! Der alte Mann muss zu Fuß gehen und der Junge sitzt auf dem Esel. Der Junge sollte sich schämen!"

2 Das hört Nasrettin. Er lässt seinen Sohn absteigen und setzt sich selbst auf den Esel. Doch schon nach einer Weile hört er, wie sich zwei, die am Wegrand sitzen, unterhalten: „Der große Kerl sitzt auf dem Esel und lässt den armen Jungen gehen. Gibt es denn kein Mitleid mehr auf der Welt?"

3 Nasrettin holt seinen Sohn mit auf den Esel und so reiten sie weiter. Da kommt ein Bauer des Weges und meint: „Muss das schwache Tier denn euch beide tragen? Das ist ja unglaublich. Der arme Esel wird sich das Rückgrat[1] brechen."

4 Nasrettin steigt ab und nimmt auch seinen Sohn vom Esel herunter. So gehen sie weiter, der Esel voraus und die beiden hinterher. Als sie nicht mehr weit vom Dorf entfernt sind, hören sie, wie ein Mann zum anderen sagt: „Schau dir bloß die zwei Hohlköpfe[2] an! Der Esel spaziert voraus und die zwei marschieren hinterher. Wie kann man nur so dumm sein?"

5 Da sagt Nasrettin zu seinem Sohn: „Du hast es gehört, das Beste ist immer, man tut, was man selbst für richtig hält. Den anderen kann man nie etwas recht machen. Und der Mund ist auch kein Sack, den man zubinden kann."

9 Nasrettin sagt zum Schluss zu seinem Sohn:
„Den anderen kann man nie etwas recht machen."
Was meint Nasrettin damit? Sprecht darüber.

[1] **das Rückgrat:** der Rücken
[2] **die Hohlköpfe:** die Dummen

Training: Eine Geschichte von Nasrettin spielen

In einem Comic wird eine Geschichte mit Bildern und sehr wenig Text – meist in Sprechblasen – erzählt. Den folgenden Comic über Nasrettin könnt ihr als Szene spielen.

Wie Nasrettin einen Wirt mit dem Klang des Geldes bezahlte

1 Klassengespräch!
Welche Geschichte erzählt der Comic in Bildern?
Erzählt die Geschichte gemeinsam mit euren Worten.

In den Sprechblasen steht, was die Figuren sagen.

2 Gruppenarbeit!
Lest das Gespräch vor.
a. Verteilt die Rollen: Ihr braucht Nasrettin, den Wirt, den Bettler und einen Erzähler.
b. **Wie** sprechen Nasrettin, der Wirt und der Bettler? Probiert es aus.
c. Lest den Comic mit verteilten Rollen.

Nasrettin, der Wirt und der Bettler zeigen auch ohne Worte, wie sie sich fühlen.

3 a. Seht euch die einzelnen Bilder an.
b. Schreibt zu jedem Bild auf, wie sich die Figuren fühlen.
Tipp: Nicht auf jedem Bild kommen alle Figuren vor.

Starthilfe

	Nasrettin	der Wirt	der Bettler
Bild 1	vergnügt	–	–
Bild 2	…	…	…
…	…		

4 Stellt eine Figur ohne Worte dar.
a. Wählt eine Figur von einem Bild aus.
b. Wie fühlt sich die Figur? Probiert die Körperhaltung und den Gesichtsausdruck aus.

Nun könnt ihr ein Bild spielen.

5 a. Wählt ein Bild aus. Verteilt die Rollen.
b. Lest die Sprechblasen mit verteilten Rollen.
c. **Wie** sprechen die Figuren? Probiert verschiedene Möglichkeiten aus.
d. Überlegt, welche Körperhaltung und welcher Gesichtsausdruck zu den Figuren passen.
e. Spielt das Bild.

2 beruhigt, eingeschüchtert, gelassen, neugierig, rechthaberisch, verdutzt, wütend, zornig

Spielt nun die ganze Geschichte.
Ein Szenenplan hilft euch bei der Vorbereitung.

6 Was passiert alles nacheinander?
Schreibt einen Szenenplan.
- Seht euch den Comic noch einmal genau an.
- Lest noch einmal die Sprechblasen.
- Schreibt einen Szenenplan für jedes einzelne Bild des Comics.

Starthilfe

	Welche Figur?	Was sagt die Figur?	Wie spricht die Figur?	Wie ist die Körperhaltung? Wie ist der Gesichtsausdruck?
Bild 1	Nasrettin	–	–	geht vergnügt über den Basar und schaut sich alles an
Bild 2	…	…	…	…
…	…	…	…	…

7 Legt gemeinsam fest, wer welche Rolle spielt.

8 Einzelarbeit:
Jeder bereitet nun seine Rolle vor.
a. Unterstreiche deine Rolle in deinem Szenenplan.
b. Lerne den Text für deine Rolle auswendig.

9 Übt das Spiel gemeinsam.
a. Spielt die Geschichte einmal bis zum Ende, ohne zu unterbrechen.
Tipp: Haltet euren Text zunächst in der Hand.
So könnt ihr nachlesen, wenn ihr etwas vergessen habt.
b. Besprecht, was ihr vielleicht noch ändern wollt.

10 Spielt die ganze Geschichte vor.

Z 11 Bereitet eine Aufführung vor.
a. Überlegt, welche Kostüme die Spieler tragen könnten.
b. Wie könnte die Bühne aussehen? Probiert, mit Tischen und Stühlen eine Bühne zu bauen.
c. Führt euer Spiel auf: vor Eltern, vor anderen Klassen …

Gereimtes und Ungereimtes

Abzählreime

Überall auf der Welt könnt ihr Abzählreime hören.

Yağ satarım,
bal satarım,
ustam öldü
ben satarım.
(aus der Türkei)

Aussprache:
jah ßátáram,
bal ßátáram,
úßtam öldü
ben ßátáram.

Eenie, meenie, miney, mo,
catch a tiger by the toe.
If he hollers, let him go,
eenie, meenie, miney, mo.
(aus England)

Aussprache:
ini, mini, meini, mo,
kätsch e teiger bei se to.
if hi hollers, let him go,
ini, mini, meini, mo.

Ene mene miste,
es rappelt in der Kiste.
Ene mene meck
und du bist weg.
(aus Deutschland)

Patito, patito
color de café,
si tú no me quieres
yo ya sé por qué.
(aus Mexiko)

Aussprache:
patíto, patíto
kolór de kafé,
ßi tú no me kiéres
jó ja ßé por ké.

1 Lest die Abzählreime vor.

2 **a.** Lernt einen Abzählreim auswendig.
b. Sagt den Abzählreim auswendig auf.

3 Woran liegt es, dass ihr euch die Abzählreime leicht merken könnt? Erklärt es.

W **4** Kennst du noch mehr Abzählreime? Wähle selbst:
- Schreibe einen Abzählreim auf.
- Oder erfinde einen eigenen Abzählreim.

Reime in Gedichten

**Reime bringen ein Gedicht zum Klingen.
Das kannst du beim Vorlesen hörbar machen.**

Merkmal:
Gedichte reimen sich häufig.

Die Made

Heinz Erhardt

Hinter eines Baumes ___ wohnt die Made mit dem ___.	Kinde / Rinde
Sie ist Witwe[1], denn der ___, den sie hatte, fiel vom ___.	Gatte / Blatte
Diente so auf diese ___ einer Ameise als ___.	Weise / Speise
Eines Morgens sprach die ___: „Liebes Kind, ich sehe ___,	Made / grade
drüben gibt es frischen ___, den ich hol. So leb denn ___.	Kohl / wohl
Halt, noch eins! Denk, was ___, geh nicht aus, denk an ___!“	geschah / Papa
Also sprach sie und ___. – Made junior aber ___	entwich / schlich
hinterdrein; und das war ___! Denn schon kam ein bunter ___	Specht / schlecht
und verschlang die kleine ___ Made ohne Gnade. ___!	fade / Schade
Hinter eines Baumes ___ ruft die Made nach dem ___ …	Kinde / Rinde

5 Welches Reimwort passt jeweils?
- **a.** Lies Zeile für Zeile.
  Probiere aus, welches Reimwort jeweils am besten passt.
- **b.** Schreibe das Gedicht vollständig auf.
- **c.** Erkläre, warum die Made eine Witwe ist.

6 Lies das Gedicht vor.
Probiere dabei verschiedene Möglichkeiten aus:
laut oder leise, schnell oder langsam, fröhlich, traurig oder ernst.

[1] die **Witwe**: eine Frau, deren Ehemann nicht mehr lebt

Was grunzt und quakt denn da?

Manche Gedichte spielen mit Lauten und Klängen. Beim Sprechen könnt ihr diese Klänge hörbar machen.

Merkmal:
Eine besondere Sprache bringt die Gedichte zum Klingen.

auf dem land

Ernst Jandl

rininininininininDER
brüllüllüllüllüllüllüllEN

schweineineineineineineineinE
grununununununununZEN

hunununununununununDE
bellellellellellellellEN

katatatatatatatatZEN
miauiauiauiauiauiauiauEN

katatatatatatatatER
schnurrurrurrurrurrurrurrEN

gänänänänänänänänSE
schnattattattattattattattERN

ziegiegiegiegiegiegiegiegEN
meckeckeckeckeckeckeckERN

bienienienienienienienEN
summummummummummummummummEN

grillillillillillillillEN
ziririririririrPEN

fröschöschöschöschöschöschöschE
quakakakakakakakakEN

hummummummummummummummummELN
brummummummummummummummummEN

vögögögögögögögEL
zwitschitschitschitschitschitschitschERN

1 Welche Tiere kommen vor und wie klingen ihre Laute? Schreibe es auf.

Starthilfe
Rinder brüllen, Schweine …

2 Sprich das Gedicht so, dass man die Tiere gut hören kann.
Probiere verschiedene Möglichkeiten aus.

3 In der Klasse!
Sprecht das Gedicht im Chor.
- Eine oder einer spricht die Zeilen vor.
- Die anderen sprechen nach.

Z **Tierlaute klingen überall ähnlich, aber die Laute werden in jeder Sprache anders geschrieben.**

Tier	Deutsch	Türkisch	Englisch	Französisch
der Esel	i-a, i-a	a-ii, a-ii	hee-haw [hi-ha]	hi-han [i-an]
der Hahn	kikeriki	ü ürü üü	cock-a-doodle-doo [kok-a-dudel-du]	cocorico [kokoriko]
das Huhn	gack, gack put, put	gıt gıt gıdak [gat gat gadak]	cluck-cluck [klak-klak]	cot cot codec [kot kot kodek]
das Rind	muh	möö [mö]	moo [mu]	meuh [mu]
die Ente	quak-quak [kwak-kwak]	vak, vak [uak, uak]	quack-quack [kwak-kwak]	coin, coin [koan, koan]
die Katze	miau	miyav [miau]	meow [miau]	miaou [miau]

4 a. Wählt ein Tier aus.
b. Sprecht die Tierlaute in den verschiedenen Sprachen.
Hört genau hin.
- Welche Laute klingen ähnlich?
- Welche Laute klingen unterschiedlich?

Z **5** a. Schreibe mit den Tierlauten aus der Tabelle ein Gedicht.
b. Lies dein Gedicht vor.

Z Wie klingt es auf den Avenidas?

Eugen Gomringer schrieb seine Gedichte nicht nur auf Deutsch. Dieses Gedicht hat er auf Spanisch geschrieben.

avenidas
Eugen Gomringer

avenidas
avenidas y flores

flores
flores y mujeres

avenidas
avenidas y mujeres

avenidas y flores y mujeres y
un admirador

Aussprache:
awenídas

awenídas
awenídas i flóres

flóres
flóres i muchéres

awenídas
awenídas i muchéres

awenídas i flóres i muchéres i
un admiradór

1 Lies das Gedicht halblaut vor.
Tipps: • Betone die Silben mit dem kleinen Strich: **fló**res.
• Rolle das „r" ein wenig mit der Zunge.

2 **a.** Schreibe das spanische Gedicht ab.
b. Übersetze das Gedicht ins Deutsche.
Schreibe die deutsche Übersetzung auf.
Tipp: Hilfen findest du unten auf der Seite.

Wie klingt es auf den Avenidas?
Ihr könnt das Gedicht besonders wirkungsvoll vortragen.

3 Welche Geräusche kann man auf den **Avenidas** hören?
Probiert aus, wie ihr diese Geräusche hörbar machen könnt.

4 Bereitet euren Vortrag mit den passenden Geräuschen vor.
a. Lernt das Gedicht auswendig. → Tipps zum Auswendiglernen: Seite 268
b. Übt das ganze Gedicht mit den passenden Geräuschen.
Einer trägt das Gedicht vor, der andere macht die Geräusche.

2
avenidas = die Alleen
y = und
flores = die Blumen
mujeres = die Frauen
un admirador = ein Bewunderer

Z Hören, was man sonst nicht hört

Gedichte können auch ganz leise klingen.
Dieses Gedicht kannst du so vorlesen,
dass man hört, wie leise es ist.

Das leise Gedicht

Alfred Könner

Wer mäuschenstill am Bache sitzt,
kann hören, wie ein Fischlein flitzt.

Wer mäuschenstill im Grase liegt,
kann hören, wie ein Falter fliegt.

Wer mäuschenstill im Bette lauscht,
kann hören, wie der Regen rauscht.

Wer mäuschenstill im Walde steht,
kann hören, wie ein Rehlein geht.

Wer mäuschenstill ist und nicht stört,
kann hören, was man sonst nicht hört.

1 Was kann man in jeder Strophe hören?
- Eine oder einer liest das Gedicht leise vor.
- Die oder der andere sagt, was sie oder er in jeder Strophe hören kann.

2 Bereite das Gedicht zum Vorlesen vor.
- Welche Wörter sind besonders wichtig?
- Wie kannst du die Wörter so lesen, dass man „das Leise" hört?

Probiere verschiedene Möglichkeiten aus.
Tipp: Markiere die wichtigen Wörter auf Folie.

3 Lies das Gedicht ausdrucksvoll vor.

➜ ausdrucksvoll vorlesen: Seite 269

4 Was hörst du, wenn du mäuschenstill bist?
Schreibe ein eigenes Gedicht.

Starthilfe

Wer mäuschenstill in der Klasse ist,
kann hören, wie ein Mäuslein frisst.
Wer mäuschenstill …

5 ein Fischlein – das Fischlein
ein Falter – der Falter
ein Rehlein – das Rehlein

Die Jahreszeiten in Gedichten

Es war eine Mutter, die hatte vier Kinder

1. Es war ei - ne Mut - ter, die hat - te vier Kin - der. Den
2. Der Früh - ling bringt Blu - men, der Som - mer bringt Klee, der
Früh - ling, den Som - mer, den Herbst und den Win - ter.
Herbst, der bringt Trau - ben, der Win - ter den Schnee.

1 Wie heißen die vier Kinder?
- **a.** Zeichnet die vier Kinder auf ein Blatt.
- **b.** Schreibt die Namen dazu.
- **c.** Schreibt den Namen der Mutter darüber.

2 In dem Lied findet ihr zweimal zwei Reimwörter.
- **a.** Lest das Lied laut vor, dann könnt ihr die Reimwörter hören.
- **b.** Schreibt das Lied als Gedicht auf das Blatt.
  Tipps: • Das Gedicht hat zwei Strophen.
  • Jede Strophe hat vier Zeilen.
- **c.** Markiert die Reimwörter.

Z 3 Die Jahreszeiten werden mit Kindern verglichen.
- Was tun die Kinder?
- Was geschieht mit den Kindern im Laufe des Jahres?

Schreibt eure Gedanken zum Vergleich mit auf das Blatt.

Merkmal:
Vergleiche machen Gedichte anschaulich und lebendig.

Z 4 Singt das Lied gemeinsam.

1 der Frühling, der Sommer, der Herbst, der Winter, das Jahr

In diesem Gedicht werden die vier Jahreszeiten mit vier Brüdern verglichen.

Die vier Brüder

Karoline Stahl

Vier Brüder geh'n jahraus, jahrein
im ganzen Jahr spazieren;
Doch jeder kommt für sich allein,
uns Gaben[1] zuzuführen.

Der Erste kommt mit leichtem Sinn,
in reines Blau[2] gehüllet,
streut Knospen, Blätter, Blüten hin,
die er mit Düften füllet.

Der Zweite tritt schon ernster auf
mit Sonnenschein und Regen,
streut Blumen aus in seinem Lauf,
der Ernte reichen Segen.

Der Dritte naht mit Überfluss
und füllet Küch' und Scheune[3],
bringt uns zum süßesten Genuss
viel Äpfel, Nüss' und Weine.

Verdrießlich[4] braust der Vierte her,
in Nacht und Graus gehüllet[5],
zieht Feld und Wald und Wiesen leer[6],
die er mit Schnee erfüllet.

Wer sagt mir, wer die Brüder sind,
die so einander jagen?
Leicht rät sie wohl ein jedes Kind,
drum brauch ich's nicht zu sagen.

5 Wer sind die vier Brüder in diesem Gedicht?
Schreibe ihre Namen auf.

6 Schreibe zu jeder Jahreszeit in Stichworten auf,
- wie sie kommt oder auftritt oder naht oder heranbraust,
- was sie tut.

Z **7** Klassengespräch!
Wie wirken die Vergleiche im Lied und im Gedicht auf euch?

Auch in dem Gedicht „Die vier Brüder" gibt es Reimwörter.

8 a. Sprich das Gedicht und höre genau hin, welche Wörter sich reimen.
b. Schreibe die Reimwörter aus allen Strophen untereinander auf.
c. Kennzeichne die Wörter, die sich reimen, mit denselben Buchstaben.

Starthilfe

jahrein	a
spazieren	b
allein	a
zuzuführen	b

1 **die Gaben**: die Geschenke
2 **das Blau**: der blaue Himmel
3 **füllet Küch' und Scheune**: schafft Vorräte für den Winter
4 **verdrießlich**: ärgerlich
5 **in Nacht und Graus gehüllet**: bei Dunkelheit und schlechtem Wetter
6 **zieht Feld und Wald und Wiesen leer**: es wächst nichts mehr

Frühling, Sommer ...

In diesem Gedicht geht es um den April. Er ist ein besonderer Monat.

April

Heinrich Seidel

1 April! April!
Der weiß nicht, was er will.
Bald lacht der Himmel klar und rein,
Bald schaun die Wolken düster drein,
Bald Regen und bald Sonnenschein!
Was sind mir das für Sachen,
Mit Weinen und mit Lachen
Ein solch' Gesaus zu machen!
April! April!
Der weiß nicht, was er will.

2 O weh! O weh!
Nun kommt er gar mit Schnee
Und schneit mir in den Blütenbaum,
In all den Frühlingswiegentraum!
Ganz gräulich ist's, man glaubt es kaum:
Heut Frost und gestern Hitze,
Heut Reif und morgen Blitze;
Das sind so seine Witze.
O weh! O weh!
Nun kommt er gar mit Schnee!

3 Hurra! Hurra!
Der Frühling ist doch da!
Und kriegt[1] der raue Wintersmann
Auch seinen Freund, den Nordwind, an
Und wehrt er sich, so gut er kann,
Es soll ihm nicht gelingen;
Denn alle Knospen springen,
Und alle Vöglein singen.
Hurra! Hurra!
Der Frühling ist doch da!

Der April kann ganz schön launisch sein.

Merkmal:
Sprachbilder, z. B. Gegensätze, machen Gedichte lebendig.

1 Wie zeigt sich der April in den Strophen **1** und **2**?
- **a.** Schreibe Gegensätze in Stichworten auf.
- **b.** Lies das Gedicht so, dass man die Gegensätze gut hören kann.

Starthilfe
Himmel klar – Wolken düster, …

2 In dem Gedicht findest du Wörter, die sich reimen.
- **a.** Schreibe das Gedicht ab.
- **b.** Lies die letzten Wörter in jeder Zeile.
- **c.** Kennzeichne die Reimwörter mit Buchstaben.

[1] **kriegt an:** treibt an

**Im Sommer verändert sich auch der Apfelbaum.
Wie? Das kannst du in diesem Gedicht lesen.**

Vom Apfelbaum

Elsbeth Friemert

In unserem kleinen Garten,
da steht ein Apfelbaum.
______
so viel, man glaubt es kaum.

Die fleiß'gen Bienen summen
und fliegen hin und her,
______
Das freut uns alle sehr.

Und sehe ich dann später
einmal den Baum mir an,
______
ganz kleinen Äpfel dran.

Sie wachsen immer schneller
und schaukeln froh im Wind.
______
Wie rot die Bäckchen sind.

bestäuben all die Blüten.

da hängen schon die grünen,

Die Sonne macht sie süß und reif.

Er trägt viel weiße Blüten,

3 In jeder Strophe fehlt eine Zeile.
- **a.** Sieh dir die Bilder an.
- **b.** Lies das Gedicht.
  Setze dabei die Zeilen vom Rand ein.

4
- **a.** Schreibe das Gedicht „Vom Apfelbaum" vollständig auf.
- **b.** Zeichne dazu, wie sich die Apfelblüten verändern.

5
- **a.** Schreibe ein eigenes Gedicht über einen Birnbaum oder einen Kirschbaum.
- **b.** Schreibe dein Gedicht in Schönschrift auf ein Blatt.
  Gestalte dein Blatt mit Zeichnungen oder Fotos.

... Herbst und Winter

Im Herbst muss man viele schöne Dinge tun.

Im Herbst
Ilse Kleberger

Kette
schaut ihm nach
Strauch
aufheben
essen
zeigen

Im Herbst muss man Kastanien ___,
die braun aus stachliger Schale streben;
man sammelt und sammelt um die Wette
und fädelt sie zu einer endlosen ___.

Im Herbst muss man Haselnüsse ___,
das darf man auf keinen Fall vergessen!
Man muss sich beeilen, denn das Eichhorn mag sie auch
und plündert mit Windeseile den ___.

Im Herbst muss der bunte Drachen steigen.
Man muss ihm den Weg in den Himmel ___.
Dann schwebt er hoch über Nachbars Dach
und man reckt den Hals und ___.

1 Lies das Gedicht.
Ergänze dabei, was man im Herbst tun muss.
Tipp: Die Gedichtzeilen reimen sich.

2 Was muss man im Herbst alles machen?
Schreibe drei Sätze auf.

3 a. Schreibe das Gedicht ab.
b. Markiere die Reimwörter mit unterschiedlichen Farben.
c. Lerne die Reime auswendig.

4 Lerne das Gedicht auswendig.
Beachte dabei die Arbeitstechnik.

Arbeitstechnik

Ein Gedicht auswendig lernen

- Lerne die erste Strophe **Zeile für Zeile** auswendig.
- Du kannst dir mit einem Blatt Papier helfen: Lege das Blatt so, dass du **jeweils nur den Anfang jeder Zeile** lesen kannst.
- Sprich dann die **Strophe als Ganzes**.
- Lerne die anderen Strophen genauso.

Schlittschuhlaufen im Winter ist wie tanzen.

Der Eislauf

August Heinrich Hoffmann von Fallersleben

Der See ist zugefroren
Und hält schon seinen Mann.
Die Bahn ist wie ein Spiegel
Und glänzt uns freundlich an.

Das Wetter ist so heiter,
Die Sonne scheint so hell.
Wer will mit mir ins Freie?
Wer ist mein Mitgesell?

Da ist nicht viel zu fragen:
Wer mit will, macht sich auf.
Wir gehn hinaus ins Freie,
Hinaus zum Schlittschuhlauf.

Was kümmert uns die Kälte?
Was kümmert uns der Schnee?
Wir wollen Schlittschuh laufen
Wohl auf dem blanken See.

Da sind wir ausgezogen
Zur Eisbahn also bald,
Und haben uns am Ufer
Die Schlittschuh' angeschnallt.

Das war ein lustig Leben
Im hellen Sonnenglanz!
Wir drehten uns und schwebten,
Als wär's ein Reigentanz.

Das Gedicht kannst du so vorlesen, dass man die Schlittschuhläufer tanzen hört.

5 Bereite das Gedicht zum Vorlesen vor.
   a. Lege eine Folie über das Gedicht.
   b. Markiere wichtige Wörter und Pausen.
   c. Lies das Gedicht und probiere verschiedene Möglichkeiten aus:
      - Lies manchmal laut, manchmal leiser, mal schnell, mal langsamer.
      - Lasse manche Textstellen fröhlich und aufgeregt klingen.

Merkmale von Gedichten

Hier findest du Gedichte zu allen vier Jahreszeiten.

1 Im Sommer erfreut sich das weite Land
vom Berge bis hin zu den Schären[1].
Wir rudern, wir segeln, wir reiten am Strand,
der Sommerwind weht durch die Ähren.

(Volkslied aus Schweden, Übertragung Karl Seidelmann)

B

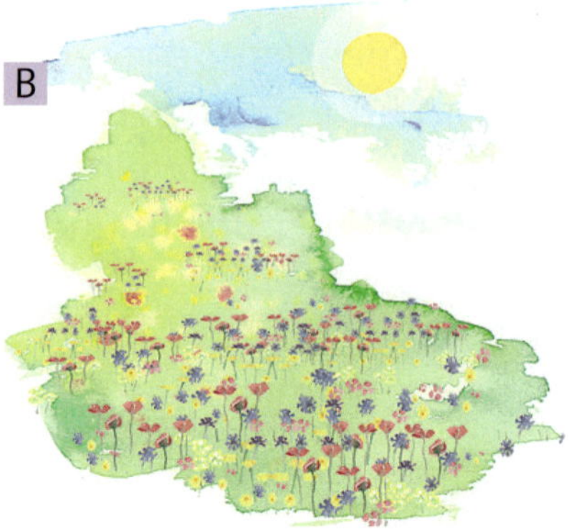

A

3 Seht das schöne Schlackerwetter!
Und die armen welken Blätter,
wie sie tanzen in dem Wind
und so ganz verloren sind!
Wie der Sturm sie jagt und zwirbelt
und sie durcheinanderwirbelt
und sie hetzt ohn' Unterlass:
Ja, das ist Novemberspaß!

(Heinrich Seidel)

2 Ei, du liebe, liebe Zeit,
ei, wie hat's geschneit, geschneit!
Ringsherum, wie ich mich dreh,
nichts als Schnee und lauter Schnee.
Wald und Wiesen, Hof und Hecken,
alles steckt in weißen Decken.

(Friedrich Wilhelm Güll)

C

D

4 Der Frühling ist die schönste Zeit!
Was kann wohl schöner sein?
Da grünt und blüht es weit und breit
im goldnen Sonnenschein.

(Annette von Droste-Hülshoff)

[1] die Schären: kleine Felseninseln

1 Welche Jahreszeiten findest du in den Gedichten 1 bis 4?
Ordne die Gedichte und die Bilder den Jahreszeiten zu.

2 An welchen Wörtern hast du die jeweilige Jahreszeit erkannt?
Schreibe die Wörter zu den Jahreszeiten dazu.

Merkmal:
besondere Sprache

3 Reime lassen die Gedichte klingen.
a. Lies die vier Gedichte laut und höre die Reimwörter.
b. Schreibe die Reimwörter der einzelnen Gedichte untereinander auf.
c. Kennzeichne die Reimwörter mit a, b, c und d.

Merkmal:
Reime

4 Paarreim oder Kreuzreim?
Welche Reimformen haben die Gedichte?
a. Vergleiche die Reime in den vier Gedichten.
b. Schreibe jeweils die Reimform zu den Reimwörtern.

Reimformen:

der Paarreim	der Kreuzreim
a	a
a	b
b	a
b	b

W **5** In Gedicht 3 fliegen die Blätter im Wind.
- Womit wird das Fliegen verglichen?
- Wie wirkt der Vergleich auf dich?

Schreibe es auf.

Merkmal:
Vergleiche

6 Welche Wörter machen die Gedichte besonders anschaulich?
Finde in jedem Gedicht drei besondere Wörter.
Schreibe sie auf.

Merkmal:
Sprachbilder

Du kannst zu einem der Gedichte ein Gedichtblatt gestalten.

W **7** Gestalte ein Gedichtblatt zu deinem Lieblingsgedicht.
- Wähle ein Gedicht aus.
- Schreibe das Gedicht in schöner Schrift auf.
- Schreibe eine passende Überschrift dazu.
- Schreibe die Reimform dazu.
- Markiere besondere Wörter oder Sprachbilder, die dir gefallen.
- Zeichne ein Bild dazu.

➜ Merkmale von Gedichten auf einen Blick: Seite 268

7 Der Frühling ist die schönste Zeit!
Im Sommer erfreut sich das weite Land
November
Der erste Schnee

Der Aufgabenknacker – Schritt für Schritt

Mit dem Aufgabenknacker kannst du jede Aufgabe knacken.

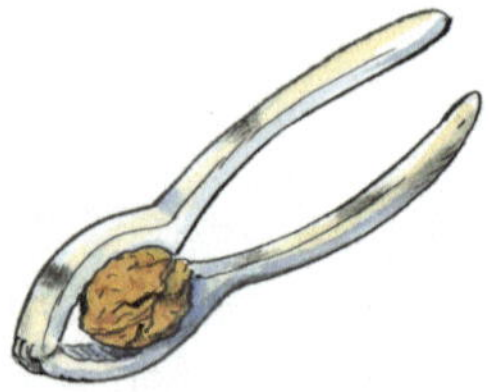

1. Schritt: Du liest die Aufgabe genau.

1 Lies die Beispielaufgabe **A** mehrmals genau und langsam.

> **A** Fasst auf einer Erzählkarte zwei Absätze des Märchens zusammen.

Das Verb ist das wichtigste Wort in einer Aufgabe.

2 a. Schreibe das Verb aus Aufgabe **A** auf.
Tipp: Es besteht aus zwei Teilen.
b. Schreibe den Infinitiv (die Grundform) dazu.

Z **3** Die folgenden Verben kommen oft in Aufgaben vor.
a. Schreibe die Verben untereinander auf.
b. Schreibe jeweils den Infinitiv dazu.

Findet …	Nenne …
Lies …	Erzähle … nach.
Markiere …	Tragt … vor.
Vergleiche …	Sieh … an.
Beschreibe …	Lege … an.

4 Die Aufgabe **A** sagt dir noch mehr.
Beantworte die folgenden Fragen schriftlich.
- Welche wichtigen Wörter sagen dir genauer, was du tun sollst?
- Sollst du die Aufgabe mündlich oder schriftlich lösen?
- Arbeitest du allein oder mit jemandem zusammen?

Z **5** Wende den 1. Schritt auf die folgende Aufgabe **B** an.
Gehe so vor wie in den Aufgaben 1, 2 und 4.

> **B** Lies deiner Partnerin oder deinem Partner den zweiten Absatz des Märchens vor.

3 anlegen, ansehen, lesen, nacherzählen, vortragen

2. Schritt: Du überlegst: Was gehört alles zur Lösung der Aufgabe?

Das Verb in der Aufgabe sagt dir, was du tun sollst.

6 a. Ordne den Verben vom Rand die passenden Erklärungen zu.
b. Schreibe die Verben mit den Erklärungen auf.

Beschreibe …
Fasse zusammen …
Nenne …
Vergleiche …

Erklärungen:
- Ich soll Gemeinsamkeiten und Unterschiede finden.
- Ich soll etwas aufzählen.
- Ich soll die wichtigsten Informationen wiedergeben.
- Ich soll wiedergeben, wie etwas aussieht, abläuft oder funktioniert.

Manche Aufgaben sind sehr lang.

C
Das Märchen könnt ihr mit Hilfe von Erzählkärtchen nacherzählen. Zeile 1
a. Schreibt zu jedem Absatz eine Überschrift auf die Erzählkärtchen. Zeile 2
b. Schreibt zu jeder Überschrift Stichworte auf. Zeile 3
c. Erzählt das Märchen gemeinsam nach. Zeile 4

7 a. Lies die Aufgabe C genau, Zeile für Zeile.
b. Finde die Verben in den Zeilen 2, 3 und 4.
Schreibe die Verben mit den Infinitiven auf.

8 Schreibe die Schlüsselwörter für jede Zeile aus Aufgabe C auf.
Die Fragen am Rand helfen dir.

Starthilfe
Zeile 1: nacherzählen
Zeile 2: …

Was tun?
Was?
Womit?
Wie?

3. Schritt: Du gibst die Aufgabe mit eigenen Worten wieder.

9 Welche Erklärungen zu Aufgabe C sind richtig?
a. Schreibe die richtigen Erklärungen ab.
b. Korrigiere die falschen Erklärungen.

- Wir sollen ein Märchen abschreiben.
- Wir verwenden zum Nacherzählen Erzählkärtchen.
- Als Erstes schreiben wir zu jedem Absatz Stichworte auf.
- Zum Schluss schreiben wir unser eigenes Märchen.

→ der Aufgabenknacker auf einen Blick: Seite 270

Texte lesen und verstehen: Der Textknacker

Einen Text verstehen ist so
wie eine Nuss knacken.

Eine harte Nuss musst du knacken,
damit du an ihren weichen Kern herankommst.
Dazu brauchst du einen Nussknacker.

Einen Text kannst du auch „knacken",
genauso wie eine harte Nuss.
Dann kannst du ihn verstehen.
Hier hilft dir der Textknacker.

1 Lies die Schritte des Textknackers auf Seite 193.

2 Bastle dir einen Textknacker aus Pappe.
Dann kannst du ihn für jeden Text verwenden.
Schreibe nur die Schritte und die hervorgehobenen Wörter auf.

Z **3** Lege eine abwaschbare Folie in dein Buch.
So kannst du in jedem Text das Wichtigste auf Folie markieren.

Der Textknacker – Schritt für Schritt

Texte liest du, um dich zu informieren oder zum Vergnügen oder …
Mach dir klar, warum du den Text liest. Dann funktioniert der Textknacker.

1. Schritt: Vor dem Lesen
Du siehst dir den Text als Ganzes an.

- Worauf fällt dein Blick als Erstes?
- Was erzählen dir die Bilder?
- Wie heißt die Überschrift?
- Worum könnte es gehen?

2. Schritt: Das erste Lesen
Du überfliegst den Text.
Oder du liest den Text einmal durch.

- Welche Wörter, Wortgruppen oder Absätze fallen dir auf?
- Was ist interessant für dich? Was macht dich neugierig?

3. Schritt: Den Text genau lesen
Du liest den Text genau und in Ruhe – Absatz für Absatz.
So findest du die wichtigen Informationen.

- Absätze gliedern den Text.
  Was in einem Absatz zusammensteht, gehört inhaltlich zusammen.
- Manchmal stehen auch Zwischenüberschriften über den Absätzen.
- Manche Wörter sind zum Verstehen besonders wichtig,
  sie sind Schlüsselwörter.
- Manchmal gibt es weitere Bilder am Rand des Textes oder im Text.
  Sie helfen dir, den Text zu verstehen.
- Manche Wörter werden erklärt: Sieh am Rand oder unter dem Text nach.
- Schlage Wörter, die du nicht verstanden hast, im Lexikon nach.
- Welche Fragen hast du an den Text?

4. Schritt: Nach dem Lesen
Du arbeitest mit dem Inhalt des Textes.

- Welche Informationen sind für dich und deine Aufgabe wichtig?

Den Textknacker ausprobieren

W Du kannst einen der Texte 1, 2 oder 3 auswählen und den Textknacker ausprobieren.

1. Vor dem Lesen
2. Das erste Lesen
3. Den Text genau lesen
4. Nach dem Lesen

W 1 Lies den Text 1 mit dem Textknacker.
Beantworte zum Schluss die Frage:
? Sind Insekten wichtig für die Natur?

1 Nützlinge oder Schädlinge?

1 Insekten sind auf der ganzen Welt verbreitet und kommen sehr häufig vor. Drei von vier Tieren, die bei uns leben, gehören zu den Insekten. Auf der Erde gibt es insgesamt mehr als eine Million verschiedene Arten von Insekten.

2 Viele Insekten sind sehr nützlich, denn sie bestäuben[1] die Blüten von Pflanzen. Dadurch entwickeln sich aus den Blüten Früchte. Aber Insekten können noch viel mehr. Zum Beispiel sind Bienen wichtig, weil sie Nektar von den Blüten sammeln und daraus Honig machen. Waldameisen sorgen dafür, dass unsere Wälder gesund bleiben und Schädlinge sich nicht so stark ausbreiten können.

3 Es gibt auch Insekten, die Krankheiten übertragen oder den Pflanzen Schaden zufügen. Diese Insekten ernähren sich zum Beispiel von Blättern oder anderen Pflanzenteilen.

4 Trotzdem braucht die Natur auch diese Insekten, denn sie dienen zum Beispiel Singvögeln oder Fröschen als Nahrung. Jedes Tier ist wichtig, damit die Natur erhalten bleibt. Deswegen stehen auch viele Insekten unter Naturschutz.

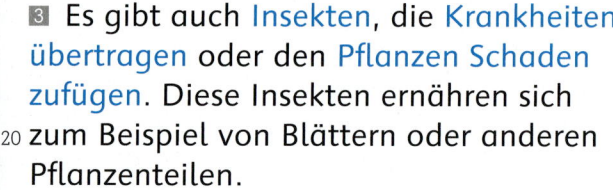

[1] **sie bestäuben:** Sie bringen den Blütenstaub von einer Blüte zu einer anderen Blüte. So vermehren sich Pflanzen.

W 2 Lies das Gedicht 2 mit dem Textknacker und beantworte die Frage:
? Warum ist die Eberesche ein ganz besonderer Herbstbaum?

2 Herbstbaum

Axel Schulze

Im September hängt
die Eberesche[1]
in ihre Zweige
die rote Wäsche.

Mit Blütenschaum
hat sie gewaschen.
Jetzt kommen Vögel
und naschen.

Der Baum lächelt,
die Blätter schweben.
Für alle reicht es,
die leben.

W 3 Lies das Gedicht 3 mit dem Textknacker und beantworte die Frage:
? Woran merkst du, dass der Clown seinen Beruf schön findet?

3 Clown

Gabriele Berthel

Kinder, für euch mach ich Sachen
die in keinem Buche stehn
(also Sachen, die gar nicht gehn)
Kinder, ihr müsst viel lauter lachen

Ich schlag Kobolz und stolpre
über Steine
(außer über kleine)
Manchmal fall ich auf meinen großen
losen
Mund

Na und?
Denkt ihr, ich bleib liegen –
Mensch, Kinder, wer flennt denn da:
Ich lern doch bloß fliegen

[1] **die Eberesche:** ein Laubbaum, der auch als Vogelbeerbaum bekannt ist

Einen Text überfliegen

**Bevor du einen Text genau liest, solltest du ihn überfliegen.
So kannst du vor dem genauen Lesen entscheiden:
Hilft dir der Text überhaupt, deine Frage zu beantworten?**

? Deine Frage heißt hier: Warum braucht man Kohlenhydrate?

1 Überfliege den Text „Die Kohlenhydrate“.
- Fliege mit den Augen die geschwungene Linie entlang.
- Folge der Linie von links oben nach rechts unten ohne Unterbrechung.

Die Kohlenhydrate

Kohlenhydrate sind, neben Fett und Eiweiß, wichtige Bestandteile der Ernährung. Warum? Ein Teil aller Kohlenhydrate ist Zucker. Dieser ist wichtig für die Arbeit der Muskeln und für das Denken, denn Zucker liefert Energie. Deshalb brauchst auch du im Laufe des Schulvormittags einen Imbiss, der dir Energie schenkt. Es gibt „gute“ und „weniger gute“ Kohlenhydrate. „Gute“ Kohlenhydrate sind zum Beispiel in Kartoffeln, Erbsen, Linsen, Getreide, Obst und Vollkornbrot enthalten. Die Energie, die diese Lebensmittel liefern, hält lange an. Auch Weißbrot, Kuchen, Bonbons, Schokolade oder süße Getränke haben Kohlenhydrate, allerdings die „weniger guten“. Sie liefern zwar schnell Energie, diese hält aber nicht lange an.

2 Welche Wörter oder Wortgruppen hast du dir gemerkt?
- **a.** Decke den Text ab.
- **b.** Schreibe wichtige Wörter auswendig auf.
- **c.** Passen diese Wörter zu deiner Frage ??

3 Worum geht es in dem Text?
Schreibe es auf.

Manchmal musst du entscheiden, welcher von zwei Texten wichtig ist für deine Frage. Dann hilft es, die beiden Texte zu überfliegen.

? Deine Frage heißt hier: Was ist in Getreide enthalten?

4 Schreibe die Frage **?** auf.

5 Überfliege die beiden Texte.

Getreide, das: Zu den Getreidesorten gehören: Weizen, Roggen, Reis, Hafer, Hirse und Mais. Sie werden in Lebensmitteln verarbeitet. Die Samen von Getreide sind eine wichtige Grundlage der Ernährung. Getreidekörner enthalten Kohlenhydrate, Eiweiß, Vitamine und anderes. Aus Weizen und Roggen werden z. B. Brot, Kuchen oder Nudeln hergestellt, aus Gerste und Hirse Grütze. Aus Mais wird Fladen hergestellt.

Getreide, das: ist ein Nomen mit dem Artikel das. Das Wort **Getreide** bedeutet eigentlich „das, was getragen wird". Vor 1000 Jahren bedeutete **Getreide** „Kleidung", „Gepäck", aber auch „Nahrung". Vor 600 Jahren änderte sich die Bedeutung von **Getreide**, man gebrauchte das Wort nun nur für Körnerfrüchte.
Zusammensetzungen:
der Getreideanbau,
das Getreidefeld,
die Getreideernte,
die Getreidesorten.

6 Welche Wörter oder Wortgruppen sind dir in den beiden Texten aufgefallen?
a. Decke die beiden Texte ab.
b. Schreibe wichtige Wörter und Wortgruppen in eine Tabelle.

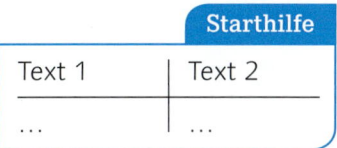

Starthilfe

Text 1	Text 2
…	…

7 Welche Wörter und Wortgruppen sind wichtig für die Antwort auf die Frage **?**?
Markiere sie in deinem Heft.

8 Klassengespräch!
Welcher Text hilft, die Frage zu beantworten?
Begründet eure Antworten.

8 Der erste/zweite Text hilft (nicht), die Frage zu beantworten.
Im Text findet man die folgenden Wörter: … / Im Text findet man keine Wörter dazu.

Ideensammlung: Der Cluster

In einem Cluster kannst du Ideen zu einem Thema sammeln.

Dieser Cluster ist ein Beispiel der Klasse 5 b für das Thema „Was Sport für uns bedeutet".

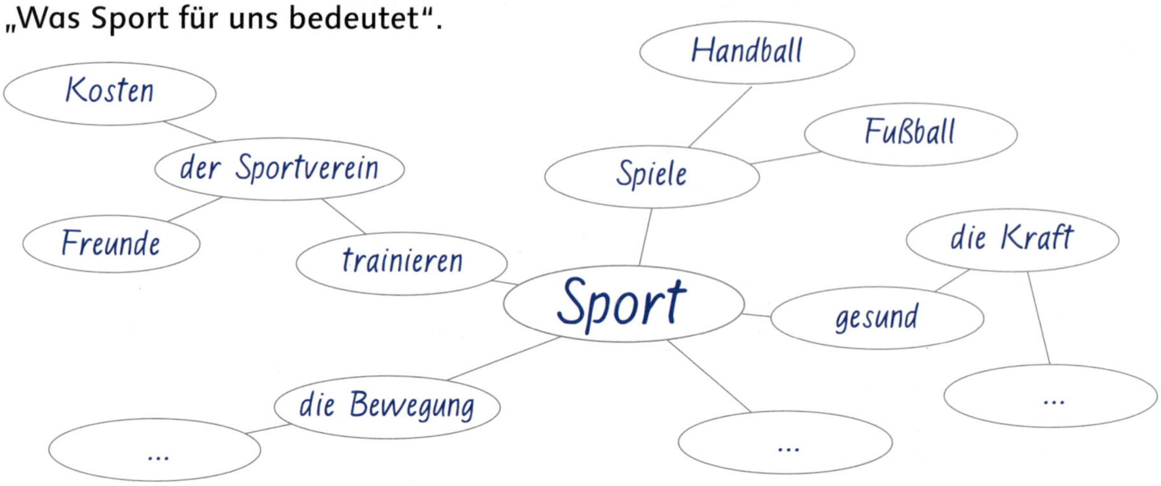

1 Klassengespräch!
Seht euch den Cluster an.
- Was bedeutet Sport für die Klasse 5 b?
- Was würdet ihr noch ergänzen?

2 Ein Cluster hat einen bestimmten Aufbau.
Seht euch den Cluster genauer an.
- Welche Kreise gehören zusammen?
- Warum gehören sie zusammen?

Was bedeutet Sport für euch?

3 **a.** Übertragt den angefangenen Cluster an die Tafel.
b. Welche weiteren Ideen habt ihr zum Thema?
Schreibt sie an die Tafel.
c. Welche eurer Wörter und Wortgruppen gehören zusammen?
Verbindet sie durch Striche.

Z **4** Und was bedeutet Sport für dich?
Schreibe einen eigenen Cluster.

3

der Spaß	die Erholung	die gute Laune
die Ausdauer	der Erfolg	die Beweglichkeit
die Muskeln	laufen	draußen sein

W Du kannst nun einen eigenen Cluster für das Thema Nahrungsmittel schreiben.
- Du kannst allein arbeiten.
- Du kannst mit einer Partnerin oder einem Partner arbeiten.

1. Schritt: Das Thema aufschreiben

5 a. Nimm ein leeres Blatt Papier.
b. Schreibe in die Mitte das Thema.
c. Kreise das Thema ein.

2. Schritt: Ideen sammeln und in den Cluster eintragen

6 Schreibe auf dein Blatt die Wörter und Wortgruppen, die dir genau jetzt zu dem Thema einfallen.

7 Schreibe weitere Wörter und Wortgruppen auf.
- Die folgenden Fragen helfen dir, weitere Ideen zu finden.
- Du kannst auch andere Fragen stellen und sie beantworten.

> - Wozu braucht der Körper Nahrungsmittel?
> - Welche Nährstoffe braucht der Körper?
> - Welche verschiedenen Nahrungsmittelgruppen gibt es?
> - Welche Nahrungsmittel sind gesund? Welche Nahrungsmittel sind nicht so gesund?
> - Was isst du gern? Was isst du nicht so gern?

8 Schreibe zu jeder Frage Wörter und Wortgruppen in deinen Cluster.

3. Schritt: Den Cluster ordnen

9 Welche Wörter in deinem Cluster gehören zusammen?
- Hast du schon Wörter miteinander verbunden?
- Findest du weitere Wörter in deinem Cluster, die zusammengehören? Dann verbinde sie miteinander.

→ der Cluster auf einen Blick: Seite 271

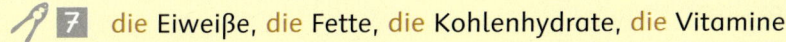

7 die Eiweiße, die Fette, die Kohlenhydrate, die Vitamine

der Fisch	das Brot	die Margarine	die Eier
der Käse	das Gemüse	die Milch	die Kartoffeln
der Zucker	das Obst	die Wurst	die Meerestiere

Texte überarbeiten

Die Schreibkonferenz

In einer Schreibkonferenz überarbeitet ihr Texte gemeinsam in der Gruppe. Für die Durchführung der Schreibkonferenz werden Regeln vereinbart.

Regel 1: Die Autorin oder der Autor liest zunächst den Text vor. Die anderen hören aufmerksam zu.

Regel 2: Sagt zuerst, was euch gefällt.

Regel 3: Fragt nach, wenn ihr etwas nicht verstanden habt.

Regel 4: Überarbeitet gemeinsam den Text, bis er euch gefällt. Die Tipps aus der Arbeitstechnik helfen euch dabei.

Arbeitstechnik

Einen Text überarbeiten

Einen Text überarbeitet ihr am besten in mehreren Durchgängen. Ihr könnt selbst auswählen, was ihr zuerst tut:

Tipp 1: Gestaltet die **Satzanfänge** abwechslungsreich.
Tipp 2: Verwendet **treffende Verben**. Dann wird der Text anschaulicher.
Tipp 3: Ergänzt **Adjektive** an passenden Stellen. Dann können sich die Leser alles genauer vorstellen.
Tipp 4: Verwendet beim schriftlichen Erzählen das **Präteritum**.
Tipp 5: Überprüft die **Rechtschreibung**.

Regel 5: Schreibt den Text ganz am Ende noch einmal sauber und in gut lesbarer Schrift auf.

Einen Text überarbeiten

Selina hat eine Geschichte über Till Eulenspiegel nacherzählt.

W Wähle aus:
- Du kannst Selinas Geschichte allein überarbeiten.
- Oder du kannst die Geschichte in der Schreibkonferenz überarbeiten.

1 Lies Selinas Geschichte.

Wie Eulenspiegel in Erfurt einen Braten bekam

Schon einmal bekam Eulenspiegel von einem Metzger in Erfurt einen Braten, ohne ihn zu bezahlen.

Dann kam Eulenspiegel eine Woche später wieder auf den großen Markt zu dem Metzger. Dann wollte der Metzger Eulenspiegel überlisten und rief: „Komm wieder her und hol dir einen Braten.“ Dann sagte Eulenspiegel ja und wollte den leckeren Braten haben. Dann war der gierige Metzger aber schneller und griff nach dem Braten.

Eulenspiegel sagte: „Lass den Braten liegen, ich bezahle ihn auch.“ Als der erstaunte Metzger den Braten hingelegt hatte, sagte Eulenspiegel: „Wenn ich dir etwas sage, was dir gefällt, bekomme ich dann den Braten?“ Darauf sagte der Metzger: „Aber wehe, du betrügst mich.“ Aber der listige Eulenspiegel sagte: „Ich lasse den Braten liegen, wenn dir meine Worte nicht gefallen.“ Der Metzger hörte ihm genau zu.

Danach will Eulenspiegel wissen: „Wie gefallen dir diese Worte: Öffne dich, mein lieber Geldbeutel, und bezahl die Leute.“ „Diese Worte gefallen mir gut“, sagt der erstaunte Metzger. „Ihr habt es gehört“, ruft Eulenspiegel, „der Braten gehört also mir.“ Er nimmt den Braten und läuft weg.

Eulenspiegel rief dem Metzger zu: „Nun habe ich schon zum zweiten Mal einen Braten von dir umsonst bekommen. Das ist deine Schuld, denn du hast ihn mir angeboten.“ Der Metzger war sprachlos und wusste nicht, was er sagen sollte. Er wurde außerdem von seinen Nachbarn auch noch ausgelacht.

Beim Überarbeiten kannst du
- die Geschichte anschaulicher und abwechslungsreicher gestalten,
- Stellen, die dir noch nicht gefallen, neu schreiben,
- die Rechtschreibung überprüfen und korrigieren.

Tipp 1: Gestalte die Satzanfänge abwechslungsreich.

Dann kam Eulenspiegel eine Woche später wieder auf den großen Markt zu dem Metzger. Dann wollte der Metzger Eulenspiegel überlisten und rief: „Komm wieder her und hol dir einen Braten." Dann sagte Eulenspiegel ja und wollte den leckeren Braten haben. Dann war der gierige Metzger aber schneller und griff nach dem Braten.

2 Probiere aus, wie du die Satzanfänge verbessern kannst.
- Wähle unterschiedliche Satzanfänge.
- Oder stelle die Sätze um.

Tipp 2: Verwende treffende Verben.

Eulenspiegel sagte: „Lass den Braten liegen, ich bezahle ihn auch." Als der erstaunte Metzger den Braten hingelegt hatte, sagte Eulenspiegel: „Wenn ich dir etwas sage, was dir gefällt, bekomme ich dann den Braten?" Darauf sagte der Metzger: „Aber wehe, du betrügst mich." Aber der listige Eulenspiegel sagte: „Ich lasse den Braten liegen, wenn dir meine Worte nicht gefallen."

3 a. Welches Verb wird hier wiederholt?
b. Welche treffenden Verben kannst du in die Sätze einsetzen? Probiere es aus.

2 Da ..., Eine Woche später ..., Daraufhin ..., Sofort ..., Schließlich ..., Nachdem er kurz überlegt hatte, ...

3 antworten, behaupten, erklären, erzählen, fragen, sprechen – er sprach, versprechen – er versprach

Tipp 3: **Ergänze Adjektive an passenden Stellen.**

Eulenspiegel rief dem Metzger zu: „Nun habe ich schon zum zweiten Mal einen Braten von dir umsonst bekommen. Das ist deine Schuld, denn du hast ihn mir angeboten.“

4 Den Metzger und den Braten kannst du genauer beschreiben.
Verwende passende Adjektive.

Tipp 4: **Verwende beim schriftlichen Erzählen das Präteritum.**

Danach will Eulenspiegel wissen: „Wie gefallen dir diese Worte: Öffne dich, mein lieber Geldbeutel, und bezahl die Leute.“ „Diese Worte gefallen mir gut“, sagt der erstaunte Metzger. „Ihr habt es gehört“, ruft Eulenspiegel, „der Braten gehört also mir.“ Er nimmt den Braten und läuft weg.

5 Welche der erzählenden Sätze stehen nicht im Präteritum?
Ersetze die Verbformen durch die Präteritumformen.
Tipp: Die Sätze der wörtlichen Rede bleiben im Präsens stehen.

Tipp 5: **Überprüfe die Rechtschreibung.**

Der Metzger war sprachlos und wusste nich, was er sagen solte. Er wurde außedem von seinen Nachbarn auch noch ausgelacht.

Achtung: Fehler!

6 Im letzten Absatz gibt es drei Flüchtigkeitsfehler.
Schreibe die Sätze richtig auf.
Tipp: Du kannst ein Wörterbuch verwenden.

7 Schreibe Selinas Geschichte mit deinen Überarbeitungen auf.
Schreibe gut lesbar und in sauberer Reinschrift.

→ „Texte überarbeiten“ auf einen Blick: Seite 271

4

dem	überraschten zornigen	Metzger	etwas zurufen
einen	leckeren schmackhaften	Braten	bekommen

5 nehmen – er nahm, rufen – er rief, weglaufen – er lief weg

Selbstständig planen und arbeiten

Arbeitspläne und Checklisten erleichtern euch die Arbeit.

Robin möchte einen Kurzvortrag über den Beruf Gärtnerin halten.
Dafür möchte er ein Interview mit der Gärtnerin Frau Blume führen.
Für die Vorbereitung hat er einen Arbeitsplan angelegt.

Arbeitsplan: Einen Kurzvortrag über den Beruf Gärtnerin halten

Vorbereitungszeit: 2 Wochen

Tag	Aufgabe und Ziel	erledigt am	eigene Bemerkungen
Montag	Fragen auf Karteikarten schreiben	Montag und Dienstag	Fragen in Ordnung? noch einmal die Klasse fragen
Mittwoch	Termin mit Frau Blume verabreden	Mittwoch	Termin am Freitagnachmittag wie geplant
Donnerstag	Fragen prüfen, Jnterview üben	Donnerstag	daran denken: Jnterviewpartner ansehen!
Freitag	15:00 Uhr Jnterview mit Frau Blume	Freitag	Frau Blume hat alle Fragen beantwortet und mir auch die Gärtnerei gezeigt

1 Seht euch Robins Arbeitsplan an.
Für welche Aufgabe hat Robin einen Arbeitsplan geschrieben?

2 a. Lest den Arbeitsplan genau.
- Welche Überschriften haben die Spalten?
- Welche Aufgaben und Ziele hat Robin aufgeschrieben?
- Wofür nutzt Robin die Spalte „eigene Bemerkungen"?

b. Warum erleichtert der Arbeitsplan Robin die Arbeit? Begründet.

Robin soll seinen Kurzvortrag am Donnerstag halten.

3 Schreibt einen Arbeitsplan für Robin.
a. Zeichnet einen Arbeitsplan.
b. Überlegt: Was muss Robin noch für den Kurzvortrag erledigen?
c. Verteilt die Aufgaben auf die Wochentage.
Schreibt Stichworte in die zweite Spalte.

→ einen Kurzvortrag vorbereiten: Seite 273

Mit einer Checkliste kann Robin überprüfen, ob er für seinen Vortrag an alles gedacht hat.

Checkliste: Einen Kurzvortrag vorbereiten	ja	nein
Habe ich die Informationen ausgewählt, die die anderen interessieren?	✗	
Passen die Materialien dazu?	✗	
Wo will ich Bilder zeigen? Habe ich die passende Stelle auf den Karteikarten markiert?		✗
Habe ich eine interessante Einleitung geschrieben?	✗	
Sind meine Informationen sinnvoll gegliedert?	✗	
Habe ich die Karteikarten in der richtigen Reihenfolge nummeriert?		✗
Ist mein Schluss überzeugend?	✗	

4 Lest Robins Checkliste.
Was hat Robin erledigt? Was muss er noch tun?

Mit einer Checkliste können die Zuhörer Robins Vortrag auswerten.

5 Erarbeitet aus der Arbeitstechnik „Frei vortragen" eine Checkliste.
Die Checkliste könnt ihr bei jedem Vortrag verwenden.
a. Lest die Arbeitstechnik.
b. Schreibt die Sätze in Fragen um.

Arbeitstechnik

Frei vortragen

- Stelle dich so hin, dass alle dich sehen können.
- Versuche, **frei** zu **sprechen** und wenig abzulesen.
- Sprich **langsam** und **deutlich**.
- **Sieh** beim Sprechen die Zuhörer **an**.
- Zeige an passenden Stellen **Bilder** und **Materialien**.

Du kannst nun selbst Arbeitspläne anlegen und Checklisten schreiben.

- Arbeitspläne kannst du dir zu allen Vorhaben anlegen, zum Beispiel für das Berufe-Interview von Seite 72.
- Mit Checklisten kannst du überprüfen, ob du alle Vorhaben richtig und vollständig ausgeführt hast.
  Das können zum Beispiel langfristige Aufträge oder größere Aufgaben in einem anderen Fach sein.

Im Lexikon nachschlagen

Ein Lexikon kennen lernen

Wenn du dich über etwas informieren willst,
kannst du in einem Lexikon nachschlagen.
Damit du dich im Lexikon zurechtfindest, gibt es viele Hilfen.

405 **Kroatien**

das Kopfwort

Kreuzung, in der Tier- und Pflanzenzüchtung die Paarung von Individuen mit unterschiedlichen Erbanlagen, d. h. von Rassen, Sorten oder Arten.
Kreuzzüge siehe Referatsthema S. 406–408.
Kricket [engl.] *das,* dem amerikanischen Baseball verwandtes englisches Schlagballspiel für zwei Mannschaften mit je elf Spielern. Gespielt wird Kricket auf einem ovalen, 60×80 m großen Spielfeld. In der Feldmitte stehen im Abstand von 20,12 m die beiden Tore (Wickets), die aus drei nebeneinander im Abstand von 11,1 cm stehenden Stäben bestehen. Die Werfer der (angreifenden) Feldpartei versuchen mit dem 156–163 g schweren Korkball die Tore einzuwerfen, die von je einem Schläger der (verteidigenden) Schlagmannschaft mit der Schlagkeule (Bat) verteidigt werden. Die geworfenen Bälle sollen möglichst weit weggeschlagen werden, damit die beiden Schläger, ehe es einem Spieler der Feldpartei gelingt, ein Tor einzuwerfen, möglichst viele punktbringende Platzwechsel zwischen den beiden Toren ausführen können. Haben alle Spieler der verteidigenden Mannschaft geschlagen, ist ein Durchgang vorbei; gespielt werden zwei oder vier Durchgänge.
Kriechtiere ↑Reptilien.
Krieg, organisierter, mit Waffengewalt ausgetragener Machtkonflikt zwischen Staaten oder zwischen verschiedenen Bevölkerungsgruppen eines Staates (Bürgerkrieg) zur Durchsetzung politischer, wirtschaftlicher, ideologischer und militärischer Interessen.
Kriemhild, in der Nibelungensage die Gemahlin Siegfrieds. Nach Siegfrieds Ermordung heiratet sie den Hunnenkönig Etzel, um sich am Mörder ihres Gatten, Hagen, und den eigenen Brüdern zu rächen.

100139

Kreuzotter: Die Grundfärbung der Kreuzotter ist variabel wie bei kaum einer anderen Schlange. Sie reicht von grau, gelb, rötlich und beige über verschiedene Brauntöne bis zu tiefschwarz.

das Bild

Krim *die,* zur Ukraine gehörende, 27 000 km² große Halbinsel zwischen Asowschem und Schwarzem Meer, 2,034 Mio. E; Hauptstadt ist Simferopol. Die Krim ist mit dem Festland durch die Landenge von Perekop verbunden. Der nördliche Teil der Halbinsel ist Steppe. Im Süden erhebt sich das Jailagebirge (bis 1 545 m). An dessen Südhängen gedeihen Oliven, Wein und Südfrüchte. Wichtige Orte an der Südküste sind Sewastopol (als Hafen) und Jalta (als Kurort).
Kriminalistik [lat.] *die,* Lehre von der Aufklärung und Verhinderung von Verbrechen.
Kriminalität [lat.] *die,* die Gesamtheit der in einem bestimmten Gebiet vorkommenden Straftaten. Dabei wird Kriminalität heute meist verstanden als eine besondere Form abweichenden Verhaltens von den in einer bestimmten Gesellschaft zu einer bestimmten Zeit festgelegten Normen, das mit gesetzlich festgelegten Sanktionen geahndet wird.
Kriminalpolizei, Kurzwort **Kripo,** besonderer Zweig der Polizei zur Verbrechensverhütung und -bekämpfung. Die Kriminalpolizei hat die Aufgabe, strafbare Handlungen zu erforschen, alle unaufschiebbaren, für den Strafprozess relevanten Maßnahmen gegen Täter zu treffen und Beweismaterial zur Verfügung zu stellen.
Krischna [Sanskrit, = der Dunkle] (Krishna), der populärste Gott im ↑Hinduismus, gilt als Verkörperung Wischnus. Der Legende nach war er vornehmer Abkunft, wuchs jedoch als Hirtenknabe auf; seine Liebesabenteuer mit den Hirtenmädchen gehören zu den beliebten Motiven der indischen Kunst.
Kristalle [griech.], regelmäßige Anordnung von Atomen, Molekülen oder Ionen, die sich durch räumliche Periodizität (Wiederholung) auszeichnet und so regelmäßig geformte Festkörper bildet, die in der verschiedensten Art, aber in jedem Falle durch ebene Flächen begrenzt sind.
Je nach der räumlichen Anordnung der Teilchen entsteht eine bestimmte Kristallstruktur (Raumgitter), die durch genau festgelegte Abstände zwischen den einzelnen Teilchen und ebenfalls genau festgelegte Winkel definiert ist. Die Mannigfaltigkeit der in der Natur vorkommenden und auch im Labor reproduzierbaren (nachbildbaren) Kristallstrukturen lässt sich in sechs **Kristallsysteme** unterteilen: das kubische, hexagonale, tetragonale, rhombische, monokline und trikline System.
Kristalle bilden sich durch Anlagerung aus Schmelzen oder Lösungen um einen Kristallkeim. Wenn man z. B. einen Wollfaden (hier der Kristallkeim) in eine gesättigte Lösung von Kochsalz (Natriumchlorid) oder Kupfersulfat hängt und die Lösung einige Tage ohne Erschütterungen stehen lässt, können große Kristalle mit völlig glatten Oberflächen entstehen.
Kristallnacht ↑Reichspogromnacht.
Kriterium [griech.] *das,* unterscheidendes Merkmal als Bedingung für einen Sachverhalt, ein Urteil, eine Entscheidung.
kritische Masse, in einem Kernreaktor diejenige Spaltstoffmenge, die erforderlich ist, damit eine gegebene Reaktoranordnung gerade kritisch wird, d. h., bei der sich die Kettenreaktion selbst aufrechterhält.

k

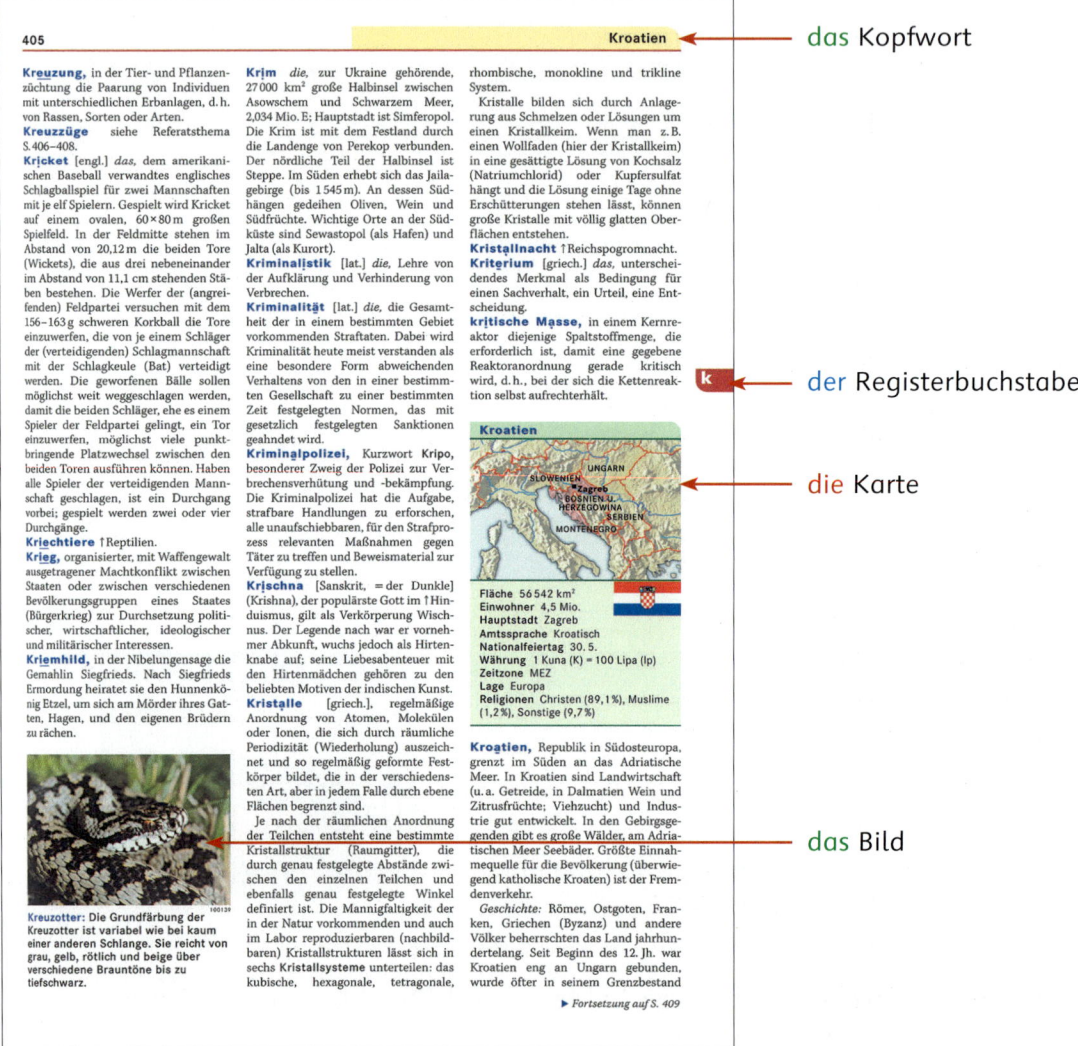

der Registerbuchstabe

Kroatien

die Karte

Fläche 56 542 km²
Einwohner 4,5 Mio.
Hauptstadt Zagreb
Amtssprache Kroatisch
Nationalfeiertag 30. 5.
Währung 1 Kuna (K) = 100 Lipa (lp)
Zeitzone MEZ
Lage Europa
Religionen Christen (89,1 %), Muslime (1,2 %), Sonstige (9,7 %)

Kroatien, Republik in Südosteuropa, grenzt im Süden an das Adriatische Meer. In Kroatien sind Landwirtschaft (u. a. Getreide, in Dalmatien Wein und Zitrusfrüchte; Viehzucht) und Industrie gut entwickelt. In den Gebirgsgegenden gibt es große Wälder, am Adriatischen Meer Seebäder. Größte Einnahmequelle für die Bevölkerung (überwiegend katholische Kroaten) ist der Fremdenverkehr.
Geschichte: Römer, Ostgoten, Franken, Griechen (Byzanz) und andere Völker beherrschten das Land jahrhundertelang. Seit Beginn des 12. Jh. war Kroatien eng an Ungarn gebunden, wurde öfter in seinem Grenzbestand

▶ *Fortsetzung auf S. 409*

1 Sieh dir die Seite aus dem Lexikon genau an.
Welche Hilfen enthält die Seite?

2 Bilder geben dir zusätzliche Informationen.
Zu welchen Einträgen gibt es auf dieser Seite Bilder?

2 das Foto – ein Foto, die Karte – eine Karte

Einem Lexikoneintrag Informationen entnehmen

Du möchtest dich über die Entstehung von Gebirgen informieren.

3 Du suchst den Eintrag **Gebirge** in einem Lexikon.
Zwischen welchen Kopfwörtern findest du den Lexikoneintrag?
Tipp: Achte auf den dritten Buchstaben.

Gedächtnis – Gehör	Gehörlosigkeit – Gen	Gebäck – Geburt

Der Textknacker hilft dir, den Lexikoneintrag zu verstehen.

1. Vor dem Lesen
2. Das erste Lesen
3. Den Text genau lesen
4. Nach dem Lesen

4 a. Lies den Lexikoneintrag.
Tipp: Zusätzliche Informationen erhältst du durch die Grafik.

b. Beantworte diese Fragen schriftlich:
- Welche Arten von Gebirgen gibt es?
- Wie sind die Gebirge entstanden?

Gebirge

Alle Gebiete der Erde, die durch Berge, Täler und Schluchten gegliedert sind, nennt man Gebirge. Bis zu einer Höhe von 2000 Metern spricht man vom Mittelgebirge, ein Beispiel ist hier das Erzgebirge. Ab 2000 Metern spricht man vom Hochgebirge, dazu rechnet man beispielsweise die Alpen.

Außerdem unterscheidet man Gebirge, die einst aus mehreren Vulkanen entstanden sind, wie das Siebengebirge, von solchen, die aus Bewegungen der Erdkruste hervorgingen, wie der Harz, die Alpen und der Himalaja.

Die Erdkruste bewegt sich in unterschiedliche Richtungen. Dadurch entstehen Faltengebirge und Bruchschollengebirge.

Tiersteckbriefe schreiben

Mit einem Tiersteckbrief könnt ihr Tiere beschreiben.

1 Seht euch das Beispiel genau an.

Steckbrief: Der Teichmolch

Hauptstichwörter	Beschreibung
Name:	- der Teichmolch
Größe:	- etwa 11 cm lang
Aussehen:	- Oberseite schwarzgrau mit dunklen Punkten - am Bauch orange - vier Beine mit je vier Zehen
Heimat:	- Deutschland und andere europäische Länder
Lebensraum:	- Wälder, Gärten, an Gewässern - zur Laichzeit (März): kleine Tümpel
Nahrung:	- Jnsekten, z. B. Wasserflöhe, Larven
Besonderheiten:	- leben als Larven in Gewässern, als fertig entwickelte Molche an Land (außer zur Laichzeit)

2 Klassengespräch!
- Welches Tier wird beschrieben?
- Welche Hauptstichwörter kommen in dem Steckbrief vor?
- Welche besondere Form hat der Tiersteckbrief?

Nun könnt ihr einen eigenen Tiersteckbrief über die Kreuzotter schreiben.

1. Schritt: Die Schreibaufgabe planen

3 Überlegt gemeinsam:
- Für wen wollt ihr die Kreuzotter beschreiben?
- Was soll mit dem Steckbrief geschehen?

3 ein Tierrätsel anlegen, ein Lernplakat gestalten, ein Ratespiel mit Tieren spielen

2. Schritt: Informationen sammeln

**In Sachtexten und Büchern findet ihr Informationen.
Der Textknacker hilft euch beim Lesen.**

4 Vor dem Lesen: Seht euch den Text als Ganzes an.
- Worauf fällt euer Blick als Erstes?
- Was erzählen euch die Bilder und die Überschrift?

5 Das erste Lesen: Überfliegt den Text.
Welche Wörter und Wortgruppen fallen euch auf?

6 Genau lesen: Lest den Text genau, Absatz für Absatz.

Die Kreuzotter

1 In Deutschland kommen in der Natur nur zwei Arten von gefährlichen Giftschlangen vor. Eine davon ist die Kreuzotter, die unter Naturschutz steht. Sie ist in vielen Gegenden Deutschlands anzutreffen, z. B. im Bergischen Land, im Sauerland, in der Pfalz und auch in Norddeutschland. Man trifft sie an Waldrändern und an Waldlichtungen. Auch in moorigen Gebieten findet man sie.

2 Die Kreuzotter ist vor allem an warmen Tagen aktiv. Sie schlängelt sich in Wellenbewegungen über den Boden, um Mäuse, Frösche oder Eidechsen zu erbeuten. Mit ihren Giftzähnen tötet sie die Beute und verschlingt das getötete Tier mit dem Kopf voran. Auch Menschen können von Kreuzottern gebissen werden.

3 Die Kreuzotter ist etwa 50 bis 70 cm lang. Man erkennt sie an ihrem Schuppenkleid. Auf dem Rücken sieht es aus wie ein dunkles Zickzackband. Auf dem Kopf hat sie eine v- oder y-förmige dunkle Zeichnung. Die Spitze zeigt dabei jeweils zum Kopf.

3. Schritt: Dem Text Informationen entnehmen

7 a. Lest den Text noch einmal genau, Absatz für Absatz.
Tipps: • Ihr könnt eine Folie über den Text legen und Wichtiges markieren.
• In Absatz 1 sind die Schlüsselwörter bereits hervorgehoben.
b. Notiert wichtige Informationen für den Steckbrief.

4. Schritt: Die Informationen ordnen und den Steckbrief schreiben

8 Nach dem Lesen: Welche Stichworte gehören zu welchen Hauptstichwörtern?
Ordnet eure Stichworte den Hauptstichwörtern zu.

Steckbrief: ___

Hauptstichwörter	Beschreibung
Name:	- die Kreuzotter
Größe:	
Aussehen:	
Heimat:	
Lebensraum:	
Nahrung:	
Besonderheiten:	- Giftschlange

9 Schreibt den Steckbrief über die Kreuzotter.
Tipp: Beschränkt euch auf knappe sachliche Stichworte. Erfindet nichts hinzu.

5. Schritt: Den Steckbrief überarbeiten

10 a. Überprüft euren Steckbrief mit Hilfe der Checkliste.
b. Überarbeitet euren Steckbrief.

Checkliste: Einen Steckbrief schreiben	ja	nein
Enthält der Steckbrief alle wichtigen Informationen?		
Sind die Informationen richtig zugeordnet?		
Passen die Stichworte zu den Hauptstichwörtern?		
Sind die Stichworte rein sachlich?		
Sind alle Wörter richtig geschrieben?		

Einen weiteren Steckbrief schreiben

Du kannst nun selbstständig einen Steckbrief schreiben.

W **11** Welches Tier möchtest du in einem Steckbrief beschreiben? Wähle aus:
Du kannst die Ringelnatter oder ein anderes Tier beschreiben.
Tipp: Informationen findest du im Lexikon, in einem Sachbuch oder im Internet.

Einen Steckbrief schreiben

1. Schritt: Die Schreibaufgabe planen
2. Schritt: Informationen sammeln
3. Schritt: Dem Text Informationen entnehmen
4. Schritt: Die Informationen ordnen und den Steckbrief schreiben
5. Schritt: Den Steckbrief überarbeiten

Die Ringelnatter

1 Die Ringelnatter gehört zu den Giftschlangen. Sie ist aber für Menschen nicht gefährlich, denn sie sondert nur ganz geringe Mengen Gift ab, wenn sie beißt. Das Gift reicht nur, um Beutetiere zu betäuben. Wenn ein Beutetier in der Nähe ist, findet die Ringelnatter es durch ständiges Züngeln[1]. Meist umschlingt die Ringelnatter ihre Beute. Dann würgt sie ihre Beute im Ganzen herunter.

2 Ringelnattern halten sich gern in der Nähe von Gewässern auf. Sie können gut schwimmen. Ringelnattern fressen Eidechsen, Mäuse oder kleine Fische.

3 Ringelnattern sind meist etwa einen Meter lang, können aber auch bis zu zwei Meter lang werden. Der Kopf ist breiter als der übrige Körper. Auffällig sind zwei gelbliche oder weiße Halbmondflecken auf beiden Seiten des Kopfes. Auf dem Rücken und an den Seiten befinden sich dunkle Flecken auf der schuppigen Haut.

→ „Steckbriefe schreiben“ auf einen Blick: Seite 271

[1] **das Züngeln:** die Zunge hin und her bewegen

Spannend erzählen

Yannick hat eine spannende Geschichte geschrieben.

Allein zu Hause

1 An einem verregneten Nachmittag im vergangenen Herbst war Janina allein zu Hause. Kein Laut war zu hören. Das war ihr sehr recht, denn sie wollte ungestört ihr Gespensterbuch lesen. Noch konnte sie nicht ahnen, dass es bald mit der Ruhe vorbei sein sollte. Janina vertiefte sich in ihr Buch. Die Geschichte spielte in einer dunklen Höhle. Janina las und las und vergaß alles um sich herum.

Einleitung

2 Plötzlich schreckte Janina auf – klopfte es da nicht ganz eigenartig? „Was ist denn das?", fragte sich Janina. „Es ist doch niemand in der Wohnung. Oder doch?" Aufmerksam hörte sie noch einmal hin: „Blop – blop – blop – blopblop – blop." Immer wieder. Janina wurde ganz komisch zu Mute. Ihr Herz klopfte immer schneller. Und immer wieder: „Blop – blop – blop – blopblop – blop." Was war das bloß? Immer unheimlicher wurde es! Schließlich hielt sich Janina die Ohren zu und las weiter in ihrem spannenden Buch. Sie las eine Seite nach der anderen. Janina merkte gar nicht, dass es draußen schon dunkel wurde. Plötzlich – eine Tür knallte! Janina erschrak mächtig!

Hauptteil

3 Die Wohnzimmertür öffnete sich langsam – und auf einmal stand Janinas Mutter dort. Janina hatte sie gar nicht kommen hören. Die Mutter begrüßte Janina und sah sie an: „Sag mal, was tropft denn hier so? – Ach so, der Wasserhahn. Hast du das gar nicht gehört?" – „Der Wasserhahn?" Janina lachte erleichtert.

Schluss

Am Anfang neugierig machen

1 Was erfährst du in der **Einleitung** der Geschichte?

a. Lies noch einmal Absatz 1.

b. Schreibe die Fragen ab und beantworte sie schriftlich.

Tipp: Lege eine Folie über den Text und markiere die Antworten.

- **Wer** ist die Hauptperson?
- **Wo** und **wann** spielt die Geschichte?
- **Was wollte** die Hauptperson?

2 Welcher Satz in der Einleitung macht dich besonders neugierig?
Schreibe ihn auf.

Im Hauptteil spannend erzählen

3 a. Lies noch einmal den Hauptteil 2.
b. Schreibe die Frage ab und beantworte sie schriftlich.

Was passierte auf einmal?

4 Die **Gefühle** der Hauptperson machen die Geschichte spannend.
Finde passende Wörter und Wortgruppen im Text.

Was fühlte die Hauptperson?

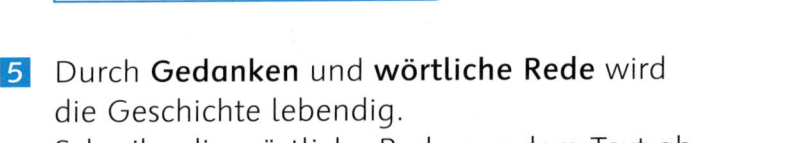

5 Durch **Gedanken** und **wörtliche Rede** wird die Geschichte lebendig.
Schreibe die wörtliche Rede aus dem Text ab.

Was **dachte** oder **sagte** die Hauptperson?

6 Unterschiedliche **Satzanfänge** machen den Hauptteil abwechslungsreich.
Schreibe drei besonders gelungene Satzanfänge auf.

7 Besondere **Adjektive** machen die Geschichte „stark".
a. Finde die Adjektive vom Rand im Hauptteil.
b. Schreibe die Adjektive mit den Zeilenangaben auf.

aufmerksam
dunkel
eigenartig
komisch
mächtig
schnell
spannend
unheimlich

Z **8** Zunächst bleibt die Zeit fast stehen.
Auf dem **Höhepunkt** der Geschichte geht alles ganz schnell.
Finde die beiden Textstellen.

Zum Schluss sehr schnell die Spannung lösen

9 a. Lies noch einmal den Absatz 3.
b. Warum musste Janina zum **Schluss** lachen?
Schreibe es auf.

Eine spannende Geschichte schreiben

Mit den Leitfragen und den Tipps zum spannenden Erzählen kannst du eine eigene Geschichte schreiben.

W Wähle aus:
- Du kannst die Geschichte über Erik und seine Freunde schreiben.
- Du kannst dir aber auch eine ganz andere Geschichte ausdenken.

Beginne mit der Einleitung.

Einleitung:
Wer?
Wo?
Wann?

1 Überlege dir einen passenden Anfang.
Gib Antworten auf diese Leitfragen:
- Wer ist die Hauptperson?
- Wo spielt die Geschichte?
- Wann spielt die Geschichte?

Verwende das Präteritum.

Endlich war mal wieder etwas los in der Stadt.
Der Rummel war da! Erik traf sich am Nachmittag
mit seinen Freunden auf dem Jahrmarkt.

2 Was möchte die Hauptperson? Schreibe es auf.
Tipp: Finde einen Satz, der besonders neugierig macht.

Was möchte die Hauptperson?

Erik hatte lange gespart, um Karussell zu fahren und sich etwas
Süßes zu kaufen. Nun hatten Erik und seine Freunde viel Spaß.
Jnzwischen war es schon spät geworden. Und bevor es
dunkel wurde, wollte Erik mit dem Bus nach Hause fahren.
Er wohnte im 5 km entfernten Dorf.

Erzähle den Hauptteil mit Hilfe der Tipps spannend.

Hauptteil:
Was passiert?

3 Tipp 1: ein plötzliches Ereignis – Was passiert auf einmal?
Schreibe zunächst Stichworte auf.

Bus verpasst: großer Schreck,
nächster Bus erst in zwei Stunden,
zu Fuß nach Hause

die Geldbörse ist weg: großer Schreck,
zum Glück war nicht viel Geld darin

4 Tipp 2: Gedanken und Gefühle – Erzähle über deine Hauptperson.
- Was denkt und fühlt die Hauptperson?
- Was tut sie?

Schreibe Stichworte auf.
Mache dir auch Notizen zur wörtlichen Rede.

zu Fuß nach Hause, unterwegs immer dunkler, der Weg war endlos und langweilig, ganz allein auf der Straße, Füße schmerzen, ...

Regenwolken zogen heran, Sturm, immer dunkler, plötzlicher Regen, nichts zum Unterstellen, Kleidung nass, Erik fror, lief immer schneller, ...

5 Tipp 3: der Höhepunkt – Gestalte den Hauptteil aus.
- Lass die Spannung langsam ansteigen.
- Überlege dir einen besonderen Höhepunkt.

6 Tipp 4: die Spannung steigern –
Erzähle nun mit Hilfe deiner Stichworte lebendig und abwechslungsreich.
a. Verwende unterschiedliche Satzanfänge.
b. Füge treffende, „starke" Adjektive ein.
c. Verwende wörtliche Rede.

Erzähle, wie sich die Spannung auflöst.

Schluss:
Auflösung?

7 Tipp 5: ein überraschender Schluss –
Wie löst sich die Spannung zum Schluss auf?
a. Schreibe den Schluss deiner Geschichte.
b. Schreibe eine Überschrift auf, die neugierig macht.

endlich zu Hause, völlig durchnässt, die Eltern waren froh, Erik zog sich um, griff in die Hosentasche, fand Geldbörse

8 Überprüfe und überarbeite deine Geschichte.
Prüfe auch die Rechtschreibung.

➜ „spannend erzählen" auf einen Blick: Seite 272

6 Plötzlich .../Auf einmal .../Dann .../Doch .../Endlich ...
schrecklich, dunkel, allein, ängstlich, mutig, müde
„Was soll ich nur tun?", dachte .../„Hast du ein Handy?", fragte er ...

Schrift und Schreiben

Schriften und Schriftzeichen ausprobieren

Buchstaben und Schriftzeichen können in verschiedenen Sprachen ganz unterschiedlich aussehen.
Hier siehst du das Wort Buch in verschiedenen Sprachen.

das Buch

το βιβλίο (griechisch)

книга (russisch)

ספר (hebräisch)

1 Probiere die verschiedenen Schriften aus:
Schreibe die Wörter besonders schön ab.
Tipp: Die hebräische Schrift schreibt man von rechts nach links.

In manchen Sprachen gibt es keine Buchstaben, sondern Schriftzeichen. Die Wörter sehen aus wie Bilder.
Dies ist das chinesische Schriftzeichen für das Wort Buch:

书

W **2** Schreibe das chinesische Schriftzeichen ab.
- Wähle ein geeignetes Schreibgerät aus.
- Du kannst auch verschiedene Schreibgeräte ausprobieren, zum Beispiel einen Bleistift, einen Füller, einen Filzstift …

Z **Bei Märchen sind manchmal die Anfangsbuchstaben besonders schön gestaltet. Diese Anfangsbuchstaben heißen Initialen.**

3 Auch du hast Initialen: Es sind die Anfangsbuchstaben deines Vornamens und deines Nachnamens.
Gestalte deine Initialen so wie in Märchen.
Tipp: Du kannst auch die Initialen von einer Freundin oder einem Freund gestalten und das Blatt dann verschenken.

Jakob Hanson

1 auf Russisch: [sprich: kníega]
auf Griechisch: [sprich: wiwlío]
auf Hebräisch: [sprich: séffer]

Schön schreiben – lesbar schreiben

**Mit den folgenden Übungen kannst du trainieren, flüssig zu schreiben.
Deine Schrift kannst du mit einfachen Formen trainieren.**

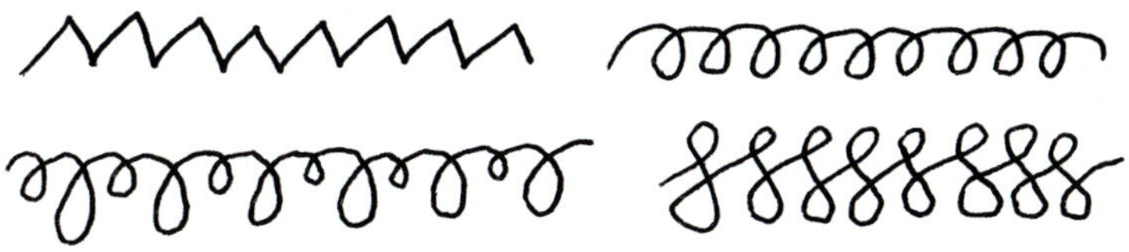

4 Schreibe die Formen in deinem Heft nach.
Schreibe, ohne den Stift abzusetzen.

Nun kannst du das genaue Schreiben von Buchstaben üben.

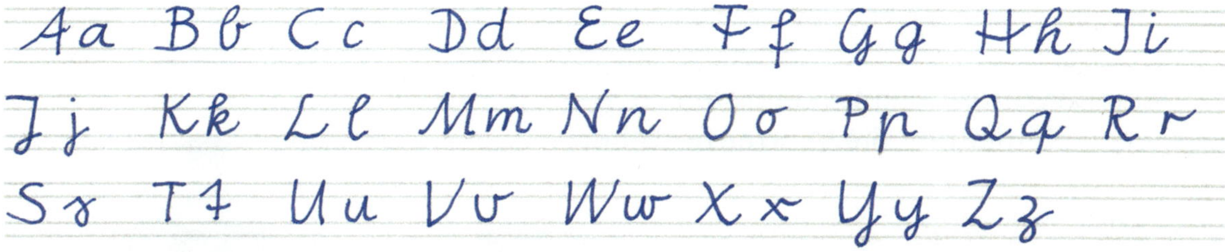

5 Schreibe die Buchstaben auf.
Tipp: Achte darauf, dass die Buchstaben nach oben und nach unten immer gleich lang sind.

**Schreibe sorgfältig und deutlich.
Dann kann man alles gut lesen und auch verstehen.**

6 a. Schreibe die folgenden Wörter sorgfältig untereinander auf.
b. Lies die Wörter aus deinem Heft vor.

das Buch, das Lineal, die Pause, der Radiergummi, das Regal

7 Ordne den Nomen aus Aufgabe 6 die passenden Strichbilder zu.
Zeichne neben jedes Wort das passende Strichbild.

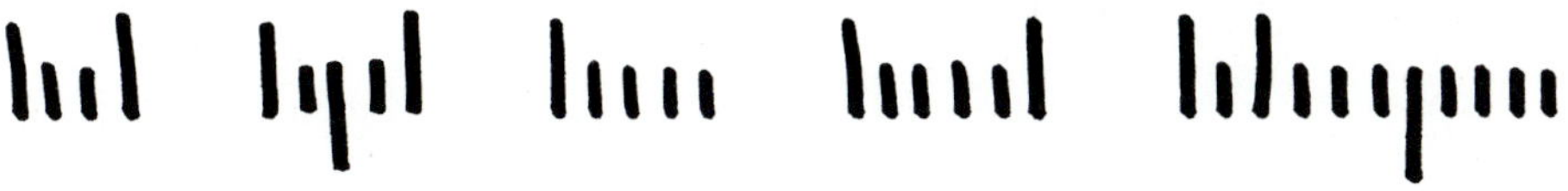

Sprechen – hören – schreiben

Deutliches Sprechen und genaues Hinhören helfen dir beim richtigen Schreiben.

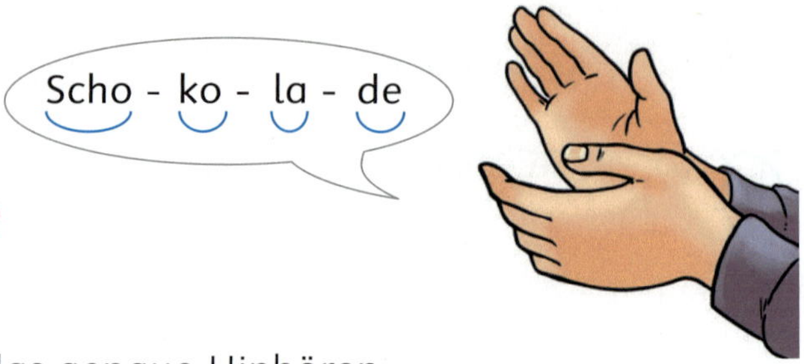

1 Übe das deutliche Sprechen und das genaue Hinhören.
- a. Sprich das Wort langsam und deutlich Silbe für Silbe.
- b. Mache zwischen den Silben eine Pause.
- c. Klatsche bei jeder Silbe in die Hände.

Bei vielen Wörtern kannst du hören, aus wie vielen Silben die Wörter bestehen.

das Glas – der Baum – die Frau

der Wagen – das Paket – die Wolke

die Tomate – das Lesebuch – der Polizist

davonlaufen – übersehen – untergehen – weitermachen

2 Aus wie vielen Silben bestehen die Wörter jeweils?
Sprich die Wörter langsam und deutlich.
Klatsche bei jeder Silbe in die Hände.

3 Schreibe die Wörter Silbe für Silbe auf.
- a. Sprich und schreibe gleichzeitig.
  Schreibe nur in jede zweite Zeile.
  Tipp: Sprich so langsam, wie du schreibst.
  Sprich die zweite Silbe also erst,
  wenn du die erste aufgeschrieben hast.
- b. Zeichne unter jede Silbe einen Bogen.

Auch bei diesen Wörtern kannst du hören, wie sie geschrieben werden.

der Motor   das Wörterbuch   die Banane

fragen   bewegen   abschreiben

4 **a.** Sprich die Wörter Silbe für Silbe. Klatsche bei jeder Silbe in die Hände.
b. Schreibe die Wörter mit den Silbenbögen auf.

W **Wähle aus: Bearbeite Aufgabe 5 oder 6.**

5 Ordne die folgenden Wörter nach dem Alphabet. Schreibe die Wörter in alphabetischer Reihenfolge auf.

lesen	hören	behalten
arbeiten	tanzen	verkaufen
holen	leben	raten

6 Welche Fächer stehen auf deinem Stundenplan?
a. Ordne die Fächer nach der Zahl ihrer Silben.
b. Schreibe alle Fächer in Schönschrift auf.

Starthilfe

eine Silbe: Deutsch, …

zwei Silben: Englisch, …

Das deutliche Sprechen und genaue Hören könnt ihr auch als Partnerdiktat üben.

der Blumentopf	das Krankenhaus
die Regenwolke	der Paketbote
das Schulmusikfest	der Gurkensalat
der Gemüsewagen	die Bildergeschichte

7 Schreibt die Wörterlisten als Partnerdiktat.
a. Zuerst diktiert der erste Partner die erste Wörterliste. Der zweite Partner hört genau hin und schreibt die Wörter auf.
b. Dann diktiert der zweite Partner die zweite Wörterliste.
c. Kontrolliert gemeinsam, ob alles richtig geschrieben ist.

Richtig abschreiben

**Richtiges Schreiben kannst du durch Abschreiben lernen.
Du musst dich dabei konzentrieren und gut lesbar schreiben.
So prägst du dir die richtige Schreibweise ein.**

1 Lies die sechs Schritte zum richtigen Abschreiben.

Die sechs Schritte zum richtigen Abschreiben

1. Schritt: Lies den Text.
Wenn du niemanden störst,
lies den Text laut.

1. Schritt:
lesen

2. Schritt: Präge dir die Wörter
bis zum Strich genau ein.
Lies dazu nochmals Wort für Wort,
Silbe für Silbe.
Sprich die Wörter am besten leise mit.

2. Schritt:
einprägen, mitsprechen

3. Schritt: Decke nun die Textstelle ab.
Schreibe die Wörter auswendig auf.
Schreibe langsam und ordentlich.
Sprich beim Schreiben leise mit.
Schreibe nur in jede zweite Zeile.

3. Schritt:
schreiben, mitsprechen

4. Schritt: Überprüfe, was du
geschrieben hast.
Vergleiche Wort für Wort
mit der Vorlage.

4. Schritt:
überprüfen

5. Schritt: Hast du einen Fehler gefunden?
Streiche das Wort mit einem Lineal durch.
Schreibe das Wort richtig
über das Fehlerwort.

5. Schritt:
berichtigen

6. Schritt: Schreibe die Fehlerwörter
in deine Rechtschreibkartei.

→ Rechtschreibkartei: Seite 275

6. Schritt:
die Rechtschreibkartei

Z **2** Schreibe die Schritte zum richtigen Abschreiben auf ein extra Blatt. So kannst du sie für jede Abschreibübung verwenden.
Tipps:
- Du kannst die ganzen Schritte oder nur die Stichworte aufschreiben.
- Du kannst zu jedem Schritt ein passendes Bild zeichnen.

Z **3** Ein Lesestreifen hilft dir beim Lesen, Abschreiben und Überprüfen.
- Schneide einen Papierstreifen aus: 20 cm lang, 4 cm breit.
- Schneide oben ein Stück heraus: 8 cm lang, 2 cm breit.

Tipp: Du kannst den Lesestreifen auch laminieren lassen.

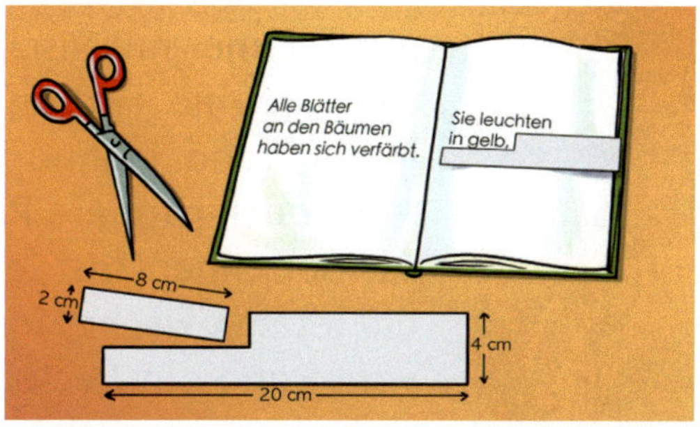

Mit dem folgenden Trainingstext kannst du das richtige Abschreiben üben.

Wuff, | der Kaufhausdetektiv |

Heute ist | viel los | im Kaufhaus. | Ich sitze | an der Eingangstür | und kann | vor lauter Beinen | gar nichts sehen. | Aber was ist | denn das? | Da läuft ja | ein Mann | ganz schnell | zum Ausgang | und zwei Verkäuferinnen | rennen hinterher! | Was rufen sie? | „Haltet den Dieb, | haltet den Dieb!“ | Also, | den Mann beiß ich | jetzt ins Bein. | Geschafft, | er fällt um. | Was rollt | ihm da | aus der Tasche? | Soso, | teure Parfümflaschen. | Das Zeug | stinkt aber. | Nichts für | meine Nase. | Jetzt loben | mich alle | und streicheln mich. | Schön, | aber eine Wurst | wäre mir | eigentlich lieber. |

(95 Wörter)

4 Worum geht es in dem Trainingstext? Schreibe einen Satz auf.

5 Schreibe den Trainigstext „Wuff, der Kaufhausdetektiv“ ab. Gehe dabei nach den Schritten 1 bis 6 vor.

1. Trainingseinheit

Bei den Pinguinen | im Zoo |

Um 11:00 Uhr | ist Fütterung | bei den Pinguinen. | Die Pinguine | laufen im Gehege | aufgeregt umher, | denn sie haben | schon Hunger. | Endlich kommt | die Tierpflegerin. | Sie bringt | einen Eimer mit Fischen. | Fische sind | die Lieblingsspeise | der Pinguine. | Kaum hält | die Tierpflegerin | einen Fisch | in der Hand, | schnappt auch schon | ein hungriger Pinguin zu. | Aber auch | andere Pinguine | holen sich | ihr Futter ab. | Als der Eimer | fast leer ist, | wirft die Tierpflegerin | die letzten Fische | ins Wasser. | Plötzlich | springen die Pinguine | vom Rand des Beckens | ins Wasser. | Dabei spritzt es sehr. | Jeder will nämlich | noch etwas abbekommen. | (100 Wörter)

1 Was ist die Lieblingsspeise der Pinguine?
Schreibe die Antwort ab.

2 Schreibe die Wörter der Wörterliste dreimal.

der Pinguin, im Zoo, sie laufen, aufgeregt, endlich, sie kommt, der Eimer, der Fisch, die Lieblingsspeise, hungrig, fast leer, sie wirft, plötzlich, nämlich

Viele Wörter schreibt man so, wie man sie spricht.
Höre genau hin: Laut für Laut, Silbe für Silbe.

3 Im Trainingstext sind einige Wörter und Wortgruppen hervorgehoben. Mit diesen Wörtern kannst du das genaue Hinhören üben.
a. Schreibe die Wörter und Wortgruppen ab.
b. Lies die Wörter langsam und deutlich Silbe für Silbe.
c. Setze unter jede Silbe einen Silbenbogen.

4 a. Lies auch die folgenden Wörter langsam und deutlich.
b. Schreibe die Wörter ab.
c. Setze unter jede Silbe einen Silbenbogen.

der Elefant, die Ente, die Eule, der Hase, der Löwe, die Möwe, das Nashorn, der Rabe

Starthilfe
der Elefant, …

Nomen großschreiben

Nomen schreibt man groß. Oft steht ein Artikel vor dem Nomen.
Nomen bezeichnen Lebewesen (Menschen, Tiere, Pflanzen) und Gegenstände.

5 Ordne die Nomen aus den Aufgaben 3 und 4 in eine Tabelle.
a. Schreibe die Nomen mit den bestimmten Artikeln (der, das, die) auf.
b. Setze unter jede Silbe einen Silbenbogen.

Starthilfe

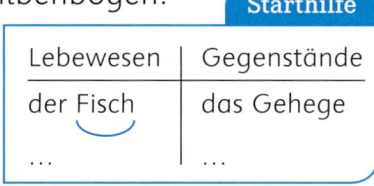

Lebewesen	Gegenstände
der Fisch	das Gehege
...	...

6 Ordne auch diese Nomen in die Tabelle ein.

die Ampel, das Gift, das Glas, die Laterne, das Lineal, die Lupe, der Nagel, der Onkel, das Paket, die Tante, die Tasche, das Telefon, der Wal, die Wespe

Die Wortfamilie laufen

laufen → der Lauf, ablaufen, verlaufen, weglaufen, die Läuferin, der Wettlauf

7 a. Schreibe die Wörter der Wortfamilie **laufen** ab.
b. Schreibe mit jedem Wort einen Satz auf.

8 Trainiere die Wörter aus dieser Trainingseinheit, die du besonders üben möchtest.
- Das können deine Fehlerwörter sein.
- Das können aber auch die Merkwörter sein. Du findest die Merkwörter ganz unten auf dieser Seite.

a. Schreibe die Wörter dreimal.
b. Trage die Wörter in deine Rechtschreibkartei ein.

→ Tipps für die Rechtschreibkartei: Seite 244

9 Schreibe den Trainingstext „Bei den Pinguinen im Zoo“ ab.

→ Tipps zum Abschreiben: Seite 220

7 ich laufe, du läufst, er/sie/es läuft, wir laufen, ihr lauft, sie laufen
das Wasser läuft aus der Wanne ab, ich verlaufe mich, sie läuft weg

8 **Merkwörter:** endlich, leer, nämlich, plötzlich, der Zoo

2. Trainingseinheit

In der Geisterstunde |

Jans Mutter | liegt im Bett | und liest. | Der Vater | schläft schon. | Die alte Turmuhr | schlägt zwölfmal: | Geisterstunde! | Plötzlich ist draußen | viel Lärm. | Der Vater | schreckt auf: | „Was ist das | für ein Krach?“ | Die Mutter antwortet: | „Draußen ist es | ziemlich stürmisch.“ | Aber vor der Tür | ruft eine dunkle Stimme: | „Fürchtet mich! | Ich bin ein Gespenst | und fliege | durch die Nacht.“ | Jans Vater | flüstert: | „Ich schließe wohl lieber | die Tür ab.“ | Da hören | die Eltern | wieder Lärm | auf dem Flur. | Schließlich | schlägt die Turmuhr einmal. | Alles ist plötzlich | wieder still. | Kichernd schleicht Jan | in sein Zimmer. |

(97 Wörter)

1 a. Wie erklärt die Mutter den Krach? Schreibe den Satz ab.
b. Was sagt das „Gespenst“? Schreibe die Sätze ab.

2 Schreibe die Wörter und Wortgruppen der Wörterliste dreimal.

liegen – sie liegt, lesen – sie liest, die Turmuhr, plötzlich, draußen, viel, der Lärm, aufschrecken – er schreckt auf, ziemlich, fliegen – ich fliege, schließen – ich schließe, wohl, lieber, die Eltern, schließlich, das Zimmer

Wörter mit ie

Wenn du ein langes i hörst, schreibst du fast immer ie.

3 Im Trainingstext sind Wörter mit ie hervorgehoben.
a. Lies die Wörter mit **ie** vor:
Sprich sie übertrieben lang, zum Beispiel „liiiiiiegt“.
b. Schreibe die Wörter mit **ie** aus dem Trainingstext auf.
Füge bei Verbformen das Personalpronomen hinzu.

Z **4** a. Wähle fünf Wörter mit **ie** aus Aufgabe 3 aus.
Schreibe mit diesen Wörtern jeweils einen Satz auf.
b. Markiere die Wörter mit **ie**.

Starthilfe
Mein Bruder liegt schon im Bett.

3 Jans Mutter → sie
fliege → ich …

Wortfamilien mit ie

liegen → die Liege, liegen lassen, die Liegewiese

5 a. Schreibe die Wörter der Wortfamilie **liegen** ab. Markiere das **ie**.
b. Schreibe mit jedem Wort einen kurzen Satz auf.

6 Schreibe zu jedem der folgenden Wörter drei verwandte Wörter auf.

lieben, spielen, das Tier

7 Setze in die Lücken die richtige Form von **liegen** ein.
Schreibe die Sätze auf.

Jans Mutter ___ im Bett und liest.
Ich ___ im Sommer gern auf einer Decke.
Du ___ bestimmt gerne auf einer Wiese.
Wir ___ schon morgens in der Hängematte.
Wo sind meine Socken? Sie ___ neben der Tasche.
Ihr ___ auf meinem Mantel!

ich liege
du liegst
er/sie/es liegt
wir liegen
ihr liegt
sie liegen

Die Satzschlusszeichen

Merkwissen

Nach einem **Aussagesatz** steht ein **Punkt**.
Jans Mutter liegt im Bett und liest.

Nach einem **Ausrufesatz** steht ein **Ausrufezeichen**.
Fürchtet mich!

Nach einem **Fragesatz** steht ein **Fragezeichen**.
Was ist das für ein Krach?

8 Schreibe die Beispielsätze ab.
Achte auf die richtigen Satzschlusszeichen.

9 Trainiere die schwierigen Wörter aus dieser Trainingseinheit.
a. Schreibe die Wörter dreimal.
b. Sammle die Wörter in deiner Rechtschreibkartei. → Rechtschreibkartei: Seite 244

10 Schreibe den Trainingstext „In der Geisterstunde" ab.
→ Tipps zum Abschreiben: Seite 220

9 **Merkwörter:** kichernd, plötzlich, schließlich, wohl

3. Trainingseinheit

Der einsame König |

Ein junger König | lebte in einem alten Schloss. | Er war traurig, | denn zu seinem Glück | fehlte ihm | eine Königin. | Da schickte er | seine Diener | ins Land. | Alle sollten wissen, | dass er | eine Frau suchte. | Endlich | fanden die Diener | eine hübsche junge Frau. | Der König sagte: | „Schöne Frau, | du gefällst mir. | Wenn du | meine Schuhe putzt | und mein Schloss | sauber machst, | will ich | dich küssen | und meinen Reichtum | mit dir teilen. | Am Sonntag | ist die Hochzeit." |
„Ich kenne dich | doch gar nicht. | Und außerdem | putze ich | nicht gern", | antwortete da | die junge Frau | und eilte schnell | aus dem Schloss. | (101 Wörter)

1 Warum schickte der König seine Diener ins Land? Schreibe die Antwort mit allen Satzzeichen ab.

2 Schreibe die Wörter und Wortgruppen der Wörterliste dreimal.

einsam, ein junger König, ein altes Schloss, traurig, das Glück, fehlen, schicken – er schickte, das Land, sollen – sie sollten, wissen, endlich, gefallen – du gefällst mir, wenn, putzen – du putzt, außerdem

Wörter mit ll, nn, ss

3 Im Trainingstext sind Wörter und Wortgruppen mit ll, nn und ss hervorgehoben. Schreibe die Wörter in eine Tabelle.

Starthilfe

ll	nn	ss
alle	denn	das Schloss
…	…	…

Nach einem kurzen Vokal (Selbstlaut) folgen meist zwei Konsonanten (Mitlaute): alle, denn, das Schloss

4 a. Lies jedes Wort in deiner Tabelle langsam und deutlich vor.
b. Setze unter den kurzen Vokal einen Punkt.

Verben mit ll, nn, ss

5 Die folgenden Verbformen enthalten **ll**, **nn** und **ss**.
Schreibe die Verbformen zusammen mit der Grundform (Infinitiv) auf.
Tipp: Schlage in der Verbtabelle nach.

→ Verbtabelle: Seite 284

sie sollten, du gefällst, ich will, ich kenne, er kann,
sie konnte, sie wussten, sie rennt, er fällt

Starthilfe
sie sollten – sollen
...

Die Wortfamilie fallen

fallen → der Fall, ausfallen, fällen, gefallen, hinfallen, die Falle, der Fallschirm, zufällig

6 a. Schreibe die Wörter der Wortfamilie **fallen** ab.
b. Schreibe weitere Familienmitglieder auf.
Tipp: Verwende ein Wörterbuch.
c. Schreibe mit fünf Wörtern einen Satz auf.

Am Satzanfang großschreiben

Nach einem Punkt schreibt man groß.

7 Schreibe die folgenden Sätze ab. Setze dabei die fehlenden Punkte.
Denke daran: Nach dem Punkt schreibt man groß.

Und so geht das Märchen „Der einsame König" weiter:

Auf dem Weg durch den Wald geriet die Frau plötzlich in eine Falle drei Räuber wollten sie fangen und verkaufen der König war der jungen Frau nachgelaufen er kämpfte mit den Räubern und rettete der Frau das Leben die junge Frau war dankbar und heiratete den König aber seine Schuhe musste er selbst putzen

Achtung: Fehler!

8 Trainiere die Wörter aus dieser Trainingseinheit, die du besonders üben möchtest.
a. Schreibe die Wörter dreimal.
b. Sammle die Wörter in deiner Rechtschreibkartei.

→ Rechtschreibkartei: Seite 244

9 Schreibe den Trainingstext „Der einsame König" ab.

8 **Merkwörter:** außerdem, endlich, fehlen

4. Trainingseinheit

Eine neue AG |

Während der Pause | kam Frau Münster | in den Klassenraum. | „Ich habe | eine tolle Nachricht | für euch“, | sagte sie freundlich. | Alle hörten neugierig zu. | „Ab der nächsten Woche | gibt es | eine neue AG Reiten | an unserer Schule.“ | – „Das ist bestimmt | nur etwas | für Kinder, | die sehr mutig sind“, | vermutete Kerem. | Anna fragte: | „Ist das denn gefährlich?“ | Frau Münster | beruhigte | die Klasse: | „Die Pferde sind | für den Sport | in der Schule | besonders ausgebildet. | Ihr müsst natürlich | vorsichtig | mit ihnen umgehen. | Aber seid nicht | ängstlich. | Ihr werdet euch schnell | an sie gewöhnen.“ | Nach dieser guten Nachricht | meldeten sich | mehrere Schülerinnen und Schüler | für die AG an. | (106 Wörter)

1 Was fragte Anna die Lehrerin? Schreibe den Satz ab.

2 Schreibe die Wörter und Wortgruppen der Wörterliste dreimal.

während, die Nachricht, freundlich, neugierig, mutig, gefährlich, doch, das Pferd – die Pferde, vorsichtig, ängstlich, schnell, gewöhnen, mehrere

Adjektive mit -ig und -lich

**Aus Nomen können Adjektive werden.
Die Endungen -ig und -lich machen's:**

die Neugier + -ig = neugierig

der Freund + -lich = freundlich

3 Bilde zu Nomen Adjektive mit **-ig**. Schreibe die Nomen und die Adjektive nebeneinander auf.

Starthilfe
die Geduld – geduldig
…

die Geduld, das Gift, der Mut, die Neugier, der Saft, der Schmutz, die Schuld, die Vorsicht, der Wind, der Witz

4 Bilde zu den folgenden Nomen Adjektive mit **-lich**.
Schreibe die Nomen und die Adjektive nebeneinander auf.

das Abenteuer, die Angst, der Ärger, der Freund, die Freundschaft, die Gefahr, das Glück, die Schrift, der Sport

5 Bilde eigene Sätze.
a. Wähle vier Adjektive mit **-ig** und vier Adjektive mit **-lich** aus.
b. Schreibe mit jedem Adjektiv einen Satz auf.
c. Markiere die Endungen **-ig** und **-lich**.

Die Wortfamilien fahren und gehen

Diese Wörter gehören zu den Wortfamilien fahren und gehen:

der Fahrstuhl, der Gehweg, vorgehen, wegfahren, die Umgehung, die Abfahrt, ausgehen, befahren, das Fahrrad, untergehen, der Fahrplan, weggehen, aufgehen, hinfahren

6 a. Ordne jedes Wort der richtigen Wortfamilie zu.
Schreibe die Wörter in eine Tabelle.
b. Was ist bei den Wörtern der jeweiligen Wortfamilien gleich? Markiere.

Starthilfe

fahren	gehen
der Fahrstuhl	…
…	

Satzzeichen bei der wörtlichen Rede

Satzbilder: ____ : „ ____ ?“ ____ : „ ____ .“

7 Im Trainingstext findest du zu jedem Satzbild ein Beispiel.
a. Schreibe die Sätze ab. Zeichne die Satzbilder dazu.
b. Kreise die Anführungszeichen ein.
c. Markiere die Doppelpunkte mit einem Pfeil.

8 Trainiere die Wörter, die du besonders üben möchtest.
Schreibe die Wörter dreimal.

→ Zeichensetzung auf einen Blick: Seite 278

9 Schreibe den Trainingstext „Eine neue AG“ ab.

→ Tipps zum Abschreiben: Seite 220

5 schmutzig – ein schmutziger Boden – der schmutzige Boden
ein schmutziges Trikot – das schmutzige Trikot
eine schmutzige Hand – die schmutzige Hand

8 **Merkwörter:** bestimmt, gewöhnen, mehrere, das Pferd – die Pferde, während

5. Trainingseinheit

Ein Ausflug | mit der Klasse |

Die Klasse 5 a | plant einen Ausflug. | Martin möchte | nach Schönberg fahren. | Es gibt in Schönberg | einen Strand | mit weißem Sand. | „Außerdem kann man | eine alte Burg | besichtigen“, | sagt Martin. | Von der Burg | hat er ein Bild | aus dem Urlaub | mitgebracht. | Die Fahrt | dauert aber lange. | Man sitzt | den halben Tag | im Bus. | „Ich möchte lieber | ins Schwimmbad fahren“, | meint Sinem. | Auch Emmas Vorschlag | ist interessant: | „Ich bin für | einen Spielenachmittag. | Und am Abend | grillen wir | im Park. | Einen Korb mit Würsten, Brot | und Salat | bringen wir selbst mit.“ | Am Ende | stimmen die Schüler ab. | Fast alle | entscheiden sich | für Emmas Vorschlag. |

(107 Wörter)

1 Welche Sätze im Text beantworten die folgenden Fragen?
- Was hat Martin mitgebracht?
- Was tun die Schüler am Ende?

Schreibe die Sätze ab.

2 Schreibe die Wörter und Wortgruppen der Wörterliste dreimal.

der Ausflug, der Strand, der Sand, außerdem, die Burg, das Bild, der Urlaub, die Fahrt, der Tag, ins Schwimmbad fahren, der Vorschlag, interessant, der Spielenachmittag, am Abend, der Park, das Brot, der Salat, selbst

Wörter mit b, d, g

b oder p?	d oder t?	g oder k?
der Kor? – die Körbe	das Bil? – die Bilder	der Ta? – die Tage

3 Im Trainingstext sind einige Wörter und Wortgruppen mit b, d, g hervorgehoben.

a. Schreibe die Wörter mit **b**, **d** und **g** mit Artikeln untereinander auf.

b. Verlängere die Wörter. Bilde dazu den Plural (die Mehrzahl). Sprich die Wörter und die Endungen besonders deutlich.

3 die Abende, die Ausflüge, die Bilder, die Burgen, die Körbe, die Schwimmbäder, die Spielenachmittage, die Strände, die Tage, die Vorschläge

b oder p, d oder t, g oder k?
Nomen verlängern: das Kin? – die Kinder
Adjektive verlängern: run? – der runde Ball

der Die?
die Han?
gel?

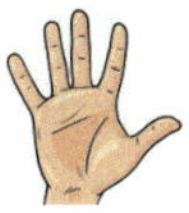

das Lan?
klu?
der Zwei?

das Flugzeu?
gesun?
lie?

4 a. Verlängere die Wörter.
Sprich die Wörter langsam und deutlich.
b. Schreibe die Wörter mit ihrer Verlängerung auf.

Starthilfe
der Dieb – die Diebe
…

5 Wähle fünf Wörter aus den Aufgaben 3 und 4 aus.
Schreibe mit jedem Wort einen Satz auf.

Merkwissen

Verlängerungsprobe:
Oft hörst du beim Sprechen eines Wortes am Ende ein **p**, **t** oder **k**, musst aber **b**, **d** oder **g** schreiben.
Du kannst dieses Wort **verlängern**.
Dann **hörst** du den Endbuchstaben.

Satzzeichen bei der wörtlichen Rede

Satzbild: „_____“, _____.

6 Im Trainingstext findest du zwei Sätze mit diesem Satzbild.
a. Schreibe die Sätze ab. Zeichne auch die Satzbilder dazu.
b. Kreise die Anführungszeichen ein.
c. Markiere die Kommas mit einem Pfeil.

7 Trainiere die Wörter aus dieser Trainingseinheit, die du besonders üben möchtest.
a. Schreibe die Wörter dreimal.
b. Sammle die Wörter in deiner Rechtschreibkartei.

→ Rechtschreibkartei: Seite 244

8 Schreibe den Trainingstext „Ein Ausflug mit der Klasse“ ab.

→ Tipps zum Abschreiben: Seite 220

5 einen Ausflug machen, in den Urlaub fahren, die Burg besichtigen

7 **Merkwörter:** außerdem, interessant, selbst

6. Trainingseinheit

Spannung bis zur letzten Minute |

Endlich war es | so weit: | Die Schulmeisterschaft | im Völkerball | sollte am Donnerstag stattfinden. | Der Schulleiter | begrüßte uns | am Morgen | draußen auf dem großen Sandplatz. | Er wünschte uns | einen spannenden Wettbewerb | und viel Spaß. | Alles lief gut. | Doch im Finale | knickte Felix plötzlich | mit dem rechten Fuß um | und verletzte sich. | Weil er | Schmerzen hatte, | verließ er | sofort das Spielfeld. | „Gebt jetzt nicht auf!“, | rief unsere Lehrerin. | In den letzten Minuten | strengte sich | jeder von uns | noch mehr an. | Weil wir uns nicht | aus der Ruhe | bringen ließen, | gewannen wir schließlich. | Wir waren überglücklich. | „Macht weiter so!“, | lobte uns | der Schulleiter. |

(105 Wörter)

1 Beantworte die Fragen schriftlich:
- Wo begrüßte der Schulleiter die Schülerinnen und Schüler am Morgen?
- Was rief die Lehrerin?

2 Schreibe die Wörter und Wortgruppen der Wörterliste dreimal.

endlich, am Donnerstag, am Morgen, draußen, spannend, der Wettbewerb, plötzlich, verletzen – er verletzte sich, die Schmerzen, das Spielfeld, schließlich, überglücklich

Wörter mit ß

Der Vokal vor dem ß wird lang gesprochen:
der Schulleiter begrüßte uns, auf dem großen Sandplatz

3 Im Trainingstext sind Wörter und Wortgruppen mit ß hervorgehoben.
- a. Schreibe die Wörter und Wortgruppen ab.
- b. Lies die Wörter und Wortgruppen langsam und deutlich vor.
- c. Unterstreiche den langen Vokal. Markiere ß.

Starthilfe
Der Schulleiter begrüßte uns …

Vor dem ß kann nicht nur ein Vokal stehen, sondern auch ein Zwielaut (au, ei):

Langer Vokal: der Fuß, groß, grüßen, schließlich, die Soße, der Spaß, stoßen, die Straße, süß
Zwielaut: außer, beißen, der Blumenstrauß, draußen, dreißig, heißen, weiß

4 a. Lies die Wörter langsam und deutlich.
b. Schreibe die Wörter ab.
c. Unterstreiche die langen Vokale und die Zwielaute.

Die Wortfamilie geben

geben → abgeben, aufgeben, ausgeben, die Aufgabe, die Hausaufgabe, die Umgebung, die Zugabe

5 a. Ordne die Wörter der Wortfamilie **geben** nach dem Alphabet. Schreibe sie geordnet auf.
b. Schreibe mit vier Wörtern der Wortfamilie Sätze auf.

Komma bei weil

Satzbild: **Weil** ______, ______.

6 Im Trainingstext sind zwei Sätze mit **weil** hervorgehoben.
a. Schreibe die Sätze ab. Zeichne das Satzbild dazu.
b. Kreise **weil** in den Sätzen und im Satzbild ein.
c. Kennzeichne das Komma mit einem Pfeil.

Z 7 Schreibe zwei eigene Sätze mit **weil** auf. Denke an das Komma.

8 Trainiere die schwierigen Wörter aus dieser Trainingseinheit.
a. Schreibe die Wörter dreimal.
b. Sammle die Wörter in deiner Rechtschreibkartei. → Rechtschreibkartei: Seite 244

9 Schreibe den Trainingstext „Spannung bis zur letzten Minute“ ab.
→ Tipps zum Abschreiben: Seite 220

5 sie gibt Geld für eine neue Jeans aus, er gibt im Wettbewerb nicht auf, ich gebe ein Paket bei der Post ab

8 **Merkwörter:** endlich, plötzlich, schließlich

7. Trainingseinheit

Sichere Fahrt |

Vor der Radtour | hatte unsere Lehrerin entdeckt, | dass nicht alle Fahrräder | in Ordnung waren. | „Wenn nicht | alle Räder | verkehrstüchtig sind, | müssen wir hierbleiben. | Sonst wird es gefährlich“, | sagte Frau Müller. | Da hatte Ahmet | eine Idee: | „Wir nehmen uns | am Samstag Zeit | und reparieren | die Fahrräder.“ | Marc ergänzte: | „Nächste Woche | kann Herr Finke | unsere Räder überprüfen. | Er ist Verkehrspolizist. | Dafür müssen wir | bestimmt nichts bezahlen.“ | – „Sie können | auf uns zählen, | Frau Müller“, | sagte Marvin. | Als Herr Finke | in der folgenden Woche | in die Schule kam, | beobachteten ihn alle | sehr gespannt. | „Alle Räder | sind in Ordnung. | Ihr könnt fahren!“, | entschied er schließlich. | Als wir das hörten, | jubelten wir | vor Freude. |

(110 Wörter)

1 Welche beiden Aussagen sind richtig? Schreibe sie ab.
- Herr Finke stellte bei einigen Rädern ein paar Mängel fest.
- Die Schüler reparierten die Fahrräder am Samstag.
- Herr Finke ist Verkehrspolizist.

2 Schreibe die Wörter und Wortgruppen der Wörterliste dreimal.

die Radtour, entdecken – sie hatte entdeckt, das Fahrrad – die Fahrräder, gefährlich, am Samstag, ergänzen – er ergänzte, nächste Woche, bestimmt, sie beobachteten, entscheiden – er entschied, schließlich, vor Freude

Wörter mit h nach langem Vokal

3 Im Trainingstext sind Wörter und Wortgruppen mit h hervorgehoben.
a. Schreibe die Wörter und Wortgruppen ab.
b. Markiere jeweils den langen Vokal und das **h**.

Starthilfe
unsere Lehrerin …

Nach einem langen Vokal (a, e, i, o, u) oder einem langen Umlaut (ä, ö, ü) steht manchmal ein h. Die Wörter mit h musst du dir merken: Es sind Merkwörter.

fahren, die Zahl, erzählen, während, fehlen, der Stuhl, wählen, ihm, ihn, ihr, die Uhr, mehr, sehr, die Fähre, fröhlich, die Wohnung, ohne, das Jahr

4 a. Lies die Wörter langsam und deutlich.
b. Ordne die Wörter nach dem Alphabet. Schreibe sie auf.
c. Unterstreiche jeweils den langen Vokal oder den Umlaut.
d. Markiere das **h**.

Die Wortfamilie nehmen

nehmen → annehmen, festnehmen, mitnehmen, übernehmen, der Teilnehmer

5 a. Schreibe die Wörter der Wortfamilie **nehmen** ab.
b. Was ist bei allen Wörtern gleich? Markiere.
c. Wähle vier Wörter aus der Wortfamilie **nehmen** aus. Schreibe mit jedem Wort einen Satz auf.

Komma bei als

Satzbild: **Als** ______ , ______ .

6 Im Trainingstext sind zwei Sätze mit **als** hervorgehoben.
a. Schreibe die Sätze ab. Zeichne das Satzbild dazu.
b. Kreise **als** in den Sätzen und in dem Satzbild ein.
c. Kennzeichne das Komma mit einem Pfeil.
d. Markiere die Verbformen in den Sätzen. Was ist gleich?

7 Trainiere die Wörter aus dieser Trainingseinheit, die du besonders üben möchtest. Schreibe die Wörter dreimal.

8 Schreibe den Trainingstext „Sichere Fahrt" ab. → Tipps zum Abschreiben: Seite 220

5 er nimmt ein Paket an, sie nimmt meine Tasche mit, ich übernehme die Aufgabe gerne, die Polizei nimmt ihn fest, der Teilnehmer bei einem Wettbewerb

7 **Merkwörter:** bestimmt, ergänzen, nächste, schließlich

8. Trainingseinheit

Eine Nacht | im Baumhaus |

Tim, Tara und Lukas | wollen heute | im Baumhaus | übernachten. | Das Baumhaus | ist ihr Lieblingsplatz. | Sie legen Luftmatratzen, | Schlafsäcke, Limonade, | Kekse und Taschenlampen bereit. | „Wir könnten auch | ein Buch vorlesen“, | schlägt Tara vor. | Sie entscheiden sich | für das Buch | „Die Entdeckung | im Geisterhaus“. | Sie verabreden sich | für acht Uhr. | Am Abend | liegen die drei gemütlich | im Baumhaus. | Plötzlich hören sie | ein seltsames Geräusch. | „Was ist das?“, | fragt Lukas. | Sie steigen vorsichtig | die Leiter hinab | und leuchten | mit den Taschenlampen | in das Gebüsch. | Da entdecken sie | einen Igel. | Er hat sich | im Laub versteckt. | „Du hast wohl auch | einen tollen Lieblingsplatz“, | sagt Tim erleichtert | zum Igel. |

(108 Wörter)

1 Was legen die Kinder für ihre Übernachtung bereit?
Schreibe den Satz ab.

2 Schreibe die Wörter und Wortgruppen der Wörterliste dreimal.

übernachten, der Lieblingsplatz, die Luftmatratze, die Schlafsäcke, die Kekse, die Taschenlampe, sie entscheiden sich, die Entdeckung, am Abend, gemütlich, ein seltsames Geräusch, das Gebüsch, der Igel, das Laub, er hat sich versteckt

Wörter mit ver-, vor- und ent-

Die Vorsilben ver-, vor- und ent- werden immer gleich geschrieben.

3 Im Trainingstext sind Wörter und Wortgruppen mit ver-, vor- und ent- hervorgehoben.
Schreibe die Wörter in eine Tabelle.

Starthilfe

ver-	vor-	ent-
…	vorlesen	…

4 Schreibe auch diese Wörter in die Tabelle:

die Entfernung, der Vorschlag, das Vertrauen, sich entschuldigen, versuchen, verteilen, die Enttäuschung, die Vorfahrt, verkaufen, die Entschuldigung, vorbereiten

3 er hat sich versteckt – verstecken

Mit den Vorsilben ver- und ent- kann man neue Verben bilden:

ver- + laufen = verlaufen **ent- + laufen = entlaufen**

5 a. Bilde neue Verben und schreibe sie auf.
b. Schreibe mit drei Verben einen Satz auf.

ver- + stehen, nehmen, lassen, halten, stecken

ent- + stehen, nehmen, lassen, decken, täuschen

Das Komma bei Aufzählungen

6 a. Im Trainingstext ist ein Satz mit einer Aufzählung hervorgehoben.
Schreibe den Satz ab.
Markiere das Komma mit einem Pfeil.
b. Finde im Trainingstext einen weiteren Satz mit einer Aufzählung.
Schreibe ihn ab.
Markiere die Kommas mit einem Pfeil .

Merkwissen

Wenn du Wörter **aufzählst**, trennst du sie durch **Kommas** voneinander.
Ausnahme: Vor ***und*** steht **kein Komma**.

7 Die folgenden Sätze enthalten Aufzählungen.
a. Schreibe die Sätze ab und setze die Kommas.
b. Markiere alle Kommas.

In dem großen Garten leben Vögel Mäuse Igel und Hasen.
Lukas kauft Brötchen Käse und Saft.

Kommas fehlen!

8 Trainiere die Wörter, die du besonders üben möchtest.
a. Schreibe die Wörter dreimal.
b. Sammle die Wörter in deiner Rechtschreibkartei.

→ Rechtschreibkartei: Seite 244

9 Schreibe den Trainingstext „Eine Nacht im Baumhaus“ ab.

→ Tipps zum Abschreiben: Seite 220

8 **Merkwörter:** am Abend, das Geräusch, der Igel

Rechtschreiben: Die Arbeitstechniken

Im Wörterbuch nachschlagen

Wie gut kennst du das Alphabet?

1 Schreibe die Buchstabenreihen ab.
Ergänze jeweils die drei Vorgängerbuchstaben und die drei nachfolgenden Buchstaben.

… J, K, L, … … R, S, T, … … D, E, F, G, … … M, N, O, P, …

2 Ordne diese Wörter nach dem Alphabet:
schlafen, schroff, schwach, schon, schmal, schimpfen

Damit du dich im Wörterbuch zurechtfindest, gibt es viele Hilfen.

Gattung ← das Kopfwort

Gangs|ter [gängßter] der *engl.*, des Gangsters, die Gangster: Schwerverbrecher; **Gangs|ter|boss** der, die Gangsterbosse; **Gangs|ter|me|tho|de** die
Gang|way [gängwäj] die *engl.*, die Gangways: Treppe oder Laufgang zum Flugzeug oder Schiff
Ga|no|ve der *jidd.*, des/die Ganoven: Betrüger, kleiner Verbrecher; **Ga|no|vin** die, die Ganovinnen
Gans die, die Gänse; **Gän|se|haut** die: er bekam eine Gänsehaut (fürchtete sich)

Gans mit Küken

Gän|se|füß|chen die: Anführungszeichen → Zeichensetzung S. 538 f.

der Verweis

ganz ist das die ganze Wahrheit?, ganz (völ-

Gar|be die, die Garben: Getreidegarbe, Geschossgarbe
Gar|de die *franz.*, die Garden: Schutztruppe, Leibwache; **Gar|dist** der, die Gardisten; **Gar|dis|tin** die, die Gardistinnen
Gar|de|ro|be die *franz.*, die Garderoben: eine vornehme Garderobe (Kleidung), er brachte seinen Mantel zur Garderobe (Kleiderablage) ← der Eintrag
Gar|di|ne die: Vorhang; **Gar|di|nen|pre|digt** die: heftige Vorwürfe, Strafpredigt
gä|ren es gärt, es gor / gärte, gegoren / gegärt, es göre / gärte; **Gä|rung** die
Garn das, des Garn(e)s, die Garne: Seemannsgarn spinnen (eine erfundene Geschichte erzählen)
Gar|ne|le die, die Garnelen: wohlschmeckender kleiner Meereskrebs mit langen Fühlern und oft durchsichtigem Körper
gar|nie|ren *franz.*: die Wurstplatte war mit Gurken garniert; **Gar|nie|rung** die; **Gar|ni|tur** die, die Garnituren: Satz, Ausrüstung aus zusammengehörigen Teilen, z. B. Wäschegarnitur
Gar|ni|son die *franz.*: Standort einer Truppe, Besatzungstruppe
gars|tig ein garstiges (freches) Kind, ein gars-

A B C D E F **G** H I J K L M N ← die Griffleiste

3 Welche Informationen gibt dir die Griffleiste?

Die Kopfwörter helfen dir, ein Wort schneller zu finden.

4 a. Wie heißt das Kopfwort auf dem Seitenausschnitt?
b. Du suchst die Wörter **Gans**, **Fuß** und **Garn** im Wörterbuch. Überprüfe, ob du die Wörter auf dem Seitenausschnitt findest.

Z **5** Steht das Wort **Garten** wohl auch auf der Wörterbuchseite? Begründe deine Vermutung.
Tipp: Das Kopfwort hilft dir bei deiner Vermutung.

Ein Wörterbucheintrag enthält viele Informationen.

1 2 3 4 5

Gar|de|ro|be → die *franz.*, die Garderoben:
6 → eine vornehme Garderobe (Kleidung), er brachte seinen Mantel zur Garderobe (Kleiderablage)

der Artikel
der Plural (Mehrzahl)
das Hauptstichwort
die Herkunft
die Silbentrennung
die Worterklärung

6 a. Lies den Eintrag zum Wort **Garderobe**.
b. Ordne den Zahlen 1–6 die Erklärungen vom Rand zu.

7 Beantworte die Fragen zum Wort **Garderobe** schriftlich in Sätzen.
- Wie viele Silben hat das Wort?
- Aus welcher Sprache kommt das Wort?
- Welche zwei Bedeutungen hat das Wort?

8 Beantworte die folgenden Fragen zum Seitenausschnitt schriftlich: → Seite 238
- Wie viele Silben hat das Wort **Gardinenpredigt**?
- Aus welcher Sprache kommt das Wort **Gangster**?
- Was bedeutet das Wort **Gänsefüßchen**?
- Was bedeutet es, wenn jemand **eine Gänsehaut bekommt**?

Arbeitstechnik

Wörter nachschlagen

- **Links und rechts oben** auf der Seite des Wörterbuchs steht der **Buchstabe** des Alphabets, unter dem du suchen musst.
- Wenn die Wörter mit demselben Buchstaben beginnen, vergleiche jeweils die **zweiten** Buchstaben.
- Manchmal musst du sogar den **dritten**, **vierten** oder **fünften** Buchstaben ansehen.

Training mit Wörterlisten

Ein Training mit Wörterlisten ist besonders geeignet für Wörter, die du dir merken musst.
Aus deinen Fehlerwörtern und aus Merkwörtern kannst du dir selbst Wörterlisten zusammenstellen.

Beispiele für Wörterlisten

1 Schwierige Wörter	2 Wörter mit ie	3 Merkwörter mit ä
das Fahrrad	die Liege	ärgern
das Glück	kriegen	spät
spazieren	das Papier	der Lärm
sehen	wieder	der März
morgens	die Liebe	sägen
vielleicht	viel	während

W Mit den folgenden Übungen kannst du die Wörterlisten trainieren. Wähle aus.

Eine Merkübung

1 Schreibe die Wörter der Wörterliste auswendig auf.
- Lies die Wörter mehrmals halblaut oder laut.
- Präge dir die Wörter ein.
- Decke die Wörterliste ab.
  Schreibe die Wörter aus dem Gedächtnis auf.
- Kontrolliere, ob du alles richtig geschrieben hast.
- Schreibe deine Fehlerwörter noch einmal richtig auf.

Wörter in Sätzen verwenden

2
- Präge dir die Wörter aus der Wörterliste ein.
- Schreibe die Wörter auswendig auf.
- Kontrolliere die Rechtschreibung genau.
- Schreibe zu jedem Wort einen Satz auf.
  Tipp: Du kannst auch eine kleine Geschichte schreiben.
  Verwende möglichst viele Wörter aus der Wörterliste.

Das Faltdiktat

3 **So bereitest du das Faltdiktat vor:**

- Falte ein Blatt Papier zweimal.
- Schreibe die Wörter der Wörterliste in die erste Spalte.
- Lasse in der zweiten Spalte bei jedem Wort zwei Buchstaben weg. Zeichne in die Lücke einen Strich.
- Die dritte Spalte bleibt leer.

das Erlebnis	das E_le_nis	
fernsehen	_ernse_en	

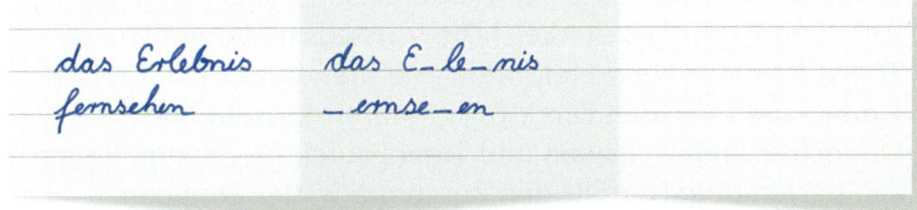

So übst du mit dem Faltdiktat:

- Lies die erste Spalte dreimal. Präge dir die Wörter ein. Dann falte die Spalte nach hinten.
- Fülle die Lücken in der zweiten Spalte aus. Falte auch diese Spalte nach hinten.
- Schreibe alle Wörter auswendig in die dritte Spalte.
- Kontrolliere zum Schluss, ob du alles richtig geschrieben hast.

Spielidee: Vier in einer Reihe

4 In der Klasse!

- Jeder zeichnet ein Feld mit vier mal vier Kästchen auf ein Blatt Papier.
- Schreibt 20 Merkwörter an die Tafel.
- Jeder wählt 16 Wörter aus und schreibt sie in seine Kästchen.
- Der Spielleiter liest langsam alle 20 Wörter in beliebiger Reihenfolge laut vor und streicht sie an der Tafel durch.
- Wenn ihr ein vorgelesenes Wort in euren Kästchen habt, markiert es.
- Wer zuerst alle vier Wörter in einer Reihe markiert hat, ruft laut „Stopp".
- Der Spielleiter kontrolliert die Rechtschreibung.
- Wenn alles richtig geschrieben ist, gibt es einen Punkt.

kriegen	...	...	...
...	...	...	der Abend
...	viel	...	...
der Affe	...	das Glück	...

Das Partnerdiktat

Bei einem Partnerdiktat schreibt ihr einen Text oder eine Wörterliste mit Hilfe der Partnerin oder des Partners fehlerfrei auf. Mit diesem Trainingstext könnt ihr das Partnerdiktat ausprobieren.

Im Zirkus |

Uwe hat | eine Freikarte | für den Zirkus. | Er sitzt | ganz vorn. |
Auf einmal | wird es dunkel. | Die Vorstellung beginnt. |
Zuerst kommen | drei Elefanten. | Sie drehen sich | im Kreis. |
Dann heben sie | den Direktor | mit ihren Rüsseln hoch. |
Danach springen | Löwen und Tiger | durch brennende Reifen. |
Am besten aber | gefällt den Zuschauern | der Zauberer. |
Er setzt sich | neben Uwe | und zaubert. | Aus Uwes Ohr |
zaubert er | viele bunte Tücher | und eine große | gelbe Blume. |
Uwe freut sich, | denn die Blume | darf er | behalten. |

(84 Wörter)

1 Bereitet das Partnerdiktat vor.
- Lest den Text still.
- Sprecht über schwierige Wörter.
- Einigt euch, wer zuerst schreibt und wer diktiert.

Tiger wird mit langem **i** gesprochen, aber mit einfachem **i** geschrieben.

2 **a.** Lest die Arbeitstechnik
b. Schreibt das Partnerdiktat.
Wechselt nach der ersten Hälfte des Diktats.

Arbeitstechnik

Das Partnerdiktat

Beim Diktieren:
- **Lies** den ganzen Satz **vor**.
- Sprich **langsam** und **deutlich**.
- Diktiere dann nacheinander **die Sinnabschnitte**.
- **Pass** genau **auf** und **gib Hilfen**, ohne zu viel zu verraten.

Beim Schreiben:
- Höre **genau** zu.
- **Schreibe** den Sinnabschnitt **auf**. **Sprich** dabei leise **mit**. Schreibe nur in jede zweite Zeile.
- **Kontrolliere**, was du geschrieben hast.
- Entdeckst du einen Fehler, **streiche** das **Fehlerwort durch** und schreibe das Wort **richtig** darüber.

3 Vergleicht den Text gemeinsam mit der Vorlage.

Das Laufdiktat

Bei einem Laufdiktat gehst du in der Klasse zwischen dem Trainingstext und deinem Rechtschreibheft hin und her. Du prägst dir den Text Sinnabschnitt für Sinnabschnitt ein und schreibst ihn so nach und nach auf. Mit diesem Trainingstext kannst du das Laufdiktat ausprobieren.

Auf dem Jahrmarkt |

Anna geht gern | auf den Jahrmarkt. |
Sie mag den Duft | von gebrannten Mandeln |
und Popcorn. | Da läuft ihr | das Wasser |
im Mund zusammen. | Auch die bunten Buden |
und die Karussells | gefallen ihr sehr. |
Am liebsten steht Anna | mit ihren Freundinnen |
am Auto-Scooter, | weil dort immer | etwas los ist. |

(51 Wörter)

4 Bereite das Laufdiktat vor.
- Lies den Text sorgfältig und in Ruhe.
  Sprich dabei leise mit.
- Lege den Text weiter entfernt auf einen Tisch.

5 Schreibe das Laufdiktat so:
- Gehe leise zum Tisch.
- Präge dir die Wörter des ersten Sinnabschnittes ein.
- Gehe mit den Wörtern im Kopf zurück zu deinem Platz.
- Schreibe die Wörter auf.
  Schreibe nur in jede zweite Zeile.
- Gehe so oft hin und her, bis der ganze Text in deinem Heft steht.

6 Kontrolliere deinen Text.
- Vergleiche Wort für Wort mit der Vorlage.
- Entdeckst du einen Fehler, streiche das Wort durch.
  Schreibe es richtig in die Zeile darüber.

Tipp: Mit dem Laufdiktat kannst du auch zu Hause üben.

→ das Laufdiktat auf einen Blick: Seite 274

Die Rechtschreibkartei

In deiner Rechtschreibkartei sammelst du schwierige Wörter und deine Fehlerwörter auf Lernkärtchen.

So legst du deine Rechtschreibkartei an:

- Schreibe jedes Fehlerwort oder schwierige Wort – richtig geschrieben – auf ein Lernkärtchen.
- Auf dem Lernkärtchen muss alles richtig geschrieben sein, damit du dir nichts Falsches einprägst.
- Schreibe mit deiner schönsten Schrift.

So sehen die Lernkärtchen aus.
Du kannst Lernkärtchen selbst herstellen oder Karteikarten verwenden.

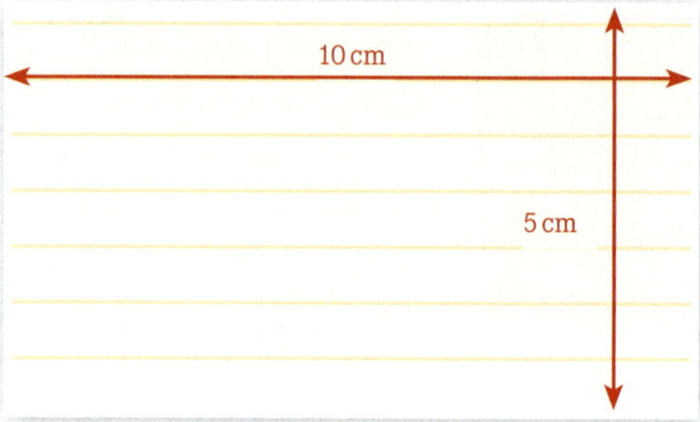

1. Schritt: Das Lernkärtchen beschriften

1 Schreibe das schwierige Wort oder das Fehlerwort in die erste Zeile.
- Schreibe Nomen mit den bestimmten Artikeln auf.
- Ergänze bei Verbformen die Personalpronomen.
- Unterstreiche die Fehlerstellen.

2
- Schreibe bei Verben und Adjektiven die Grundform dazu.
- Schreibe bei Nomen den Plural oder den Singular dazu.

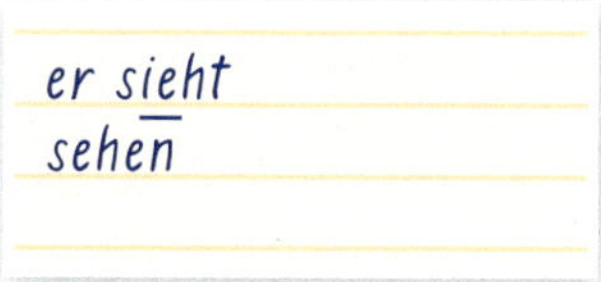

Z **3**
- Du kannst auch noch ganze Wortgruppen mit dem Fehlerwort aufschreiben.
- Und du kannst noch die Wortart ergänzen.

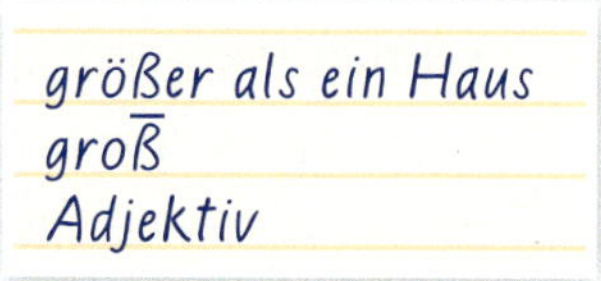

2. Schritt: Passende Rechtschreibtipps ergänzen

Diese Rechtschreibtipps passen häufig zu Fehlerwörtern:

Verlängerungstipp:
b oder **p**? **d** oder **t**? **g** oder **k**?
Verlängere das Wort.
Dann hörst du den Endbuchstaben.

sie fand
finden
Verb
verlängern: finden

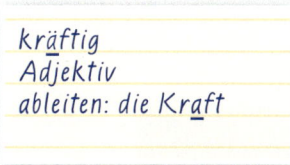

Ableitungstipp:
Leite das Wort von einem verwandten Wort ab.
Dann weißt du, ob du **ä** oder **e**,
äu oder **eu** schreiben musst.

kräftig
Adjektiv
ableiten: die Kraft

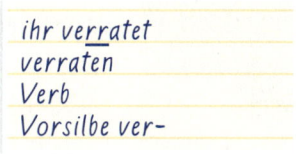

Vorsilbentipp:
Die Vorsilben **ent-**, **ver-** und **vor-**
schreibst du immer gleich.

ihr verratet
verraten
Verb
Vorsilbe ver-

4 Schreibe einen passenden Rechtschreibtipp auf jedes Lernkärtchen.

3. Schritt: Die Lernkärtchen einsortieren

5 Ordne deine Lernkärtchen nach dem Alphabet.
Bewahre deine Lernkärtchen in einem Karteikasten auf.

Wiederholung macht den Meister!
So kannst du immer wieder mit den Lernkärtchen üben:

- Wähle sechs Lernkärtchen aus.
- Sieh dir das erste Lernkärtchen genau an. Sprich das Wort laut.
- Drehe das Lernkärtchen um und schreibe das Wort auf.
- Hast du alle Wörter geschrieben, kontrolliere sie genau.
- Sollte ein Wort fehlerhaft sein, sortiere das Lernkärtchen aus.
- Auf den aussortierten Lernkärtchen stehen deine ganz persönlichen Fehlerwörter. Trainiere sie besonders.

Wörter ableiten

Wenn du nicht weißt, ob ein Wort mit ä oder e, äu oder eu geschrieben wird, kannst du es ableiten.
Finde verwandte Wörter mit a oder au.

die Wälder – der Wald ↓ ? ↓ a → ä!

träumen – der Traum ↓ ? ↓ au → äu!

In diesem Trainingstext sind Wörter mit ä und äu hervorgehoben.

Ein kräftiger Schauer |

Während der Klassenwanderung | begann es plötzlich | zu regnen. | „Da vorn sind Häuser. | Dort können wir | uns unterstellen“, | schlug Herr Hagen vor. | Die Schüler blickten ängstlich | in den Himmel. | „Ob es noch | längere Zeit | regnen wird?“, | fragte Justus. | „Nun ja“, | meinte Herr Hagen, | „gefährlich ist das | ja nicht. | Nach einem kräftigen Schauer | ist die Luft | häufig wieder | schön sauber.“ | Bald hatte | der Schauer nachgelassen. | Und alle | freuten sich mächtig. |

(71 Wörter)

1 Welche Frage stellte Justus?
Schreibe sie ab.

2 Die hervorgehobenen Wörter im Trainingstext kannst du ableiten.
a. Schreibe die Wörter untereinander auf.
b. Finde zu jedem Wort ein verwandtes Wort.
c. Markiere jeweils **a** und **au**, **ä** und **äu**.

Starthilfe
die Häuser – das Haus
ängstlich – die …

3 Von welchen Wörtern kannst du die folgenden Wörter ableiten?
a. Ordne die Wörter alphabetisch.
Schreibe sie untereinander auf.
b. Schreibe zu jedem Wort ein verwandtes Wort auf.

glänzen, der Verkäufer, die Bäuche, die Späße, läuten, beschädigen

4 Schreibe den Trainingstext „Ein kräftiger Schauer“ ab.

→ Tipps zum Abschreiben: Seite 274

Wörter verlängern

**Oft hörst du am Ende eines Wortes ein p, t oder k,
musst aber b, d oder g schreiben.
Du kannst das Wort verlängern.
Dann hörst du den Endbuchstaben.**

lieb – ein lieber Gruß
↓ b/p? ↓ b!

der Strand – die Strände
↓ d/t? ↓ d!

ich lag – wir lagen
↓ g/k? ↓ g!

5 Lies die Wörter langsam und höre genau zu.

Mit diesem Trainingstext kannst du das Verlängern üben.

Ein Gewitter |

Ein Gewitter am Abend | kann aufregend sein. | Aber nur | in einem Haus | mit Blitzableiter | ist man dann sicher. | Ein Hund | mag den Lärm | überhaupt nicht. | Er legt sich dann | in seinen Korb | und schläft. | Wenn alles vorbei ist, | sieht man | wieder den Mond. | Er scheint dann | manchmal ganz gelb. | Es ist windstill | und kein Zweig | bewegt sich | an den Bäumen. |

(62 Wörter)

6 Was tut ein Hund bei einem Gewitter?
Finde die Antwort im Text.
Schreibe sie auf.

7 Im Trainingstext sind Wörter mit **b**, **d** und **g** hervorgehoben.
a. Schreibe die Wörter untereinander auf.
b. Verlängere die Wörter.
Tipp: Sprich die Wörter und die Endungen besonders deutlich.

Starthilfe
der Abend – die Abende
aufregend – ein … Gewitter

8 a. Verlängere die folgenden Wörter wie in Aufgabe 7.
b. Schreibe mit fünf Wörtern Sätze auf.

er gab, der Tag, das Bild, der Freitag, das Flugzeug, gesund, halb, das Kind, klug, die Schuld, spannend, der Staub, tausend, der Weg

9 Schreibe den Trainingstext „Ein Gewitter" ab.

→ Tipps zum Abschreiben: Seite 274

Nomen verwenden

Wie heißt mein Beruf?

Frau Bernado erzählt von ihrem Beruf – aber in einem Rätsel.

Um 9:00 Uhr fange ich an zu arbeiten. Zuerst muss ich alles vorbereiten. Ich muss den Spiegel putzen, dann lege ich die  und den  daneben. Um 10:00 Uhr kommt eine  herein. Ich kenne sie, sie heißt Frau Jami. Sie setzt sich und sagt, was sie möchte. Ich nehme das  und wasche damit das  von Frau Jami. Das Wasser darf nicht zu heiß und nicht zu kalt sein. Dann ist die  dran. Zipp-zipp-zapp – schon fertig! Der  und der  bringen nun alles in die richtige Form. Frau Jami freut sich, als sie im 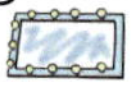 ihre Freundin Frau Schmidt entdeckt – mit der gleichen Frisur. Beide lachen. Weißt du, wie mein Beruf heißt?

1 Welchen Beruf hat Frau Bernado? Schreibe die Antwort auf.

2 Lies den Rätseltext noch einmal halblaut.
Setze dabei für die Bilder passende Nomen ein.

3 Ordne die Nomen in einer Tabelle.
a. Schreibe sie mit ihren Artikeln (der, das, die) auf.
b. Markiere den ersten Buchstaben von jedem Nomen.

Starthilfe

Lebewesen	Gegenstände	gedachte oder vorgestellte Dinge
die Frau	die Bürste	…

4 Ordne auch diese Nomen mit ihren Artikeln in die Tabelle ein:

Angst, Blatt, Blume, Elefant, Freude, Frosch, Geschmack, Gras, Hund, Hunger, Idee, Junge, Kartoffel, Katze, Mädchen, Mann, Musik, Opa, Rose, Salat, Tante, Vogel

Merkwissen

Nomen bezeichnen Lebewesen (Menschen, Tiere, Pflanzen) und Gegenstände. Nomen bezeichnen auch gedachte oder vorgestellte Dinge. Nomen schreibst du immer **groß**.

2 Bürste, Föhn, Frau, Haar, Kamm, Schere, Shampoo, Spiegel

Auf der Baustelle

5 Lest das Gespräch mit verteilten Rollen.

6 Welche Arbeitsmittel brauchen der Maler und sein Auszubildender? Schreibe die Arbeitsmittel mit ihren bestimmten und unbestimmten Artikeln auf.

der Pinsel – ___ Pinsel, ___ Radio – ein Radio, ___ Leiter – ___ Leiter

Merkwissen

Vor einem Nomen steht oft ein **bestimmter** Artikel (der, das, die) oder ein **unbestimmter** Artikel (ein, ein, eine).

7 Welche Gegenstände siehst du noch auf dem Bild? Schreibe sie mit den bestimmten und den unbestimmten Artikeln auf.

8 Schreibe den folgenden Text auf. Ergänze jeweils den bestimmten Artikel oder den unbestimmten Artikel.

Womit der Maler arbeitet

Diese Arbeitsmittel sind wichtig für die Arbeit des Malers: ___ Leiter, ___ Pinsel, ___ Klebeband. ___ Malermeister trägt ___ Leiter. Der Auszubildende sucht ___ Klebeband. ___ Klebeband benutzt er später für die Ränder. ___ Malermeister streicht ___ Wand. ___ Wand ist schnell gestrichen.

Auf dem Wochenmarkt

1 Welche Waren liegen auf dem Tisch?

a. Lies die Namen der Obst- und Gemüsesorten.

b. Ordne die Waren nach Obst und Gemüse.

Starthilfe

Obst	Gemüse
Birnen	Kartoffeln
…	…

Merkwissen

Nomen können im **Singular** (in der Einzahl) und im **Plural** (in der Mehrzahl) stehen.

die Birnen – die Birne
Und wie heißen die anderen Waren im Singular?

2 a. Schreibe die Nomen im Plural mit Artikeln untereinander auf.

b. Ordne die passenden Nomen im Singular dazu.

Z **3** Was sagst du zu Anna, wenn du etwas kaufen möchtest? Schreibe fünf Sätze.

Ich hätte gern Ich nehme bitte	einen	Apfel / Pfirsich.
	eine	Banane / Birne / Kiwi / Mango / Tomate.
	ein Kilo ein Pfund	Kartoffeln / Pilze / Pflaumen / Trauben.

2

der Apfel	die Banane	die Kartoffel
der Pfirsich	die Mango	die Tomate
der Pilz	die Birne	die Kiwi
	die Pflaume	die Traube

3

Nominativ:	→	**Akkusativ:**
der Pilz	→	den Pilz nehmen
das Obst	→	das Obst nehmen
die Kiwi	→	die Kiwi essen

In der Küche

4 Welches Messer braucht der Koch?
Schreibe es auf.

5 Was kann man mit welchem Messer tun?
Schreibe die Sätze auf.

Mit dem ___ kann der Koch gut Kartoffeln schneiden.
Mit dem ___ kann der Koch gut Fleisch schneiden.
Mit dem ___ kann der Koch gut Brot schneiden.

Das sind weitere Arbeitsmittel des Kochs:

der Koch + das Buch / der Löffel / die Mütze / die Schürze / der Topf

6 Wie heißen die Arbeitsmittel des Kochs?
a. Setze die Nomen zusammen.
Schreibe sie mit den bestimmten Artikeln auf.
b. Nach welchem Nomen richtet sich der Artikel des zusammengesetzten Nomens?
Markiere die Artikel.

Starthilfe
der Koch + das Buch = das Kochbuch, …

Merkwissen
Aus zwei Nomen kann man ein **zusammengesetztes Nomen** bilden.
die Kartoffel + das Messer = das Kartoffelmesser

→ die Formen der Nomen auf einen Blick: Seite 281

5 **Nominativ:** → **Dativ:**
das Messer → mit dem Messer schneiden

Personalpronomen verwenden

Svenja ist Pias beste Freundin und darf bei ihr übernachten. Pia erzählt von dem gemeinsamen Frühstück.

Svenja ist meine Freundin und sie isst immer Schokowaffeln zum Frühstück. Als sie bei mir übernachten durfte, standen am nächsten Morgen Käse, Tomaten und Körnerbrötchen für meine Familie auf dem Tisch – und natürlich Schokowaffeln für Svenja. Doch sie meinte: „Der Käse sieht ja lecker aus, er schmeckt sicher gut." Erstaunt sah ich, wie er in ihrem Mund verschwand. Dann nahm Svenja eine Tomate und aß sie auf. „Oh, das Brötchen ist ja knusprig, ich möchte es gern." „Isst du heute keine Schokowaffeln?", fragte ich Svenja. Sie sah mich an: „Ihr habt andere leckere Sachen, ich möchte sie alle probieren." Mama, Papa, Svenja und ich sahen uns an und wir lachten.

1 Im Text findest du viele Personalpronomen.
- a. Schreibe alle Personalpronomen auf.
- b. Schreibe die hervorgehobenen Sätze ab.
- c. Finde in jedem Satz das Personalpronomen. Markiere es.
- d. Für welche Wörter und Wortgruppen mit Nomen stehen die Personalpronomen? Unterstreiche sie.

Starthilfe

Svenja ist meine Freundin und sie isst immer Schokowaffeln zum Frühstück. …

Später erzählt Svenja ihrer Mutter von dem Frühstück.

Er hatte den Frühstückstisch ganz toll gedeckt. Aber auf sie hatte ich keinen Appetit. Ich glaube auch, Pia wollte sie essen. Sie war so schön rot und ich mochte sie gern. Und es war knusprig und schmeckte mir gut. Er war wirklich superlecker. Er war so sahnig.

2 Wovon erzählt Svenja genau? Schreibe den Text auf. Ersetze die Personalpronomen durch passende Nomen mit Artikeln.

1 ich, du, er – es – sie, wir, ihr, sie

2

der → er	das → es	die → sie	die → sie
Käse	Brötchen	Tomate	Schokowaffeln
Vater			

Kevin erzählt von seinem Frühstück.

Morgens habe ich immer Hunger. Aber ich mag es nicht, wenn der Tee zu süß ist. Auch darf ___ nicht so heiß sein. Im Sommer kann es auch Saft sein. Doch sollte ___ frisch gepresst und nicht zu kalt sein. Das Brot ist natürlich frisch besonders lecker. Ich mag ___ am liebsten mit Honig. Aber die Marmelade darf auch nicht fehlen. Am liebsten esse ich ___ auf einem Brötchen. Manchmal esse ich auch ein Ei, ___ schmeckt mir aber nur weich gekocht! Früchte esse ich auch manchmal, aber nur wenn ___ reif und süß sind.

3 Was isst Kevin gern zum Frühstück?
Schreibe den Text auf.
Ergänze dabei die passenden Personalpronomen.

Merkwissen

Die Wörter **ich**, **du**, er – es – sie, **wir**, **ihr**, sie sind **Personalpronomen**.
Sie ersetzen **Nomen** und Wortgruppen, in denen **Nomen** vorkommen.

Z Spielzeit: Wer isst was zum Frühstück?

4 Wer isst Marmelade, Käse, Tomaten, Brötchen, Schokowaffeln oder Müsli zum Frühstück?
Für dieses Spiel braucht ihr einen Würfel mit den Personalpronomen.
- Bastelt einen Würfel.
- Beschriftet ihn mit den Personalpronomen.

Nun kann das Spiel beginnen:
- Der Erste nennt ein Nahrungsmittel, z. B. „Marmelade".
- Der Zweite würfelt, z. B. „wir".
- Der Dritte sagt einen Satz mit dem gewürfelten Personalpronomen, z. B.: „Wir essen gern Marmelade."

3

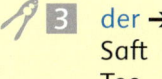

der → er	das → es	die → sie	die → sie
Saft	Brot	Marmelade	Früchte
Tee	Ei		

Verben verwenden

Mündlich erzählen im Perfekt

Benjamin erzählt Meral, was er am Wochenende erlebt hat.

1 Max, Janina, Felicia und ich haben am Samstag im Wald Verstecken gespielt.
2 Wo habt ihr gespielt? Auf dem Abenteuerspielplatz?
3 Ja. Ich habe mich im Gebüsch versteckt. Und plötzlich habe ich ein Klingeln hinter mir gehört!
4 Hihi! Beim Verstecken hat jemand geklingelt!
5 Ja. Max hat sein Handy nicht ausgestellt. Deshalb hat Felicia ihn auch gleich entdeckt. Wir haben alle so gelacht.

1 Wer **hat** was **getan**?

a. In den Sprechblasen sind Verbformen hervorgehoben. Schreibe sie mit den Personalpronomen untereinander auf.

b. Markiere die Formen von **haben**.

c. Schreibe die Infinitive (die Grundformen) dazu.

Starthilfe

wir haben gespielt – spielen
…

Merkwissen

Wenn du über Vergangenes **mündlich** erzählst, verwendest du meist das **Perfekt**.
Viele Verben bilden das Perfekt mit **haben**:

ich habe gespielt	*wir haben gespielt*
du hast gespielt	*ihr habt gespielt*
er/sie/es hat gespielt	*sie haben gespielt*

Dann erzählt Meral, was sie am Wochenende erlebt hat.

„Mein Bruder und ich ___ Fußball ___.
Seine Mannschaft ___ klar ___.
Alle Spieler ___ sich sehr ___."

spielen
führen
freuen

2 Was erzählt Meral? Schreibe es auf.
Ergänze dabei die passenden Perfektformen.

Sebastian erzählt von seinem Besuch im Erlebnisbad.

„Zuerst bin ich zu den Umkleidekabinen gelaufen.
Am Pool bin ich auf einen Baum geklettert. Von da bin ich ins Wasser gehüpft. Noch lieber bin ich von der Rutsche in den Pool gesaust. Ich bin auch getaucht."

3 Was hat Sebastian im Erlebnisbad getan?
- a. Schreibe die Perfektformen mit den Personalpronomen auf.
- b. Markiere die Formen von **sein**.
- c. Schreibe die Infinitive dazu.

Starthilfe

ich bin gelaufen – laufen
…

Merkwissen

Das **Perfekt** von Verben der **Bewegung** wird mit **sein** gebildet.

ich bin gefahren	*wir sind gefahren*
du bist gefahren	*ihr seid gefahren*
er/sie/es ist gefahren	*sie sind gefahren*

Bei einigen Verben wird i oder ie im Perfekt zu o oder u.

4 Was erzählt Sebastians Schwester Anna vom Erlebnisbad?
- a. Schreibe es in wörtlicher Rede auf.
- b. Markiere die Perfektformen.

mit Sebastian um die Wette geschwommen
vom Baum ins Wasser gesprungen
zur Wasserrutsche gekrochen

Ich …
…
…

5
- a. Schreibe die Perfektformen aus Aufgabe 4 untereinander auf.
- b. Schreibe die Infinitive daneben.
  Tipp: Du kannst in der Verbtabelle auf Seite 284 nachschlagen.
- c. Markiere im Heft die Vokale **i/ie** und **o/u**, die in der Perfektform anders sind als im Infinitiv.

6 Welche Verbformen gehören zusammen?
Schreibe sie paarweise auf.

fliegen	wir sind gelaufen	du bist gesprungen	rollen
schwimmen	ich bin gefallen	er ist geflogen	fallen
laufen	sie sind gerollt	ihr seid geschwommen	springen

Schriftlich erzählen im Präteritum

Am letzten Wochenende kochten Ben, Leon, Mia und Yasmin zusammen.

1 Wer **hatte** welche Aufgabe?

a. Sieh dir die Bilder an.

b. Schreibe die Sätze in der richtigen Reihenfolge auf.

Ben probierte den Pudding. Leon rührte in der Schüssel.
Mia holte die Milch aus dem Kühlschrank. Yasmin deckte den Tisch.

Merkwissen

Wenn du über Vergangenes **schriftlich** erzählst oder berichtest, verwendest du meist das **Präteritum**.

Yasmin erzählt ihrem Tagebuch vom vergangenen Wochenende.

Am letzten Samstag ___ ich bei Mia.
Ben und Leon ___ uns. Wir ___ gemeinsam
Schokoladenpudding. Als die Milch
im Kochtopf ___ , ___ ich schnell den Kochtopf
auf eine andere Platte. Ben ___ den Pudding.
Ich ___ den Tisch. Der Pudding ___ gut.

übernachten
besuchen
kochen
kochen
stellen
probieren
decken
schmecken

2 Schreibe den Text auf.
Ergänze dabei die Präteritumformen.

2 besuchten, deckte, kochte, kochten, probierte, schmeckte, stellte, übernachtete

schwache Verben: ich holte, du holtest, er/sie/es holte,
wir holten, ihr holtet, sie holten

Leon berichtet über seinen Tag.

„Um 6:30 Uhr stand ich auf. Dann duschte ich, frühstückte und putzte meine Zähne. Der Bus zur Schule fuhr um 7:30 Uhr. Ich wollte den Bus nicht verpassen. Deshalb ging ich pünktlich los. Der Unterricht verlief wie jeden Tag, wir schrieben und rechneten. In der Deutschstunde waren wir im Computerraum. In der Musikstunde sangen wir Frühlingslieder. Um 13:00 Uhr fuhr ich nach Hause und aß Spagetti. Dann machte ich meine Hausaufgaben und ging danach zum Fußballtraining. Nach dem Abendessen sahen wir zusammen fern und um 22:00 Uhr schlief ich ein."

3 Wie verlief Leons Tag?
Schreibe alle Präteritumformen mit den Personalpronomen auf.
Tipp: Nicht alle Präteritumformen sind hervorgehoben.

4 Die hervorgehobenen Verben ändern sich im Präteritum.
a. Schreibe sie untereinander auf.
b. Schreibe die Infinitive (die Grundform) daneben.
Tipp: Du kannst in der Verbtabelle auf Seite 284 nachschlagen.

Starthilfe
ich stand auf – aufstehen
…

5 a. Schreibe die folgenden Präteritumformen mit den Personalpronomen auf.
b. Schreibe den passenden Infinitiv dazu.

Er ging nach Hause.
Ich schrieb einen Tagebucheintrag.
Sie schliefen schnell ein.
Wir fuhren in die Jugendherberge.

Z Und wie verlief dein Tag heute?

6 Berichte in einem Tagebucheintrag über deinen Tag.
Verwende die Präteritumformen aus Aufgabe 3.

→ die Formen der Verben im Überblick: Seite 284-285

starke Verben: ich fuhr, du fuhrst, er/sie/es fuhr,
wir fuhren, ihr fuhrt, sie fuhren

Adjektive verwenden

Willkommen zur Zoo-Rallye!

In unserem Zoo sind mehr als achttausend Tiere zu Hause: große, kleine, interessante, wilde …

1

2

3

4

5

6

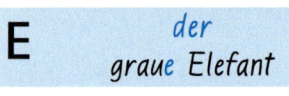

E der graue Elefant	T das afrikanische Nashorn	F die seltene Zwerggans
U der wachsame Kranich	T das riesige Flusspferd	R die schneeweiße Eismöwe

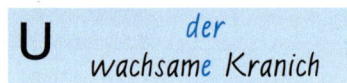

1 Welche Tiere sind im Zoo zu Hause?
- a. Lest die Tiere vor.
- b. Ordnet die Tiere den Bildern 1 bis 6 zu. Schreibt die Tiere in der richtigen Reihenfolge auf.
- c. Markiert die Artikel und die Endungen in den Artikelfarben.
- d. Wie heißt das Lösungswort?

Starthilfe
1 F die seltene …
2 …

2 Wo sind die Tiere im Zoo zu Hause? Im Dickhäuterhaus oder auf der Vogelinsel?
- a. Schreibe Sätze auf.
- b. Markiere in den Artikelfarben.

Starthilfe
Die seltene … lebt auf …

Merkwissen
Mit **Adjektiven** kannst du Personen, Tiere oder Gegenstände genauer beschreiben.

Mit den Adjektiven kannst du diese Tiere genauer beschreiben.

braun breit bunt dünn giftig glatt groß klein kräftig kurz lang schnell	+	der Himmelsfalter der Riffhai der Seehund das Känguru das Seepferdchen das Wildpferd die Klapperschlange die Meeresschildkröte die Netzgiraffe

3 a. Welche Tiere siehst du auf dem Bild?
b. Wähle für jedes Tier aus dem Kasten ein passendes Adjektiv aus. Schreibe die neun Wortgruppen untereinander auf.

Starthilfe
der bunte Himmelsfalter
der …

Adjektive in Wortgruppen verändern ihre Endung:

der graue Elefant – ein grauer Elefant
das riesige Flusspferd – ein riesiges Flusspferd
die seltene Zwerggans – eine seltene Zwerggans

4 a. Schreibe neben deine Tiere aus Aufgabe 3 Wortgruppen mit ein/ein/eine.
b. Was verändert sich jeweils? Markiere.

Starthilfe
der bunte Himmelsfalter – ein bunter Himmelsfalter
der …

5 Lies die Wortgruppen mehrfach halblaut. Achte auf die Endungen der Adjektive.

6 Z Sprecht die Wortgruppen abwechselnd:
- Der eine sagt die Wortgruppe mit dem bestimmten Artikel.
- Der andere sagt die Wortgruppe mit dem unbestimmten Artikel.

Plural (Mehrzahl): die grauen Elefanten – graue Elefanten, die riesigen Flusspferde – riesige Flusspferde, die seltenen Zwerggänse – seltene Zwerggänse

Jedes Tier hat seine Besonderheiten. Seht einfach genau hin.

Im Regenwaldhaus

Ein Krokodil hat einen **kräftigen** Kiefer. Es besitzt deshalb eine **gewaltige** Beißkraft.

Der Färberfrosch hat eine **auffällige** Körperfärbung. Damit vertreibt er einen **hungrigen** Feind. Der Feind weiß dann nämlich: Der Frosch besitzt ein **tödliches** Gift.

Jeder Kolibri hat einen **besonderen** Schnabel. Der Adlerschnabel-Kolibri besitzt einen **gebogenen** Schnabel, der Kleinschnabel-Kolibri hat einen **winzigen** Schnabel. So passt jeder Schnabel in die Blüte mit dem jeweiligen Lieblingsnektar.

1 Welche Besonderheiten haben die Tiere aus dem Regenwaldhaus?
- a. Schreibe den Text ab.
- b. Markiere die Artikel wie im Text. Markiere selbstständig die Endungen der **Adjektive**.

Starthilfe
Ein Krokodil hat einen kräftigen Kiefer. Es …

2 Wen oder was hat das Tier?
- a. Schreibe die Wortgruppen mit den **Adjektiven** noch einmal auf.
- b. Schreibe Wortgruppen mit den/das/die daneben.
- c. Markiere die Artikel und die Endungen. Was verändert sich?

Starthilfe
Das Tier hat …
einen kräftigen Kiefer – den kräftigen …
eine …

Z Spielzeit: Welches Tier ist das?

3 Ihr könnt ein Ratespiel zu den Tieren von dieser Seite spielen.
- Verwendet die Wortgruppen aus Aufgabe 1.
- Überlegt euch weitere Wortgruppen zu anderen Tieren.

Du kannst nun weitere Besonderheiten der Tiere beschreiben.

W 4 Du kannst eigene Sätze schreiben oder die Vorschläge unten verwenden.
a. Sieh dir die Bilder auf den Seiten 258 und 259 noch einmal an. Welche Besonderheiten fallen dir auf?
b. Schreibe zu jedem Tier einen Satz auf. Markiere die Artikel und die Endungen.

Der Elefant Das Nashorn Die Zwerggans …	besitzt hat trägt	einen kurzen Schnabel. einen langen Hals. einen massigen Körper.
		ein unauffälliges Gefieder. ein typisches Muster. ein mächtiges Horn.
		eine dunkelgraue Färbung. eine glatte Haut. eine dreieckige Flosse.

Alle Tiere erhalten im Zoo eine ganz besondere Pflege.

Im Huftierpark

Im Huftierpark zeigen Zooführer den Besuchern gern die einzelnen Stationen. Die weitläufige Schafstation muss man einfach gesehen haben! Dort gibt es wilde Schafe und auch Hausschafe. Man kann dort zum Beispiel den scheuen Mufflon sehen. Schon seit jeher jagten die Menschen den wilden Mufflon. Einige Arten sind deshalb heute stark gefährdet. Deshalb stellte man den braunen Zypern-Mufflon schon vor längerer Zeit unter Artenschutz. Die meisten Besucher finden das mächtige Gehörn, also die Hörner, beeindruckend.

5 Schreibe die Fragen zum Text und die Antworten auf.

- Was zeigen Zooführer den Besuchern?
- Was muss man einfach gesehen haben?
- Was kann man in der Schafstation sehen?
- Was jagten die Menschen?
- Was stellte man unter Artenschutz?

→ die Formen der Adjektive im Überblick: Seite 281

4 Wen oder was besitzen? → Akkusativ:
ein langer Hals → einen langen Hals besitzen

Präpositionen verwenden

Wo?

Tobi ist in der Zoohandlung. Er sieht sich ein Aquarium an.

1 **Was** ist alles in dem Aquarium?
Schreibe alle Nomen mit farbigen Stiften in eine Tabelle.

Starthilfe

der	das	die
Fisch	…	…

Wo sind die Tiere, Pflanzen und Gegenstände im Aquarium?

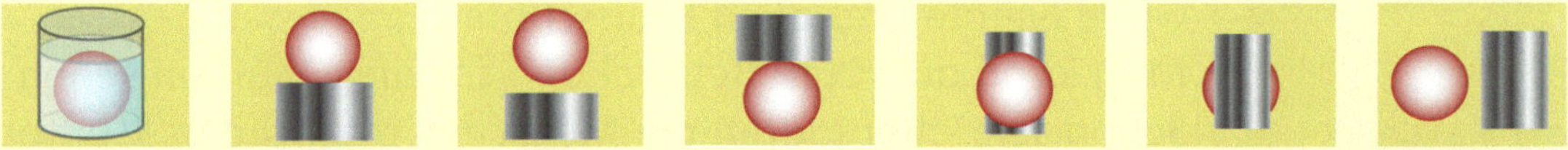

2 Schreibe Sätze auf.

Starthilfe

Der Stein liegt neben der Pflanze.
…

1 2

Der	Fisch Kies Seestern Stein	ist liegt steht	**in** **auf** **über** **unter** **vor** **hinter** **neben**	dem	Fisch. Kies. Seestern. Stein.
Das	Schiff Seepferdchen			dem	Schiff. Seepferdchen.
Die	Muschel Pflanze Wurzel			der	Ecke. Muschel. Pflanze.

Wohin?

Tobi bastelt nun selbst ein Aquarium aus einem Schuhkarton. Er hat Steine gesammelt und Gegenstände aus Pappe ausgeschnitten.

3 **Wohin** hängt, klebt, legt, setzt oder stellt Tobi die Tiere, Pflanzen oder Gegenstände? Schreibe Sätze auf.

Starthilfe
Tobi hängt den Fisch neben das …

4 Wie bastelst **du** dein eigenes Aquarium? Schreibe Sätze auf.

Starthilfe
Ich streue Kies auf den Boden. Ich lege … Ich stelle …

Merkwissen

Mit **Präpositionen** kannst du ausdrücken,
wo etwas ist (Dativ) oder **wohin** etwas kommt (Akkusativ):
*Die Muschel liegt **auf** dem Kies. Tobi legt die Muschel **auf** den Kies.*
*Der Stein liegt **neben** dem Schiff. Tobi legt den Stein **neben** das Schiff.*
*Das Schiff ist **in** der Ecke. Tobi setzt das Schiff **in** die Ecke.*

Z **5** Im Kaufhaus:
- **Wo** findest du das Material für dein Aquarium?
- **Wohin** gehst du nacheinander?
  Schreibe Sätze auf.

3 4

<table>
<tr><td rowspan="3">Tobi
Er</td><td rowspan="3">hängt
klebt
legt
setzt
stellt</td><td>den</td><td>Fisch
Stein
Seestern</td><td rowspan="3">in
auf
über
unter
vor
hinter
neben</td><td>den</td><td>Boden.
Fisch.
Stein.</td></tr>
<tr><td>das</td><td>Schiff
Seepferdchen</td><td>das</td><td>Schiff.
Seepferdchen.</td></tr>
<tr><td>die</td><td>Muschel
Wurzel</td><td>die</td><td>Ecke.
Muschel.
Pflanze.
Wurzel.</td></tr>
</table>

Satzglieder verwenden

Satzglieder umstellen

Es war einmal in alten Zeiten, da lebte ein Mädchen.

1 Wie geht das Märchen weiter?
Beschreibt, was ihr auf dem Bild sehen könnt.

2 Auf den Wortkarten stehen die nächsten drei Sätze des Märchens.
Lest die Wortkarten.

Das | Mädchen | Es | Es | . | hieß

sammelte | lachte | . | Pilze | Mascha | .

3 Wie werden die einzelnen Wörter zu den drei Sätzen?
a. Schreibt jedes Wort auf jeweils eine Wortkarte.
b. Zwölf von euch erhalten eine Wortkarte und stellen sich auf.
c. Stellt euch um.
d. Schreibt die drei Sätze auf.

Eine Tages entdeckte das Mädchen eine Höhle.

Mascha | ging | in | die | Höhle | .

4 a. Schreibt den Satz auf.
b. Stellt die Wörter so um,
dass ein anderer sinnvoller Satz entsteht.
c. Schreibt auch diesen Satz auf.

5 Welche Wörter kann man nur gemeinsam umstellen?
Es sind Satzglieder. Markiert sie durch Trennstriche.

Merkwissen

Satzglieder sind Teile eines Satzes.
Ein Satzglied kann aus einem Wort oder aus einer Wortgruppe bestehen.
Mit der **Umstellprobe** kannst du erkennen, welche Wörter zu einem Satzglied gehören.

Das Prädikat

In der Höhle fand Mascha einen gedeckten Tisch.
Was tat Mascha dann?

Mascha Sie	ging … trank … nahm … kostete … aß …

6 Schreibe sinnvolle Sätze auf.

7 a. Frage mit **Was tat?** nach den Prädikaten in deinen Sätzen.
b. Schreibe die Fragen und die Antworten auf.
c. Markiere die Prädikate.

Starthilfe
Was tat Mascha? Mascha ging zu …

Doch dann kam der Bär nach Hause in seine Höhle.

Jemand hat auf meinem Stuhl gesessen.
Jemand hat meinen Löffel genommen.
Jemand hat von meinem Teller gegessen.
Jemand hat aus meinem Glas getrunken.

8 Was sagte der Bär? Schreibe die Sätze ab.

9 a. Frage mit **Was hat jemand getan?** nach den Prädikaten.
b. Unterstreiche in jedem Satz die beiden Teile des Prädikats.
c. Verbinde sie mit einer Klammer.

Starthilfe
Jemand hat auf meinem Stuhl gesessen.
…

Merkwissen

Mit **Was tut?**, **Was tat?** oder **Was hat getan?** fragst du nach dem **Prädikat**.

Das Prädikat sagt, was jemand tut oder tat oder getan hat.

In den meisten Sätzen steht das Prädikat **an zweiter Stelle**: *Mascha trank aus dem Glas.*

Manchmal bildet das Prädikat eine **Klammer**: *Mascha hat aus dem Glas getrunken.*

6 … zu dem gedeckten Tisch, … den silbernen Löffel in die Hand, … aus dem Glas, … den ganzen Teller leer, … von dem Essen

Das Subjekt und die Objekte

Mascha erschrak. Wer war das? Ein Bär!

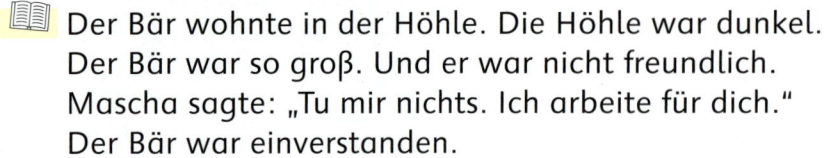

Der Bär wohnte in der Höhle. Die Höhle war dunkel.
Der Bär war so groß. Und er war nicht freundlich.
Mascha sagte: „Tu mir nichts. Ich arbeite für dich."
Der Bär war einverstanden.

1 **Wer oder was** wohnte in der Höhle?
- a. Frage mit **Wer oder was?** nach den Subjekten.
- b. Schreibe die Fragen und die Antworten auf.

Starthilfe

Wer oder was wohnte in der Höhle? der Bär
Wer oder was war …

Merkwissen

Mit Wer oder was? fragst du nach dem Subjekt.

***Wer oder was** war so groß?* *der Bär*

Von nun an arbeitete Mascha für den Bären.

Sie bediente den Bären. Sie kochte das Essen. Sie kämmte das haarige Tier.
Sie weckte den Bären. Sie spülte das Geschirr. Sie fegte die Höhle.

2 **Wen oder was** bediente Mascha?
- a. Frage mit **Wen oder was?** nach den Objekten.
- b. Schreibe die Fragen und die Antworten auf.

Mir gefällt das nicht, dachte Mascha.

Ich helfe dem Bären. Ich koche dem Bären das Essen.
Ich kämme dem zotteligen Bären das Fell. Nein, mir gefällt das nicht.

3 **Wem** hilft Mascha?
- a. Frage mit **Wem?** nach den Objekten.
- b. Schreibe die Fragen und die Antworten auf.

Merkwissen

Mit Wen oder was? und mit Wem? fragst du nach Objekten.

***Wen oder was** bediente Mascha?* *den Bären* ***Wem** half Mascha?* *dem Bären*

Z Satzglieder üben und anwenden

Mascha hatte Heimweh nach ihren Großeltern.

1 Mascha backte dem Bären Piroggen.
2 Die Piroggen packte sie ihm in einen Reisekorb.
3 Mascha sprang auch in den Korb.
4 Nach einiger Zeit kam dem Bären ein Gedanke:
5 „Der Korb liegt mir so schwer auf dem Rücken!
6 Ich will ausruhen."
7 Mascha rief laut:
8 „Ich sehe dich."
9 Da lief der Bär weiter.

4 Mit dem Satzgliederspiel könnt ihr die Satzglieder üben.
- Ihr braucht einen Zahlenwürfel.
  Immer zwei Würfelzahlen stehen für eine Frage.
- Lest den Satz 1.
- Einer würfelt. Für welche Frage steht die gewürfelte Zahl? Stellt die Frage.
- Der andere beantwortet die Frage.
- Dann ist der andere mit Satz 2 an der Reihe.

Tipp: Nicht in jedem Satz gibt es eine Antwort auf die Fragen **Wen oder was?** oder **Wem?**.

Wer oder was?

Was tut/tat?

Wen oder was?
Wem?

So endet das Märchen von Mascha und dem Bären.

Mascha und der Bär erreichten das Dorf.
Mascha verließ den Korb. Ihr Großvater half ihr.
Sie verjagten den Bären.

5 a. Schreibe die Sätze ab.
b. Welche Wörter gehören zu welchem Satzglied? Frage nach den Satzgliedern.
c. Markiere die Subjekte, die Prädikate und die Objekte unterschiedlich.

6 Stelle die Sätze um. Verwende die folgenden Satzanfänge.
Tipp: Das Prädikat ist das zweite Satzglied.

Dann … Anschließend … Zum Schluss …

Wissenswertes auf einen Blick

Das Märchen

Viele Märchen beginnen mit „Es war einmal ...“. Im Märchen passieren oft Dinge, die in der Wirklichkeit nicht geschehen können.

- In Märchen können **Tiere** oft **sprechen**.
- Zauberer setzen ihre **Zauberkräfte** ein.
- Am Ende eines Märchens **siegt das Gute**, das Böse wird bestraft.
- Märchen spielen **in der Vergangenheit** zu einer unbestimmten Zeit.
- Märchen können **an einem besonderen Ort** spielen.
- Die **magischen Zahlen 3** und **7** kommen häufig in Märchen vor.
- In Märchen kann es **wundersame Gegenstände** geben.

➜ Märchen lesen und Märchen erzählen: Seite 144–157, 158–159

Das Gedicht

Gedichte haben mindestens eine **Strophe** und sind in **Versen** (Gedichtzeilen) geschrieben.

- Eine **Strophe** verbindet eine bestimmte Anzahl von Versen zu einer Einheit und gliedert das Gedicht oder Lied.
- Ein **Vers** ist eine Gedichtzeile.
- Eine **besondere Sprache** bringt die Gedichte **zum Klingen**.
- **Vergleiche** machen Gedichte **anschaulich und lebendig**.
- **Sprachbilder**, z. B. Gegensätze, machen Gedichte **lebendig**.
- Gedichte **reimen** sich häufig.
- Der **Reim** ist der möglichst genaue Gleichklang von Wörtern.

➜ Gedichte lesen und vortragen: Seite 20, 38, 56, 74, 94, 176–181, 182–189, 195

Reime am Ende von Gedichtzeilen, die aufeinanderfolgen, nennt man **Paarreime**:

April a
will a
rein b
drein b

Reimt sich jeweils der übernächste Vers, so spricht man von **Kreuzreimen**.

sind c
jagen d
Kind c
sagen d

Ein Gedicht auswendig lernen

- Lerne die erste Strophe **Zeile für Zeile** auswendig.
- Du kannst dir mit einem Blatt Papier helfen: Lege das Blatt so, dass du **jeweils nur den Anfang jeder Zeile** lesen kannst.
- Sprich dann die **Strophe als Ganzes**.
- Lerne die anderen Strophen genauso.

➜ Gedichte auswendig lernen: Seite 20, 186

Ausdrucksvoll vorlesen

Du kannst eine Geschichte so vorlesen, dass **die Zuhörer** sich **genau vorstellen** können, was geschieht.

Vor dem Vorlesen

- Lies die Geschichte **mehrmals** leise.
  Der **Textknacker** hilft dir, sie zu verstehen.

Beim Vorlesen

- Betone **wichtige Wörter**.
- Lies manche Textstellen **lauter**, manche **leiser**.
- Lies manche Textstellen **schneller**, manche **langsamer**.
- Mache **Pausen**, z. B. vor einer spannenden Stelle oder nach einem Satz.
- Achte auf **die wörtliche Rede:**
  Die Zuhörer sollen verstehen, *wer* spricht.
  Sie sollen auch hören, *wie* jemand spricht.
- Achte auf die **Satzzeichen**.
  Hebe die Stimme leicht an, z. B. vor einem Komma.
  Senke die Stimme, z. B. nach einem Punkt.

→ ausdrucksvoll vorlesen: Seite 96–99, 141

Eine Lesemappe anlegen

In einer Lesemappe sammelst du Informationen, eigene Texte und Bilder zu einem Buch.

- Schreibe Informationen zum **Buchcover** auf.
- Fasse kurz zusammen, was der **Klappentext** über das Buch erzählt.
- Schreibe etwas zum Inhalt auf, z. B.
  - **wer** die Hauptperson ist,
  - **wo** die Geschichte spielt,
  - **wann** die Geschichte spielt,
  - was deine **Lieblingsstelle** ist.
- Schreibe deine **Gedanken** und **Gefühle** beim Lesen auf.
- Schreibe ein **Inhaltsverzeichnis**.
- Gestalte ein schönes **Deckblatt** für deine Lesemappe.

→ eine Lesemappe anlegen: Seite 108–109

Ein Buch vorstellen

- Zeige den Zuhörern **das Buchcover**.
- Nenne den **Titel** und den **Autor** des Buches.
- **Wer?** – Stelle die **Hauptpersonen** vor.
- **Wo? – Wann? – Was?** – Erzähle **kurz** etwas über den **Inhalt** des Buches. Aber verrate nicht zu viel.
- Erkläre, **warum** dir das Buch gut **gefallen** (oder nicht so gut gefallen) hat.
- **Lies** einen **Ausschnitt** aus dem Buch **vor**.

→ ein Buch vorstellen: Seite 111

Der Textknacker

Mit dem Textknacker knackst du jeden Text.

1. Schritt: Vor dem Lesen

Du siehst dir den Text als Ganzes an.
- Worauf fällt dein Blick als Erstes?
- Was erzählen dir die **Bilder** und die **Überschrift**?
- Worum könnte es gehen?

2. Schritt: Das erste Lesen

Du überfliegst den Text.
Oder du liest den Text einmal durch.
- Welche **Wörter, Wortgruppen** oder **Absätze** fallen dir auf?
- Was ist interessant für dich? Was macht dich neugierig?

3. Schritt: Den Text genau lesen

Du liest den Text genau und in Ruhe – Absatz für Absatz.
So findest du wichtige Informationen.
- **Absätze** und **Zwischenüberschriften** gliedern den Text.
- **Schlüsselwörter** sind besonders wichtige Wörter.
- **Bilder am Rand** oder **im Text** helfen dir, den Text zu verstehen.
- Manche **Wörter** werden **am Rand** oder **unter dem Text erklärt**.
- Schlage Wörter, die du nicht verstanden hast, **im Lexikon** nach.
- Welche **Fragen** hast du an den Text?

4. Schritt: Nach dem Lesen

Du arbeitest mit dem Inhalt des Textes.
- Welche **Informationen** sind für dich und deine Aufgabe **wichtig**?

→ Sachtexte lesen und verstehen: Seite 30–32, 40–43, 192–197, 206–207

→ Literarische Texte lesen und verstehen: Seite 96–97, 132–143, 195

Eine Grafik lesen

Grafiken können **zusätzliche Informationen** zu Sachtexten enthalten.
- Lies die **Überschrift** der Grafik und benenne das Thema.
- Lies die **Erklärungen**, z. B. die Legende.
- **Sieh** dir nun die Grafik **genauer an**.
- **Stelle Fragen** an die Grafik und **formuliere** entsprechende **Antworten**.
- **Erkläre** mit eigenen Worten, was in der Grafik dargestellt ist.

→ eine Grafik lesen: Seite 29, 33, 35, 41, 124–125

Der Aufgabenknacker

Aufgaben kannst du in drei Schritten verstehen.

1. Schritt: Du **liest** die Aufgabe genau.
2. Schritt: Du überlegst: Was gehört alles zur **Lösung** der Aufgabe?
3. Schritt: Du gibst die Aufgabe **mit eigenen Worten** wieder.

Diese **Verben** sagen dir, was du tun sollst:

Beschreibe …	Ich soll wiedergeben, wie etwas aussieht, abläuft oder funktioniert.
Fasse zusammen …	Ich soll die wichtigsten Informationen wiedergeben.
Nenne …	Ich soll etwas aufzählen.
Vergleiche …	Ich soll Gemeinsamkeiten und Unterschiede finden.

→ der Aufgabenknacker: Seite 190–191

Ideensammlung: Cluster

In einem Cluster kannst du Ideen zu einem Thema sammeln.

- Nimm **ein leeres Blatt** Papier.
- Schreibe **in die Mitte** das Thema, z. B. **Sport**.
  Kreise das Thema **ein**.
- Schreibe auf dein Blatt nun **die Wörter und Wortgruppen**, die dir zu dem Thema einfallen.
- Manchmal kannst du zu den neuen Wörtern **weitere Wörter** finden.
- Schreibe so viele Wörter auf, wie dir **in 5 bis 10 Minuten** einfallen.
- **Verbinde** zusammengehörende Wörter **durch Striche**.

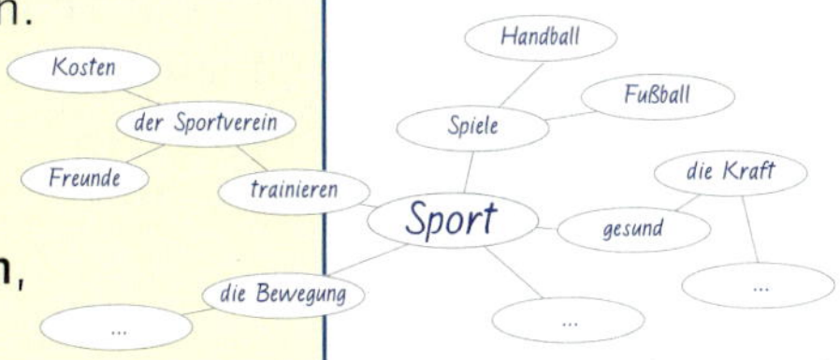

➜ einen Cluster anfertigen, Seite 51, 119, 198–199

Beschreiben: Einen Steckbrief schreiben

- **Plane** deine **Schreibaufgabe**: Was willst du beschreiben? Für wen?
- **Sammle Informationen** aus Sachtexten und Büchern.
- **Lies** die Texte mit dem **Textknacker** und **notiere** wichtige **Informationen**.
- **Ordne** die **Informationen** den **Hauptstichwörtern** zu.
  Schreibe den Steckbrief. Beschränke dich auf **sachliche** Stichworte.
  Erfinde nichts hinzu.
- **Überprüfe** deinen Steckbrief, z. B. mit einer Checkliste.
  Überarbeite ihn.

➜ Steckbriefe schreiben: Seite 66–70, 76–81, 208–211

Einen Text überarbeiten

Einen Text kannst du mit diesen Tipps überarbeiten:

- Gestalte **die Satzanfänge** abwechslungsreich.
- Verwende **treffende Verben**.
- Ergänze an passenden Stellen **Adjektive**.
- Verwende beim schriftlichen Erzählen das **Präteritum**.
- Überprüfe **die Rechtschreibung**.
- Schreibe den Text noch einmal **in gut lesbarer Schrift** auf.

➜ Texte überarbeiten: Seite 160–163, 201–203

Regeln für die Schreibkonferenz

In einer Schreibkonferenz überarbeitet ihr Texte gemeinsam.
Für die Schreibkonferenz werden Regeln vereinbart.

Regel 1: Die Autorin oder der Autor **liest** den Text **vor**.
Die anderen **hören** aufmerksam **zu**.
Regel 2: Sagt zuerst, was euch **gefällt**.
Regel 3: **Fragt nach**, was ihr nicht verstanden habt.
Regel 4: **Überarbeitet gemeinsam** den Text, bis er euch gefällt.
Regel 5: Schreibt den Text noch einmal **in gut lesbarer Schrift** auf.

➜ Regeln für die Schreibkonferenz: Seite 200

Eine Geschichte erzählen

Deine Geschichte braucht: **Einleitung**, **Hauptteil** und **Schluss**.
Mache mit deiner **Einleitung** die Leser und Zuhörer **neugierig**:
- **Wer** ist die Hauptperson?
- **Wo** spielt die Geschichte?
- **Wann** spielt die Geschichte?
- **Was möchte** die Hauptperson?

Gestalte den **Hauptteil spannend und lebendig**:
- **Was passiert** auf einmal?
- **Was fühlt** die Hauptperson?
- **Was denkt** oder **sagt** die Hauptperson?

Löse am **Schluss** schnell die **Spannung**:
- **Wie löst sich** die Spannung zum Schluss auf?

Beachte auch die **Tipps zum spannenden Erzählen**.

➜ eine Geschichte erzählen: Seite 152–153, 212–215

Spannend erzählen

Mit diesen Tipps gelingt dir eine besonders **spannende Geschichte**:
- Finde für die **Einleitung** einen Satz, der **besonders neugierig** macht.
- Baue im Hauptteil mit einem **plötzlichen Ereignis Spannung** auf.
- Erzähle über die **Gefühle** der Hauptperson.
- Durch **Gedanken** und **wörtliche Rede** wird die Geschichte **lebendig**.
- **Steigere** die Spannung: Unterschiedliche **Satzanfänge** machen den Hauptteil **abwechslungsreich**. Besondere, treffende **Adjektive** machen die Geschichte **„stark"**.
- Auf dem **Höhepunkt** passiert oft alles **ganz schnell**.
- **Löse** die **Spannung** am **Schluss** mit einem **überraschenden Ende**.

➜ Spannend erzählen: Seite 137, 212–215

Ein Märchen schriftlich erzählen

- Beginne mit einem **märchenhaften Anfang**.
- Erzähle dann, **wie** deine Figuren **lebten** und wodurch eine Figur in **Schwierigkeiten** geriet.
- Erzähle nun nacheinander, welche **Abenteuer** deine Figur bestehen oder welche **Aufgabe** sie lösen musste.
- Finde einen **passenden Schluss** für dein Märchen.
- Überlege dir eine **Überschrift** für dein Märchen.

➜ ein Märchen erzählen: Seite 154

Eine Geschichte mündlich nacherzählen

- **Lies** die Geschichte **genau**.
- Schreibe zu jedem Absatz eine **Überschrift** auf **Erzählkärtchen**.
- Schreibe zu jeder Überschrift die **Schlüsselwörter** auf.
- Ordne die Kärtchen **in der richtigen Reihenfolge**.
- Erzähle **spannend** und **mit eigenen Worten**.
- Lasse nichts **Wichtiges** aus. **Füge nichts hinzu**.
- Erzähle **im Präteritum**, also wie in der Geschichte.

➜ eine Geschichte mündlich nacherzählen: Seite 141, 148–149

Einen Kurzvortrag vorbereiten und halten

Mit einem Kurzvortrag kannst du andere über ein Thema informieren.

1. Schritt: Das Thema aussuchen und Informationen beschaffen
- Wähle ein interessantes **Thema** aus.
- Sammle **Informationen** in Büchern, Lexika und im Internet.

2. Schritt: Informationen aus Texten entnehmen
- **Lies** die Texte mit dem **Textknacker**.
- Schreibe **Stichworte** auf **Karteikarten**.

3. Schritt: Den Kurzvortrag gliedern und die Notizen ordnen
- Entscheide, welche Informationen **wichtig** sind.
- **Gliedere** dann den Kurzvortrag.
- **Ordne** deine Informationen.

4. Schritt: Eine Einleitung und einen Schluss formulieren
- Formuliere einen **Einleitungssatz** und Sätze für einen **Schluss**.

5. Schritt: Den Kurzvortrag üben und halten
- **Übe**, deinen Kurzvortrag möglichst **frei zu sprechen**.

→ einen Kurzvortrag vorbereiten: Seite 49–53, 58–61

Frei vortragen

- **Stelle dich** so hin, dass **alle dich sehen** können.
- Versuche, **frei** zu **sprechen** und wenig abzulesen.
- Sprich **langsam** und **deutlich**.
- **Sieh** beim Sprechen die Zuhörer **an**.
- Zeige an passenden Stellen **Bilder** und **Materialien**.

→ frei vortragen: Seite 52, 61

Ein Plakat gestalten

- Wählt ein **Papierformat** aus.
- Findet eine passende **Überschrift**.
- Entscheidet, welcher **Text** und welche **Bilder** auf das Plakat sollen.
- Überlegt, wie ihr **Überschrift**, **Text** und **Bilder** auf dem Plakat **anordnen** wollt.
- Schreibt **groß** genug und gut **lesbar**.
- Nehmt andere Stifte für **Hervorhebungen**.

→ ein Plakat gestalten: Seite 70

Ein Interview planen und durchführen

- **Plant** euer **Interview**: **Zu welchem Thema** wollt ihr ein Interview durchführen? **Wen** wollt ihr interviewen?
- **Sammelt Informationen** zum Thema und zum Interviewpartner.
- Plant auch, welche Geräte und Materialien ihr braucht.
- **Schreibt Fragen auf:** Was wollt ihr erfahren? Was interessiert euch?
- Übertragt die Fragen auf einen **Interviewbogen**.
- **Übt** euer Interview **mehrmals** mit verteilten Rollen.
- **Führt** das Interview **durch**. Jeder stellt mindestens eine Frage.
- Ein **Aufnahmegerät** erleichtert die Arbeit. Macht auch ein **Foto**.

→ ein Interview planen und durchführen: Seite 72–73

Richtig abschreiben

Richtiges Schreiben kannst du durch Abschreiben lernen.
Beachte beim Abschreiben die sechs Schritte.

1. Schritt: **Lies** den Text.
2. Schritt: **Präge dir die Wörter** bis zum Strich genau **ein**. Lies dazu nochmals Wort für Wort, Silbe für Silbe.
3. Schritt: Decke nun die Textstelle ab. **Schreibe** die Wörter **auswendig auf**. Schreibe **langsam** und **ordentlich**. Schreibe nur in jede zweite Zeile.
4. Schritt: **Überprüfe**, was du geschrieben hast. **Vergleiche** Wort für Wort mit der Vorlage.
5. Schritt: **Streiche** Fehlerwörter mit einem Lineal **durch**. **Schreibe** das Wort **richtig** über das Fehlerwort.
6. Schritt: Schreibe die Fehlerwörter in die **Rechtschreibkartei**.

→ richtig abschreiben: Seite 220–221

Das Partnerdiktat

Beim Diktieren:
- **Lies** den ganzen Satz **vor**.
- Sprich **langsam** und **deutlich**.
- Diktiere dann nacheinander die **Sinnabschnitte**.
- **Pass** genau **auf** und **gib Hilfen**, ohne zu viel zu verraten.

Beim Schreiben:
- Höre **genau** zu.
- **Schreibe** den Sinnabschnitt **auf**. **Sprich** dabei leise **mit**. Schreibe nur in jede zweite Zeile.
- **Kontrolliere**, was du geschrieben hast.
- Entdeckst du einen Fehler, **streiche** das **Fehlerwort durch** und schreibe das Wort **richtig** darüber.

→ Partnerdiktat: Seite 242

Das Laufdiktat

- Lies den Text **sorgfältig** und in **Ruhe**.
- Lege den Text weit entfernt, z. B. auf einen Tisch.
- Gehe leise zum Tisch.
- **Präge dir** die Wörter des ersten Sinnabschnittes ein.
- Gehe mit den Wörtern im Kopf zurück zu deinem Platz.
- **Schreibe** die Wörter **auf**. Schreibe nur in jede zweite Zeile.
- Gehe so oft hin und her, bis der ganze Text in deinem Heft steht.
- **Kontrolliere** deinen Text **Wort für Wort**.
- Entdeckst du **einen Fehler**, **streiche** das Fehlerwort **durch**. Schreibe es **richtig** in die Zeile darüber.

→ Laufdiktat: Seite 243

Eine Rechtschreibkartei anlegen

In deiner Rechtschreibkartei sammelst du schwierige Wörter und deine Fehlerwörter auf Lernkärtchen.

1. Schritt: Das Lernkärtchen beschriften

- Schreibe das schwierige Wort oder das Fehlerwort – richtig geschrieben – in die erste Zeile.
  Schreibe **Nomen** mit den **bestimmten Artikeln** auf.
  Ergänze bei **Verbformen** die **Personalpronomen**.
- **Unterstreiche** die **Fehlerstellen**.
- Schreibe bei Nomen den Plural oder den Singular dazu.
- Schreibe bei Verben und Adjektiven die **Grundform** dazu.

2. Schritt: Passende Rechtschreibtipps ergänzen

- Schreibe einen passenden **Rechtschreibtipp** auf jedes Lernkärtchen.

3. Schritt: Das Lernkärtchen einsortieren

- **Ordne** deine Lernkärtchen **nach dem Alphabet**.
- Bewahre deine Lernkärtchen in einem **Karteikasten** auf.

➜ Rechtschreibkartei: Seite 244–245

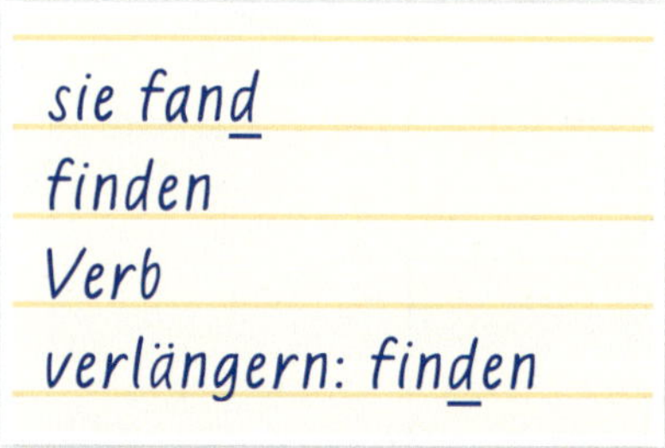

Wörter nachschlagen

Im Wörterbuch schlägst du nach, wie ein Wort geschrieben wird.

- **Links und rechts oben** auf der Seite des Wörterbuchs steht der **Buchstabe** des Alphabets, unter dem du suchen musst.
  Garderobe findest du unter G.
- Wenn die Wörter mit demselben Buchstaben beginnen, vergleiche jeweils die **zweiten** Buchstaben.
- Manchmal musst du sogar den **dritten**, **vierten** oder **fünften** Buchstaben ansehen.

➜ Wörter nachschlagen: Seite 238–239

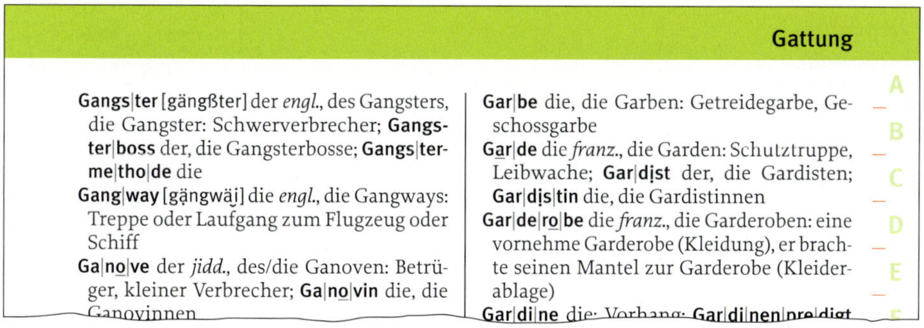

Gattung

Gangs|ter [gängßter] der *engl.*, des Gangsters, die Gangster: Schwerverbrecher; **Gangs|ter|boss** der, die Gangsterbosse; **Gangs|ter|me|tho|de** die

Gang|way [gängwäj] die *engl.*, die Gangways: Treppe oder Laufgang zum Flugzeug oder Schiff

Ga|no|ve der *jidd.*, des/die Ganoven: Betrüger, kleiner Verbrecher; **Ga|no|vin** die, die Ganovinnen

Gar|be die, die Garben: Getreidegarbe, Geschossgarbe

Gar|de die *franz.*, die Garden: Schutztruppe, Leibwache; **Gar|dist** der, die Gardisten; **Gar|dis|tin** die, die Gardistinnen

Gar|de|ro|be die *franz.*, die Garderoben: eine vornehme Garderobe (Kleidung), er brachte seinen Mantel zur Garderobe (Kleiderablage)

Gar|di|ne die: Vorhang; **Gar|di|nen|pre|digt**

A B C D E F

Sprechen – hören – schreiben

die Schokolade

Deutliches Sprechen und genaues Hinhören helfen dir beim richtigen Schreiben.

- **Sprich** das Wort **langsam** und **deutlich** Silbe für Silbe.
- Mache zwischen den Silben **eine Pause**.
- **Klatsche** bei jeder Silbe in die Hände.
- **Schreibe** das Wort **Silbe für Silbe auf**.

➜ sprechen – hören – schreiben: Seite 218–219, 222–223

Wörter ableiten

Wenn du nicht weißt, ob ein Wort mit **ä** oder **e**, mit **äu** oder **eu** geschrieben wird, kannst du es **ableiten**.
Finde **verwandte Wörter** mit **a** oder **au**.
*die W**ä**lder – der W**a**ld, tr**äu**men – der Tr**au**m*

➜ Wörter ableiten: Seite 246

Wörter verlängern

Oft hörst du am Ende eines Wortes ein **p**, **t** oder **k**, musst aber **b**, **d** oder **g** schreiben.
Du kannst dieses Wort **verlängern**. Dann **hörst** du den Endbuchstaben.
*lie**b** – ein lie**b**er Gruß, der Stran**d** – die Strän**d**e, ich la**g** – wir la**g**en*

➜ Wörter verlängern: Seite 230–231, 247

Wortbildung

Viele Wörter sind aus verschiedenen Teilen **zusammengesetzt**.
Wenn du die einzelnen Teile richtig schreibst, kannst du auch die ganzen Wörter richtig schreiben.

Aus zwei Nomen kann ein **zusammengesetztes Nomen** entstehen.
Du schreibst das Nomen immer groß.
der Roggen + das Brot = das Roggenbrot

Die Vorsilben **ent-**, **ver-** und **vor-** schreibst du immer gleich.
ent- + täuschen = enttäuschen
ver- + stecken = verstecken
vor- + lesen = vorlesen

Alle Wörter mit den Endungen **-ig** und **-lich** sind Adjektive.
Du schreibst sie immer klein.
die Neugier + -ig = neugierig
der Freund + -lich = freundlich

➜ Wortbildung: Seite 38–39, 228–229, 236–237

Großschreibung am Satzanfang

Am Satzanfang schreibst du immer groß.
Ein junger König lebte allein.

Nach einem **Punkt, Fragezeichen** oder **Ausrufezeichen** schreibst du immer groß.
Der Vater schläft schon. Die Turmuhr schlägt.
Was ist das für ein Krach? Er hat Angst.
Fürchtet mich! Ich bin ein Gespenst.

Großschreibung von Nomen

Nomen schreibst du **immer groß**.

Nomen bezeichnen Lebewesen (Menschen, Tiere, Pflanzen) und Gegenstände.
Nomen bezeichnen auch gedachte oder vorgestellte Dinge.
Lebewesen: *der Mann, das Pferd, die Blume*
Gegenstände: *der Stuhl, das Buch, die Lampe*
gedachte oder vorgestellte Dinge: *der Traum, das Märchen, die Musik*

Vor einem Nomen steht oft **ein Artikel** (der, das, die, ein, ein, eine).

→ Großschreibung: Seite 222–223, 226–227

Wörter mit ß

Nur nach einem langen Vokal oder einem Zwielaut (au, ei) kann **ß** stehen: *große, heißen*

→ Wörter mit **ß**: Seite 232–233

Wörter mit ie

Wenn du ein **langes** i hörst, schreibst du **fast immer** ie:
liegt, viel, ziemlich

→ Wörter mit **ie**: Seite 224–225

Wörter mit kurzem Vokal

Die fünf Vokale (Selbstlaute) sind a, e, i, o, u.

Nach einem **kurzen Vokal** schreibst du meist **zwei Konsonanten** (Mitlaute):
alle, denn, das Schloss

→ Wörter mit kurzem Vokal: Seite 226–227

Die Satzarten und die Satzschlusszeichen

Nach einem **Aussagesatz** steht ein **Punkt**.
Jans Mutter liegt im Bett und liest.
Nach einem **Ausrufesatz** steht ein **Ausrufezeichen**.
Fürchtet mich!
Nach einem **Fragesatz** steht ein **Fragezeichen**.
Was ist das für ein Krach?

Nach einem Punkt, Fragezeichen oder Ausrufezeichen schreibst du **groß**.

➜ die Satzschlusszeichen: Seite 225

Komma bei Aufzählungen

Wenn du Wörter **aufzählst**, trennst du sie durch **Kommas** voneinander.
Ausnahme: Vor ***und*** steht **kein Komma**.
Sie legen Luftmatratzen, Schlafsäcke, Kekse und Taschenlampen bereit.

➜ Komma bei Aufzählungen: Seite 236–237

Komma bei weil und als

Beginnt ein Satz mit **weil** oder **als**, folgt etwas später ein **Komma**.
Das Komma steht zwischen zwei Verben.
Weil er Schmerzen hatte, verließ er sofort das Spielfeld.
Satzbild: Weil ___, ___.

Als Herr Finke in die Schule kam, beobachteten ihn alle sehr gespannt.
Satzbild: Als ___, ___.

➜ Komma bei **weil** und **als**: Seite 232–233, 234–235

Wörtliche Rede

Wörtliche Rede markierst du mit „**Anführungszeichen**"
am Anfang und am Ende.
Oft steht bei der wörtlichen Rede ein Begleitsatz.
Achte auf die Satzzeichen:

Der Begleitsatz steht vorne

Frau Münster sagte: „Die Pferde sind besonders ausgebildet."
___: „___."

Anna fragte: „Ist das denn gefährlich?" ___: „___?"

Der Schulleiter lobt: „Macht weiter so!" ___: „___!"

Der Begleitsatz steht hinten

„Die Pferde sind besonders ausgebildet", sagte Frau Münster.
„___", ___.

„Ist das denn gefährlich?", fragte Anna. „___?", ___.

„Macht weiter so!", lobt der Schulleiter. „___!", ___.

➜ Wörtliche Rede: Seite 228–229, 230–231

Verben

Verben drücken Handlungen und Vorgänge aus:
sagen, gehen, fahren, schlafen, müssen

Die Grundform des Verbs heißt **Infinitiv**.
Die Grundform hat meistens die Endung **-en**:
*sag**en***

Verben im Präteritum

Wenn du über Vergangenes **schriftlich** erzählst oder berichtest, verwendest du meist das **Präteritum**.
Am letzten Samstag übernachtete ich bei Mia.

Manche Verben ändern sich im Präteritum:

Präsens	**Präteritum**
*Ich f**a**hre zu Mia.*	*Ich f**u**hr zu Mia.*

→ Verben im Präteritum: Seite 256–257

→ Verbtabelle: Seite 284–285

Verben im Perfekt

Wenn du über Vergangenes **mündlich** erzählst, verwendest du meist das **Perfekt**.

Viele Verben bilden das Perfekt mit **haben**:

ich habe gespielt	*wir haben gespielt*
du hast gespielt	*ihr habt gespielt*
er/sie/es hat gespielt	*sie haben gespielt*

Das **Perfekt** von Verben der **Bewegung** wird mit **sein** gebildet.

ich bin gefahren	*wir sind gefahren*
du bist gefahren	*ihr seid gefahren*
er/sie/es ist gefahren	*sie sind gefahren*

→ Verben im Perfekt: Seite 254–255

→ Verbtabelle: Seite 284–285

Trennbare Verben

Einige Verben sind zusammengesetzt.

Im Satz können die Teile des Verbs getrennt stehen:
Sie rechnet die Aufgabe aus.

In der Grundform (im Infinitiv) schreibst du die beiden Teile zusammen:
ausrechnen
Man nennt diese Verben **trennbare Verben**.

→ trennbare Verben: Seite 74–75

→ Verbtabelle: Seite 284–285

Nomen

Nomen bezeichnen Lebewesen (Menschen, Tiere, Pflanzen) und Gegenstände.
Nomen bezeichnen auch gedachte oder vorgestellte Dinge.
Lebewesen: *der Mann, das Pferd, die Blume*
Gegenstände: *der Stuhl, das Buch, die Lampe*
gedachte oder vorgestellte Dinge: *der Traum, das Märchen, die Musik*

➜ Nomen: Seite 222–223, 248–251

Artikel von Nomen

Vor einem Nomen steht oft **ein bestimmter Artikel** (der, das, die) oder **ein unbestimmter Artikel** (ein, ein, eine).

➜ Artikel von Nomen: Seite 20–21, 248–249

Nomen im Singular und im Plural

Nomen können **im Singular** (in der Einzahl) und **im Plural** (in der Mehrzahl) stehen.
der Hund – die Hunde
das Auto – die Autos
die Maus – die Mäuse

➜ Nomen im Singular und im Plural: Seite 94, 250

Zusammengesetzte Nomen

Zwei Nomen können ein **zusammengesetztes** Nomen bilden.
der Roggen + das Brot = das Roggenbrot
Der Artikel des zusammengesetzten Nomens richtet sich **nach dem zweiten Nomen**.

➜ zusammengesetzte Nomen: Seite 38–39, 251

Nomen

Singular (Einzahl)			
	der (männlich)	das (sächlich)	die (weiblich)
Nominativ (1. Fall) Wer oder was?	der Frosch ein Frosch	das Auto ein Auto	die Maus eine Maus
Genitiv (2. Fall) Wessen?	des Frosches eines Frosches	des Autos eines Autos	der Maus einer Maus
Dativ (3. Fall) Wem?	dem Frosch einem Frosch	dem Auto einem Auto	der Maus einer Maus
Akkusativ (4. Fall) Wen oder was?	den Frosch einen Frosch	das Auto ein Auto	die Maus eine Maus

Plural (Mehrzahl)			
	der (männlich)	das (sächlich)	die (weiblich)
Nominativ (1. Fall) Wer oder was?	die Frösche Frösche	die Autos Autos	die Mäuse Mäuse
Genitiv (2. Fall) Wessen?	der Frösche —	der Autos —	der Mäuse —
Dativ (3. Fall) Wem?	den Fröschen Fröschen	den Autos Autos	den Mäusen Mäusen
Akkusativ (4. Fall) Wen oder was?	die Frösche Frösche	die Autos Autos	die Mäuse Mäuse

Adjektive

Singular (Einzahl)			
	der (männlich)	das (sächlich)	die (weiblich)
Nominativ (1. Fall) Wer oder was?	der giftige Frosch ein giftiger Frosch	das rote Auto ein rotes Auto	die kleine Maus eine kleine Maus
Genitiv (2. Fall) Wessen?	des giftigen Frosches eines giftigen Frosches	des roten Autos eines roten Autos	der kleinen Maus einer kleinen Maus
Dativ (3. Fall) Wem?	dem giftigen Frosch einem giftigen Frosch	dem roten Auto einem roten Auto	der kleinen Maus einer kleinen Maus
Akkusativ (4. Fall) Wen oder was?	den giftigen Frosch einen giftigen Frosch	das rote Auto ein rotes Auto	die kleine Maus eine kleine Maus

Plural (Mehrzahl)			
	der (männlich)	das (sächlich)	die (weiblich)
Nominativ (1. Fall) Wer oder was?	die giftigen Frösche giftige Frösche	die roten Autos rote Autos	die kleinen Mäuse kleine Mäuse
Genitiv (2. Fall) Wessen?	der giftigen Frösche giftiger Frösche	der roten Autos roter Autos	der kleinen Mäuse kleiner Mäuse
Dativ (3. Fall) Wem?	den giftigen Fröschen giftigen Fröschen	den roten Autos roten Autos	den kleinen Mäusen kleinen Mäusen
Akkusativ (4. Fall) Wen oder was?	die giftigen Frösche giftige Frösche	die roten Autos rote Autos	die kleinen Mäuse kleine Mäuse

Adjektive

Mit **Adjektiven** kannst du Personen, Tiere oder Gegenstände **genauer beschreiben**.
*Der Frosch ist **giftig**. Das Auto ist **rot**. Die Maus ist **klein**.*

Adjektive können auch zwischen Artikel und Nomen stehen.
Achte auf die Endungen:
*der **giftige** Frosch – ein **giftiger** Frosch*
*das **rote** Auto – ein **rotes** Auto*
*die **kleine** Maus – eine **kleine** Maus*

➜ Adjektive: Seite 112–113, 258–261

Personalpronomen

Die Wörter **ich**, **du**, **er** – **es** – **sie**, **wir**, **ihr**, **sie** sind **Personalpronomen**.
Sie ersetzen **Nomen** oder Wortgruppen, in denen **Nomen** vorkommen.
***Der Käse** war lecker. **Er** war so sahnig.*
***Das Brot** war lecker. **Es** war ganz frisch.*
***Die Tomate** war lecker. **Sie** war schön rot.*
***Die Trauben** waren lecker. **Sie** waren ganz süß.*

➜ Personalpronomen: Seite 252–253

Präpositionen

Wörter wie **in**, **auf**, **über**, **unter**, **vor**, **hinter**, **neben** sind **Präpositionen**.
Mit Präpositionen kannst du ausdrücken, **wo** etwas ist (Dativ) oder **wohin** etwas kommt (Akkusativ):
*Wo liegt die Muschel? **Auf** dem Kies.*
*Wohin legt er die Muschel? **Auf** den Kies.*
*Wo liegt der Stein? **Neben** dem Schiff.*
*Wohin legt er den Stein? **Neben** das Schiff.*
*Wo ist das Schiff? **In** der Ecke.*
*Wohin setzt er das Schiff? **In** die Ecke.*
Wo? ➔ Präposition im **Dativ** (3. Fall).
Wohin? ➔ Präposition mit **Akkusativ** (4. Fall)

➜ Präpositionen: Seite 56–57, 262–263

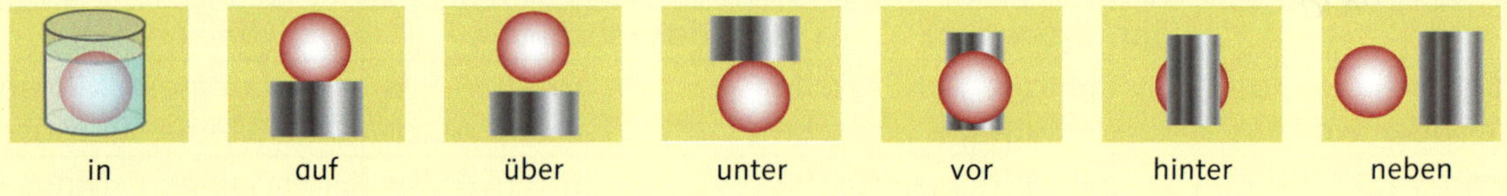

Satzglieder

Satzglieder sind Teile eines Satzes. Ein Satzglied kann aus einem Wort oder aus einer Wortgruppe bestehen. Mit der **Umstellprobe** kannst du erkennen, welche Wörter zu einem Satzglied gehören.

Der Bär *gibt* *Mascha* *ein Geschenk*.

Ein Geschenk *gibt* *der Bär* *Mascha*.

→ Satzglieder: Seite 264–267

→ Umstellprobe: Seite 264

Das Subjekt

Mit **Wer oder was?** fragst du nach dem **Subjekt**.

Wer oder was *war klug?* *Mascha*

Wer oder was *war so schön?* *das Geschenk*

→ Subjekt: Seite 266–267

Das Prädikat

Mit **Was tut?**, **Was tat?** oder **Was hat getan?** fragst du nach dem **Prädikat**.

Das Prädikat sagt, was jemand tut oder tat oder getan hat. In den meisten Sätzen steht das Prädikat an zweiter Stelle:

Mascha *trank* *aus dem Glas.*

Manchmal bildet das Prädikat eine Klammer:

Mascha *hat* *aus dem Glas* *getrunken*.

→ Prädikat: Seite 265, 267

Die Objekte

Mit **Wen oder was?** fragst du nach einem **Akkusativobjekt**.

Wen oder was *sah Mascha?* *den Bären*
Wen oder was *kochte Mascha?* *das Essen*

Mit **Wem?** fragst du nach einem **Dativobjekt**.

Wem *helfe ich?* *dem Mann*

→ Objekte: Seite 266–267

Starke, unregelmäßige und trennbare Verben

Infinitiv	Präsens	Präteritum	Perfekt
*abschließen	er schließt ab	er schloss ab	er hat abgeschlossen
*abschreiben	sie schreibt ab	sie schrieb ab	sie hat abgeschrieben
*annehmen	er nimmt an	er nahm an	er hat angenommen
*ansehen	sie sieht an	sie sah an	sie hat angesehen
*anstehen	er steht an	er stand an	er hat angestanden
*auffangen	sie fängt auf	sie fing auf	sie hat aufgefangen
*aufmachen	er macht auf	er machte auf	er hat aufgemacht
*aufpassen	sie passt auf	sie passte auf	sie hat aufgepasst
*aufschließen	er schließt auf	er schloss auf	er hat aufgeschlossen
*aufschreiben	sie schreibt auf	sie schrieb auf	sie hat aufgeschrieben
*aufstehen	er steht auf	er stand auf	er ist aufgestanden
*aussehen	sie sieht aus	sie sah aus	sie hat ausgesehen
*austrinken	er trinkt aus	er trank aus	er hat ausgetrunken
bleiben	sie bleibt	sie blieb	sie ist geblieben
bringen	er bringt	er brachte	er hat gebracht
denken	sie denkt	sie dachte	sie hat gedacht
sich entscheiden	er entscheidet sich	er entschied sich	er hat sich entschieden
essen	sie isst	sie aß	sie hat gegessen
fahren	er fährt	er fuhr	er ist gefahren
fallen	sie fällt	sie fiel	sie ist gefallen
*festhalten	er hält fest	er hielt fest	er hat festgehalten
*festlegen	sie legt fest	sie legte fest	sie hat festgelegt
finden	er findet	er fand	er hat gefunden
fliegen	sie fliegt	sie flog	sie ist geflogen
geben	er gibt	er gab	er hat gegeben
gefallen	sie gefällt	sie gefiel	sie hat gefallen
gehen	er geht	er ging	er ist gegangen
gewinnen	sie gewinnt	sie gewann	sie hat gewonnen
haben	er hat	er hatte	er hat gehabt
halten	sie hält	sie hielt	sie hat gehalten
helfen	er hilft	er half	er hat geholfen
*herbeirufen	sie ruft herbei	sie rief herbei	sie hat herbeigerufen
*hochspringen	er springt hoch	er sprang hoch	er ist hochgesprungen
kennen	sie kennt	sie kannte	sie hat gekannt
kommen	er kommt	er kam	er ist gekommen
können	sie kann	sie konnte	sie hat gekonnt

* trennbares Verb

Infinitiv	Präsens	Präteritum	Perfekt
kriechen	er kriecht	er kroch	er ist gekrochen
lassen	sie lässt	sie ließ	sie hat gelassen
laufen	er läuft	er lief	er ist gelaufen
lesen	sie liest	sie las	sie hat gelesen
liegen	er liegt	er lag	er hat gelegen
*losrennen	sie rennt los	sie rannte los	sie ist losgerannt
*mitbringen	er bringt mit	er brachte mit	er hat mitgebracht
*mitmachen	sie macht mit	sie machte mit	sie hat mitgemacht
müssen	er muss	er musste	er hat gemusst
*nachschlagen	sie schlägt nach	sie schlug nach	sie hat nachgeschlagen
nehmen	er nimmt	er nahm	er hat genommen
rennen	sie rennt	sie rannte	sie ist gerannt
rufen	er ruft	er rief	er hat gerufen
schlafen	sie schläft	sie schlief	sie hat geschlafen
schließen	er schließt	er schloss	er hat geschlossen
schreiben	sie schreibt	sie schrieb	sie hat geschrieben
schreien	er schreit	er schrie	er hat geschrien
schwimmen	sie schwimmt	sie schwamm	sie ist geschwommen
sehen	er sieht	er sah	er hat gesehen
sein	sie ist	sie war	sie ist gewesen
singen	er singt	er sang	er hat gesungen
sitzen	sie sitzt	sie saß	sie hat gesessen
sprechen	er spricht	er sprach	er hat gesprochen
springen	sie springt	sie sprang	sie ist gesprungen
stehen	er steht	er stand	er hat gestanden
tragen	sie trägt	sie trug	sie hat getragen
treffen	er trifft	er traf	er hat getroffen
trinken	sie trinkt	sie trank	sie hat getrunken
sich verlaufen	er verläuft sich	er verlief sich	er hat sich verlaufen
verschwinden	sie verschwindet	sie verschwand	sie ist verschwunden
*wegrennen	er rennt weg	er rannte weg	er ist weggerannt
werden	sie wird	sie wurde	sie ist geworden
wissen	er weiß	er wusste	er ist gewesen
wollen	sie will	sie wollte	sie hat gewollt
*zuhören	er hört zu	er hörte zu	er hat zugehört
*zusammenfassen	sie fasst zusammen	sie fasste zusammen	sie hat zusammengefasst

* trennbares Verb

Vollständige Gedichte und Texte

Hier findest du das vollständige Gedicht von Seite 84:

Gewitter Erwin Moser

Der Himmel ist blau
Der Himmel wird grau
Wind fegt herbei
Vogelgeschrei
Wolken fast schwarz
Lauf, weiße Katz!
Blitz durch die Stille
Donnergebrülle
Zwei Tropfen im Staub
Dann Prasseln auf Laub
Regenwand
Verschwommenes Land
Blitze tollen
Donner rollen
Es plitschert und platscht
Es trommelt und klatscht
Es rauscht und klopft
Es braust und tropft
Eine Stunde lang
Herrlich bang
Dann Donner schon fern
Kaum noch zu hörn
Regen ganz fein
Luft frisch und rein
Himmel noch grau
Himmel bald blau!

So endet das Märchen von Seite 145:

Rotkäppchen Brüder Grimm

[...] Kaum hatte der Wolf ihr Haus betreten, sprang er auf die Großmutter zu und verschluckte sie. Dann zog er die Kleider der Großmutter an, setzte ihre Haube auf, zog alle Vorhänge zu und legte sich in das Bett der Großmutter.
Rotkäppchen hatte inzwischen so viele Blumen gesammelt, dass es keine mehr tragen konnte. Da erinnerte es sich an die Großmutter und machte sich auf den Weg zu ihr. Wie verwundert war Rotkäppchen, dass die Türe offen stand. Und als es die Stube betrat, erschien alles so seltsam. Weil die Großmutter sich nicht meldete, ging das Rotkäppchen zum Bett und zog alle Vorhänge zurück. Die Großmutter hatte die Haube tief ins Gesicht gezogen und sah gar zu eigenartig aus.
„Ei, Großmutter, was hast du für große Ohren?"
„Dass ich dich besser hören kann!"
„Ei, Großmutter, was hast du für große Augen?"
„Dass ich dich besser sehen kann!"
„Ei, Großmutter, was hast du für große Hände?"
„Dass ich dich besser packen kann!"
„Aber Großmutter, was hast du für ein entsetzlich großes Maul?"
„Dass ich dich besser fressen kann!"
Kaum hatte der Wolf das gesagt, sprang er aus dem Bett und verschlang das Rotkäppchen. Nun war sein Hunger gestillt und er legte sich ins Bett und schlief ein und begann sehr laut zu schnarchen. Das hörte der Jäger, der gerade an dem Haus vorbeiging. Er fragte sich, wieso die alte Frau so laut schnarchte, und wollte nachsehen, ob ihr was fehlte. Da sah er, dass der Wolf darin lag. „Endlich finde ich dich, du Räuber", sagte er. Er wollte den Wolf töten, da fiel ihm ein, dass der Wolf die Großmutter gefressen haben könnte. Er nahm eine große Schere und schnitt dem schlafenden Wolf den Bauch auf. Schon nach wenigen Schnitten sah er das rote Käppchen leuchten, noch ein paar Schnitte weiter und Rotkäppchen sprang heraus. „Was hatte ich doch für eine Angst in dem dunklen Bauch", rief Rotkäppchen. Und dann kam auch schon die Großmutter lebendig aus dem Bauch des Wolfes heraus. Sie konnte kaum noch atmen. Rotkäppchen besann sich nicht lange und holte große Steine. Damit füllten sie dem Wolf den Bauch und nähten ihn wieder zu. Als der Wolf aufwachte, wollte er fortspringen, aber die Steine waren so schwer, dass er gleich tot umfiel.
Da waren alle drei froh. Die Großmutter aß den Kuchen und trank den Wein und erholte sich wieder. Rotkäppchen aber nahm sich vor, nie wieder vom Wege ab in den Wald zu laufen.

So endet das Märchen von den Seiten 146 und 147:

Aladin und die Wunderlampe

[…] Aber wie sollte Aladin in des Zauberers Haus gelangen? Über all seinen Sorgen schlief Aladin auf der Wiese vor dem Haus ein. Und als er am Morgen vom Vogelgesang geweckt wurde, traute er seinen Augen nicht. Aus dem prächtigen Haus vor ihm trat seine geliebte Frau, aber sie war sehr verändert, denn der böse Zauberer hatte sie über all die vielen Jahre hinweg sehr gequält. Sie war froh, ihren Aladin wiederzusehen und bat ihn, durch eine geheime Tür in den Palast zu kommen. Als die beiden in Sicherheit waren, fragte Aladin die Prinzessin nach der Lampe, die so viel Unglück über sie gebracht hatte. „Die Lampe trägt der Zauberer stets unter seinem Gewand, sodass sie ihm niemand wegnehmen kann." Nun mussten die beiden sich eine List überlegen.
Die Prinzessin ließ sich darauf ein, gemeinsam mit dem Zauberer zu Abend zu essen. Der Zauberer glaubte, dass sie sich nun endlich von Aladin abgewendet hatte und künftig an seiner Seite leben wollte. Und sie ließ ihn in dem Glauben. Heimlich aber tat die Prinzessin dem Zauberer ein giftiges Pulver in den Weinbecher. Den trank er vor lauter Glück in einem Zug aus. Er fiel tot zu Boden. Da konnte Aladin auch das Gemach betreten und endlich die Wunderlampe wieder an sich nehmen.
Dreimal rieb Aladin an der Wunderlampe und der Geist war sofort zur Stelle. Was die beiden sich wünschten? Sie wollten sofort wieder in ihrem Palast an der alten Stelle sein. Und so geschah es.
Auch der Sultan, der sich große Sorgen um seine Tochter gemacht hatte, war nun wieder glücklich. Und die Wunderlampe wurde so verwahrt, dass niemand etwas Böses mit ihr anrichten konnte.
Fortan waren alle glücklich und zufrieden.
Und nach dem Tod des Sultans regierte Aladin mit Weisheit und Güte als neuer Sultan.

So endet das Märchen von den Seiten 150 und 151:

Die blaue Rose

[…] Und weil das Wort der Tochter des Kaisers Gesetz ist, sagte nun ihr Vater: „Sie hat es gesagt, die Rose ist blau, und damit wird sie jetzt deine Frau." Und sie heirateten und wurden sehr glücklich miteinander und bekamen viele Kinder. Und im Garten ihres Palastes blühten tausend weiße Rosen, aber sie nannten ihren Garten nur ihren blauen Garten.

Hier findest du das vollständige Gedicht von Seite 177:

Die Made
Heinz Erhardt

Hinter eines Baumes Rinde
wohnt die Made mit dem Kinde.

Sie ist Witwe, denn der Gatte,
den sie hatte, fiel vom Blatte.
Diente so auf diese Weise
einer Ameise als Speise.

Eines Morgens sprach die Made:
„Liebes Kind, ich sehe grade,
drüben gibt es frischen Kohl,
den ich hol. So leb denn wohl!
Halt, noch eins! Denk, was geschah,
geh nicht aus, denk an Papa!"

Also sprach sie und entwich. –
Made junior aber schlich
hinterdrein; und das war schlecht!
Denn schon kam ein bunter Specht
und verschlang die kleine fade
Made ohne Gnade. Schade!

Hinter eines Baumes Rinde
ruft die Made nach dem Kinde …

Hier findest du die vollständigen Gedichte von den Seiten 185, 186 und 188:

Vom Apfelbaum
Elsbeth Friemert

In unserem kleinen Garten,
da steht ein Apfelbaum.
Er trägt viel weiße Blüten,
so viel, man glaubt es kaum.

Die fleiß'gen Bienen summen
und fliegen hin und her,
bestäuben all die Blüten.
Das freut uns alle sehr.

Und sehe ich dann später
einmal den Baum mir an,
da hängen schon die grünen,
ganz kleinen Äpfel dran.

Sie wachsen immer schneller
und schaukeln froh im Wind.
Die Sonne macht sie süß und reif.
Wie rot die Bäckchen sind.

Im Herbst
Ilse Kleberger

Im Herbst muss man Kastanien aufheben,
die braun aus stachliger Schale streben;
man sammelt und sammelt um die Wette
und fädelt sie zu einer endlosen Kette.

Im Herbst muss man Haselnüsse essen,
das darf man auf keinen Fall vergessen!
Man muss sich beeilen, denn das Eichhorn mag sie auch
und plündert mit Windeseile den Strauch.

Im Herbst muss der bunte Drachen steigen.
Man muss ihm den Weg in den Himmel zeigen.
Dann schwebt er hoch über Nachbars Dach
und man reckt den Hals und schaut ihm nach.

Der Frühling ist die schönste Zeit!
Annette von Droste-Hülshoff

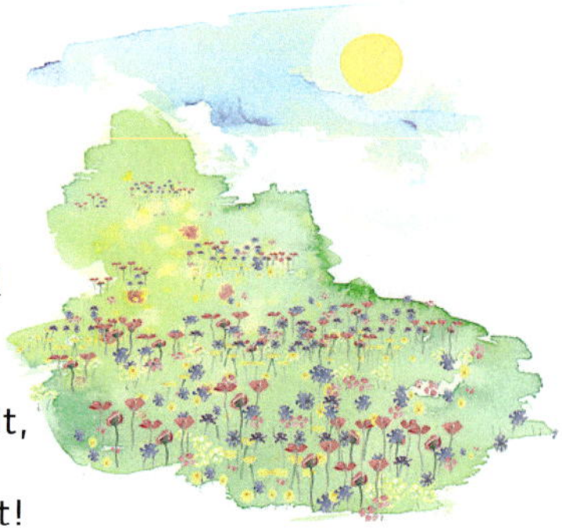

Der Frühling ist die schönste Zeit!
Was kann wohl schöner sein?
Da grünt und blüht es weit und breit
Im goldnen Sonnenschein.

Am Berghang schmilzt der letzte Schnee,
Das Bächlein rauscht zu Tal,
Es grünt die Saat, es blinkt der See
Im Frühlingssonnenstrahl.

Die Lerchen singen überall,
Die Amsel schlägt im Wald!
Nun kommt die liebe Nachtigall
Und auch der Kuckuck bald.

Nun jauchzet alles weit und breit,
Da stimmen froh wir ein:
Der Frühling ist die schönste Zeit!
Was kann wohl schöner sein?

November
Heinrich Seidel

Solchen Monat muss man loben:
Keiner kann wie dieser toben,
Keiner so verdrießlich sein
Und so ohne Sonnenschein!
Keiner so in Wolken maulen,
Keiner so mit Sturmwind graulen!
Und wie nass er alles macht!
Ja, es ist 'ne wahre Pracht.

Seht das schöne Schlackerwetter!
Und die armen welken Blätter,
Wie sie tanzen in dem Wind
Und so ganz verloren sind!
Wie der Sturm sie jagt und zwirbelt
Und sie durcheinanderwirbelt
Und sie hetzt ohn' Unterlass:
Ja, das ist Novemberspaß!

Und die Scheiben, wie sie rinnen!
Und die Wolken, wie sie spinnen
Ihren feuchten Himmelstau
Ur und ewig, trüb und grau!
Auf dem Dach die Regentropfen:
Wie sie pochen, wie sie klopfen!
Schimmernd hängt's an jedem Zweig,
Einer dicken Träne gleich.

O, wie ist der Mann zu loben,
Der solch unvernünft'ges Toben
Schon im Voraus hat bedacht
Und die Häuser hohl gemacht!
So, dass wir im Trocknen hausen
Und mit stillvergnügtem Grausen
Und in wohlgeborgner Ruh
Solchem Gräuel schauen zu!

Alle Texte auf einen Blick

Textquellen

Aslan, Şule: Neulich in der Straßenbahn (S. 38), Otto im Versteck (S. 56), Leons Schultag (S. 74), Der Bücherwurm (S. 112). Originalbeiträge.
Berthel, Gabriele (geb. 1948 in Schmölln): Clown (S. 195). Aus: Kater Kasimir geht angeln. Ein Jahrbuch für Kinder. Hrsg. H. Cwojdrak und K. Pieper. Berlin (Der Kinderbuchverlag) 1988, S. 169.
Droste-Hülshoff, Annette von (geb. 1797 in Münster, gest. 1848 in Meersburg): Der Frühling ist die schönste Zeit! (S. 188, 288). Aus: Sämtliche Gedichte. Frankfurt/M. (Insel Verlag) 1988.
Durian, Sibylle (geb. 1946 in Berlin): Gespensterluft (S. 133). Aus: Gruselgeschichten. Hrsg. C. Schäfer. Würzburg (Arena Verlag) 1998, S. 116 ff.
Erhardt, Heinz (geb. 1909 in Riga/Lettland, gest. 1979 in Hamburg): Die Made (S. 177, 287). Aus: Das große Heinz Erhardt Buch. O. O. (RM-Buch- und Medien-Vertrieb) 2000, S. 82.
Fischer-Hunold, Alexandra (geb. 1966 in Düsseldorf): Allein im Museum (S. 138). Aus: Die besten Leselöwen Abenteuergeschichten. Bindlach (Loewe Verlag) 2009, S. 125–133.
Friemert, Elsbeth (geb. 1917, gest. 2010 in Handewitt): Vom Apfelbaum (S. 185, 288). Aus: Bummi 16/1968. Berlin (Junge Welt) 1968.
Funke, Cornelia (geb. 1958 in Dorsten): Die wilden Hühner (S. 110). Aus: Die wilden Hühner. Hamburg (Cecilie Dressler Verlag) 2001, S. 7 f.
Gomringer, Eugen (geb. 1925 in Cachuela Esperanza/Bolivien): avenidas (S. 180). Aus: vom vers zur konstellation. zweck und form einer neuen dichtung. In: Aspekte der Avantgarde. Band 1: Augenblick. Hrsg. A. Ohmer. Berlin (Weidler) 2005, S. 97 f.
Grimm, Jacob und Wilhelm (geb. 1785 bzw. 1786 in Hanau, gest. 1863 bzw. 1859 in Berlin): Der süße Brei (S. 158). Text gekürzt und aus: Kinder- und Hausmärchen. Gesammelt durch die Brüder Grimm. 3 Bände. Frankfurt/M. (Insel Verlag) 1984.
Güll, Friedrich Wilhelm (geb. 1812 in Ansbach, gest. 1879 in München): Der erste Schnee (S. 174). Aus: Es weihnachtet. Hrsg. J. B. Laßleben. Stuttgart-Kallmünz (Hochwald-Verlag) o. J.
Herters, Dietrich: Das Gespenst von Bedford Castle (S. 142). Originalbeitrag.
Hoffmann von Fallersleben, August Heinrich (geb. 1798 in Fallersleben, gest. 1874 in Corvey): Der Eislauf (S. 187). Aus: Die Kinderwelt in Liedern. Mainz (J. G. Wirth Sohn) 1852, S. 66.
Holtz-Baumert, Gerhard (geb. 1927 in Berlin, gest. 1996 in Heinrichsfelde): Mein Erlebnis in der Gespensterbahn (S. 96). Aus: Alfons Zitterbacke. Die heiteren Geschichten eines Pechvogels. Berlin (Der Kinderbuchverlag) 1989.
Jandl, Ernst (geb. 1925 in Wien/Österreich, gest. 2000 in Wien/Österreich): auf dem land (S. 178). Aus: Laut und Luise. Neuwied (Luchterhand) 1971.
Kleberger, Ilse (geb. 1921 in Potsdam): Im Herbst (S. 186, 288). Aus: Die Stadt der Kinder. Hrsg. H.-J. Gelberg. Recklinghausen (Georg Bitter Verlag) 1969, S. 181.
Könner, Alfred (geb. 1921 in Alt Schalkendorf/Polen, gest. 2008): Das leise Gedicht (S. 181). Aus: C. Holtei, C. Holland: ABC-Suppe und Wortsalat. Düsseldorf (Patmos) 2006, S. 12.
Lindgren, Astrid (geb. 1907 bei Vimmerby/Schweden, gest. 2002 in Stockholm/Schweden): Ronja Räubertochter (S. 106). Aus: Ronja Räubertochter. Deutsch von Anna-Liese Kornitzky. Hamburg (Oetinger) 1982, S. 5, 54 ff., 71.
Moser, Erwin (geb. 1954 in Wien/Österreich): Gewitter (S. 84, 286). Aus: Überall und neben dir. Hrsg. H.-J. Gelberg. Weinheim (Beltz & Gelberg) 1989.
Müller, Heinz: Lärm um Mitternacht (S. 91). Originalbeitrag.
Ninte, Werner B.: Was quiekt und kracht in der Lesenacht? (S. 86). Originalbeitrag.
Petri, Walther (geb. 1940 in Leipzig): Ich weiß nicht, warum (S. 20). Aus: E. Herfurth, W. Petri: Das Derdiedasbuch: gezeichnete Wortspielereien. Berlin (Der Kinderbuchverlag) 1991, S. 8.
Pope Osborne, Mary (geb. 1949 in Fort Sill in Oklahoma/USA): Im Tal der Dinosaurier (S. 104). Aus: Das magische Baumhaus. Im Tal der Dinosaurier. Bindlach (Loewe Verlag) 1992, S. 12–27.
Schulze, Axel (geb. 1943, gest. 1994): Herbstbaum (S. 195). Aus: Der Wunderzirkus. Berlin (Der Kinderbuchverlag) o. J., S. 18.
Seidel, Heinrich (geb. 1842 in Perlin, gest. 1906 in Groß-Lichterfelde): April (S. 184, 288). Aus: D. Binder, S. Riha: Wenn es Frühling wird. Düsseldorf (Patmos) 2001, S. 51.
November (S. 188). Aus: Neues Glockenspiel. Band XI der Gesammelten Schriften von Heinrich Seidel. Stuttgart (J.G. Cotta'sche Buchhandlung Nachfolger GmbH) 1900.
Spohn, Jürgen (geb. 1934 in Leipzig, gest. 1992 in Berlin): Manchmal (S. 94). Aus: Drauf und Dran. Ganzkurzgeschichten und Wünschelbilder. Reinbek (Carlsen-Verlag) 1988, S. 40.
Stahl, Karoline (geb. 1776 Gut Ohlenhof/Livland, gest. 1837 in Dorpat/Estland): Die vier Brüder (S. 183). Aus: Fabeln, Mährchen und Erzählungen für Kinder. Nürnberg (Friedrich Campe) 1821, S. 46 f.

Unbekannte und ungenannte Verfasser, Originalbeiträge:
- Frühstücken mit Köpfchen (S. 31). Originalbeitrag.
- Brotsorten in Europa (S. 41). Originalbeitrag.
- Mika wohnt in der Stadt ... (S. 46). Originalbeitrag.
- ... und Hannah wohnt auf dem Land (S. 47). Originalbeitrag.
- Im Nationalpark Eifel gibt es viel zu erleben (S. 58). Originalbeitrag.
- Mein Arbeitstag als Hausmeister (S. 64). Originalbeitrag.
- Mein Arbeitstag als Schulsekretärin (S. 68). Originalbeitrag.
- Einen Apfelsteckbrief schreiben (S. 130). http://www.medienwerkstatt-online.de/lws_wissen/vorlagen/showcard.php?id=14219&edit=0 [Stand: 31. 01. 2011]
- Der Apfel (S. 130). http://www.medienwerkstatt-online.de/lws_wissen/vorlagen/showcard.php?id=325&edit=0 [Stand: 31. 01. 2011]
- Rotkäppchen (S. 145, 286). Nacherzählung.
- Aladin und die Wunderlampe (S. 146, 287). Nacherzählung.
- Mascha und der Bär (S. 148). Nacherzählung.
- Die blaue Rose (S. 150, 287). Nacherzählung.
- Die Schöne und das Tier (S. 155). Nacherzählung.
- Die verwandelten Trolle (S. 160). Originalbeitrag.
- Wie Eulenspiegel in Magdeburg verkündete, dass er vom Rathauserker fliegen wollte (S. 165). Aus: Deutsche Schwänke. Hrsg. Leander Petzoldt. Stuttgart (Reclam) 1979.
- Bienen so groß wie Schafe (S. 166). Aus: Der Schelm vom Bosporus. Anekdoten um Nasreddin Hodscha. Meerbusch (Edition Orient) 1994, S. 110.
- Der große Kohlkopf (S. 167). Aus: Der Schelm vom Bosporus. Anekdoten um Nasreddin Hodscha. Meerbusch (Edition Orient) 1994, S. 111.
- Eulen und Meerkatzen (S. 168). Nacherzählung.

- Der Mund ist kein Sack, den man zubinden kann (S. 171). Nach: Nasreddin Hodscha. 666 wahre Geschichten. Hrsg. U. Marzolph. München (C. H. Beck) 2006, S. 196 f.
- Wie Nasrettin einen Wirt mit dem Klang des Geldes bezahlte (S. 172). Nach: Leonid Solowjow: Die Schelmenstreiche des Nasreddin. Berlin (Verlag Volk und Welt) o. J., S. 84 f.
- Es war eine Mutter (S. 182). Volkslied.
- Im Sommer erfreut sich das weite Land (S. 188). Schwedisches Volkslied.
- Nützlinge oder Schädlinge? (S. 194). Originalbeitrag.
- Die Kohlenhydrate (S. 196). Originalbeitrag.
- Getreide, das (S. 197). Originalbeitrag.
- Wie Eulenspiegel in Erfurt einen Braten bekam (S. 201). Nacherzählung.
- Gebirge (S. 207). Aus: Von Anton bis Zylinder. Das Lexikon für Kinder. Berlin (Der Kinderbuchverlag) 2008, S. 158 f.
- Die Kreuzotter (S. 209). Originalbeitrag.
- Die Ringelnatter (S. 211). Originalbeitrag.
- Allein zu Hause (S. 212). Originalbeitrag.
- Wuff, der Kaufhausdetektiv (S. 221). Originalbeitrag.
- Bei den Pinguinen im Zoo (S. 222). Originalbeitrag.
- In der Geisterstunde (S. 224). Originalbeitrag.
- Der einsame König (S. 226). Originalbeitrag.
- Eine neue AG (S. 228). Originalbeitrag.
- Ein Ausflug mit der Klasse (S. 230). Originalbeitrag.
- Spannung bis zur letzten Minute (S. 232). Originalbeitrag.
- Sichere Fahrt (S. 234). Originalbeitrag.
- Eine Nacht im Baumhaus (S. 236). Originalbeitrag.
- Im Zirkus (S. 242). Originalbeitrag.
- Auf dem Jahrmarkt (S. 243). Originalbeitrag.
- Ein kräftiger Schauer (S. 246). Originalbeitrag.
- Ein Gewitter (S. 247). Originalbeitrag.
- Im Regenwaldhaus (S. 260). Originalbeitrag.
- Im Huftierpark (S. 261). Originalbeitrag.

Nicht in allen Fällen war es möglich, die Rechteinhaber ausfindig zu machen. Ansprüche werden im Rahmen der üblichen Vereinbarungen abgegolten.

Bildquellen

S. 12–13, 15–18, 44–47, 50, 52, 55, 62–65, 67–70, 73, 76–78, 80, 98, 200, 228, 230, 234: Peter Wirtz, Dormagen; S. 14: Schülerarbeit; S. 26–27: Collage/fotolia.de; S. 31 (1) fotolia.de/bota horatio, (2) fotolia.de/Elena Zhuchkova, (3) fotolia.de/seite 3, (4) privat; S. 32: privat; S. 34: fotolia.de/Olga Lyubkin; S. 35: (1) fotolia.de/Ademoeller, (2) fotolia.de/akf; S. 36: Schülerarbeit; S. 41: fotolia.de/Ivonne Wierink; S. 42: (1) fotolia.de/Andre, (2) fotolia.de/arkpo, (3) fotolia.de/pixelspieler, (4) fotolia.de/François Roche, (5) fotolia.de/Anke van Wyk, (6) fotolia.de/ExQuisine, (7) privat, (8) fotolia.de/Lucky Dragon, (9) fotolia.de/Johanna Mühlbauer; S. 58 (1) und S. 273: fotolia.de/corky56, (2) istockphoto.com/zosko; S. 59 (1) istockphoto.com/wolv, (2) istockphoto.com/Horst Schmidt, istockphoto.com/jakezc; S. 70: Schülerarbeit; S. 92 Klanginstallation: Bernd Maretsch, Tanneck; S. 100/101 (S. 102, 103, 110, 115): Cover von: *Die drei ??? und das versunkene Dorf.* Franckh-Kosmos Verlag 2008, Wiesbaden; Cover von: Mary Pope Osborne, Das magische Baumhaus. *Im Tal der Dinosaurier.* Text © 1992 Mary Pope Osborne © für die deutsche Ausgabe 2000 Loewe Verlag GmbH, Bindlich; Cover von: Jeff Kinney, Gregs Tagebuch *Ich war's nicht!* Bastei Lübbe (Baumhaus) 2010, Köln; Cover von: Volker Präkelt, *Die große Hörspielkiste für Entdecker;* Coverillustrationen: © Jan Andrew, Anne Yvonne Gilbert und Helen Ward; Dracke © Istockphoto. Der Hörverlag 2012; Cover von: *Grimms Märchen.* © 2007 Bibliographisches Institut/Sauerländer, Mannheim; Cover von: Bibi Dumon Tak, *Kuckuck, Krake, Kakerlake.* Bloomsbury Verlag 2009, Berlin; Cover von: Cornelia Funke, *Die wilden Hühner.* Dressler Verlag 1993, Hamburg und S. 120; Cover von: *Ronja Räubertochter.* Oettinger Verlag 1982, Hamburg; S. 109: Schülerarbeiten; S. 117: privat; S. 118: (1) fotolia.de/Smileus und S. 120 (4), (2) fotolia.de/philipus, (3) fotolia.de/arsdigital und S. 120 (1), (4) fotolia.de/Aina Zimnika und S. 120 (5), (5) fotolia.de/Blazej Maksym, (6) fotolia.de/Lim Jerry und S. 120 (2), (7) fotolia.de/James Blacklock und S. 120 (3), (8) fotolia.de/akiebier; S. 124: fotolia.de/Harald07; S. 121, 122: Thomas Schulz, Teupitz; S. 128: www.blinde-kuh.de (abgerufen am 18. 4. 2011); S. 129: www.blinde-kuh.de (abgerufen am 7. 12. 2010); S. 129: www.blinde-kuh.de (abgerufen am 18. 4. 2011); S. 131: fotolia.de/Michael Röhrich; S. 136: Schülerarbeit; S. 194: (1) istockphoto.com/Prki, (2) istockphoto.com/Viktor_Kitaykin; S. 198: fotolia.de/Renate W.; S. 206: aus: Duden Schülerlexikon: plus Referatemanager auf CD-ROM, Seite 405. Bibliographisches Institut 2010, Mannheim; S. 208: istockphoto.com/WitR; S. 209: (1) fotolia.de/Hansderzweite, (2) fotolia.de/DIGIBILD; S. 211: (1) fotolia.de/o2beat, (2) fotolia.de/onkelchen; S. 217: Schülerarbeit; S. 222: picture-alliance/dpa; S. 232: © Voß, http://www.voelkerballspiel.de/; S. 238: aus: Von Wort zu Wort. Schülerwörterbuch mit Basiswissen deutsch, S. 238. Cornelsen Verlag 2008, Berlin; S. 241: Schülerarbeiten; S. 253: Schülerarbeit; S. 258 (1): fotolia.de/Gerisch, (2) fotolia.de/Tom Hirtreiter, (3) fotolia.de/Andreas Edelmann, (4) fotolia.de/JMichael Photography, (5) istockphoto.com/Ales Veluscek, (6) fotolia.de/simke; S. 260 links oben und S. 281: fotolia.de/Aquafoto, unten: istockphoto.com/argiope, rechts: fotolia.de/haufe-foto; S. 261: fotolia.de/LeitnerR.

Allgemeiner Hinweis zu den in diesem Lehrwerk abgebildeten Personen: Soweit in diesem Lehrwerk Personen fotografisch abgebildet sind und ihnen von der Redaktion fiktive Namen, Berufe, Dialoge und Ähnliches zugeordnet oder diese Peronen in bestimmte Kontexte gesetzt werden, dienen diese Zuordnungen und Darstellungen ausschließlich der Veranschaulichung und dem besseren Verständnis des Inhalts.

Illustrationen

Oleg Assadulin, Berlin: S. 57; **Jasmina Factory**, Berlin: S. 56, 258–260, 262–263; **Egbert Herfurth**, Leipzig: S. 3–11; **Sabi Heumann**, Vögelsen: S. 12–14, 16–21, 25, 176–178, 180–182, 184–188, 268 unten, 280 oben; **Naeko Ishida**, Bad Homburg: S. 16–18, 22–23, 172–175; **Carsten Märtin**, Oldenburg: S. 30, 190, 192, 195, 202, 207, 213–215, 270; **Matthias Pflügner**, Berlin: S. 62–63, 74–75, 77; **Friederike Rave**, Wuppertal: S. 248–257, 264–267, 279, 283; **Juliane Steinbach**, Wuppertal: S. 82–89, 91, 93–94, 96–98, 132–135, 137–140, 142, 144–152, 155–158, 161–162, 224–226, 268 oben, 277–278; **Rüdiger Trebels**, Düsseldorf: S. 28–29, 33, 36–38, 41, 54, 56, 126–127, 196–197, 199, 216, 218–221, 231, 240, 242–247, 274–276, 282; **Christa Unzner**, Den Haag: S. 104, 106–107, 110, 112, 114–116, 164–171, 236.

schriftliche Aufgabentypen	Aufgaben	Seite	Kapitel
1. Erzählendes Schreiben (Erlebtes, Erfahrenes, Erdachtes; auf der Basis von Materialien oder Mustern)	spannend erzählen	212-215	Spannend erzählen
	zu Bildern erzählen	152-153	Einfach märchenhaft
	ein Märchen miterzählen	150-151, 155-157	Einfach märchenhaft
	aus anderer Perspektive erzählen	136, 142-143	Gespenstergeschichten
		149	Einfach märchenhaft
	im Präteritum erzählen	158-159	Das Präteritum verwenden
		256	Verben verwenden
2. Informierendes Schreiben (auf der Basis von Materialien einen informativen Text verfassen; in einem funktionalen Zusammenhang sachlich berichten und beschreiben)	Steckbriefe schreiben	66-72	An der Schule arbeiten
		76-81	Einen Berufe-Steckbrief schreiben
		208-211	Tiersteckbriefe schreiben
	Anleitungen schreiben	93	Was quiekt und kracht denn da?
	Personen/Figuren beschreiben	155-157	Einfach märchenhaft
		174-175	Eine Geschichte von Nasrettin spielen
	Bilder beschreiben	100, 102, 110	Die Welt der Bücher
		164	Von Weisen und Spaßvögeln
3. Argumentierendes Schreiben (begründet Stellung nehmen; eine Argumentation zu einem Sachverhalt verfassen)	Pro- und Kontra-Argumente sammeln	22	Meinungen äußern und begründen
	die eigene Meinung formulieren und begründen	22-25	
		105, 107, 110	Die Welt der Bücher
	Sätze mit denn und weil bilden	23	Meinungen äußern und begründen
4. Analysierendes Schreiben (einen Sachtext, medialen Text oder literarischen Text analysieren und interpretieren; durch Fragen bzw. Aufgaben geleitet aus kontinuierlichen und diskontinuierlichen Texten Informationen ermitteln und vergleichen, Textaussagen deuten und bewerten)	Sachtexten und Bildern Informationen entnehmen	41-42	Den Textknacker anwenden
		58-59	Ich stelle den Nationalpark Eifel vor
		68-69	An der Schule arbeiten
		130-131	Sich im Internet informieren
		192-197	Texte lesen und verstehen: Der Textknacker
		207	Im Lexikon nachschlagen
		209-210	Tiersteckbriefe schreiben
	Aussagen zu einfachen diskontinuierlichen Texten entwickeln	29, 33, 35	Das Frühstück ist fertig!
		41, 43	Den Textknacker anwenden
		124	Computer, Handy und CD
	kürzere Erzählungen, Jugendbücher und Ausschnitte aus literarischen Ganzschriften verstehen	86-87, 91	Was quiekt und kracht denn da?
		96-97	Eine Geschichte vorlesen
		104-107, 110	Die Welt der Bücher
		134-143	Gespenstergeschichten
	medialen Produktionen Informationen entnehmen	128-131	Sich im Internet informieren
	der Textknacker	40-43	Den Textknacker anwenden
		46-48	Wo wir wohnen
		58-59	Ich stelle den Nationalpark Eifel vor
		68-69	An der Schule arbeiten
		86-87	Was quiekt und kracht denn da?
		96-99	Eine Geschichte vorlesen
		133-143	Gespenstergeschichten
		130-131	Sich im Internet informieren
		194-199	Texte lesen und verstehen: Der Textknacker
		209	Tiersteckbriefe schreiben
	Fragen zu Texten formulieren und beantworten	32	Das Frühstück ist fertig!
		48	Wo wir wohnen
		59	Ich stelle den Nationalpark Eifel vor
		65-66, 69	An der Schule arbeiten
		87	Was quiekt und kracht denn da?
		105-107, 110	Die Welt der Bücher
		136	Gespenstergeschichten
		149	Einfach märchenhaft
	einen Text zusammenfassen	32	Das Frühstück ist fertig!
		136	Gespenstergeschichten
	Klappentexten Informationen entnehmen	103	Die Welt der Bücher
	Aufbau und Handlung untersuchen	105	
		212-213	Spannend erzählen
	Figuren beschreiben	105, 107	Die Welt der Bücher
		155-157	Einfach märchenhaft
		174-175	Eine Geschichte von Nasrettin spielen
	Gesprächsverhalten von Figuren in Dialogen aus altersgemäßen Texten untersuchen	142-143	Gespenstergeschichten
		166-167, 170-171	Von Weisen und Spaßvögeln
	Klang und Stimmung untersuchen	84, 86-89	Was quiekt und kracht denn da?
		96-99	Eine Geschichte vorlesen
		178-181	Gereimtes und Ungereimtes
	Reimformen erkennen und untersuchen	177	Gereimtes und Ungereimtes
		182-189	Die Jahreszeiten in Gedichten
	Merkmale von Märchen erschließen	144-157	Einfach märchenhaft
	eine Lesemappe anlegen	100-109	Die Welt der Bücher
5. Überarbeitendes Schreiben (einen Text nach vorgegebenen Kriterien überarbeiten und die vorgenommenen Textänderungen begründen)	Rechtschreiben	238-247	Die Arbeitstechniken
	richtig abschreiben	220-221	Schrift und Schreiben
	Fehler analysieren, korrigieren und vermeiden	244-245	Die Arbeitstechniken
	mit Checklisten überarbeiten	55	Wo wir wohnen
		70	An der Schule arbeiten
		210	Tiersteckbriefe schreiben
	ein Märchen überarbeiten	160-163	Ein Märchen überarbeiten
	eine Geschichte überarbeiten	201-203	Texte überarbeiten
	ein Plakat überarbeiten	70	An der Schule arbeiten
	die Schreibkonferenz	200	Texte überarbeiten

schriftliche Aufgabentypen	Aufgaben	Seite	Kapitel
6. Produktionsorientiertes Schreiben (Texte nach einfachen Textmustern verfassen, umschreiben oder fortsetzen; produktionsorientiert zu Texten schreiben)	Gedichte und Parallelgedichte schreiben	21	Los geht's! Let's go! Haydi bakalım! Idemo!
		39	Das Frühstück ist fertig!
		57	Wo wir wohnen
		75	An der Schule arbeiten
		95	Was quiekt und kracht denn da?
		113	Die Welt der Bücher
		179, 181	Gereimtes und Ungereimtes
		185	Die Jahreszeiten in Gedichten
	eine Geschichte schreiben	137	Gespenstergeschichten
		214–215	Spannend erzählen
	ein Märchen schreiben	154	Einfach märchenhaft
	zu Bildern anschaulich schreiben	152–153	
	Briefe schreiben	24–25	Meinungen äußern und begründen
	Steckbriefe schreiben	66–73	An der Schule arbeiten
		76–81	Einen Berufe-Steckbrief schreiben
		208–211	Tiersteckbriefe schreiben
	Gedichte vervollständigen	177	Gereimtes und Ungereimtes
		185–186	Die Jahreszeiten in Gedichten
	eine Geschichte weiterschreiben	136, 142–143	Gespenstergeschichten
		212–213	Spannend erzählen

sonstige Leistungen	Aufgaben	Seite	Kapitel
1. mündliche Beiträge zum Unterricht (z. B. zum Unterrichtsgespräch, Kurzreferate, Präsentationen)	Meinungen formulieren und begründen	22–23	Meinungen äußern und begründen
		100, 110–111	Die Welt der Bücher
	diskutieren	22–23	Meinungen äußern und begründen
	Gesprächregeln vereinbaren	16–17	Los geht's! Let's go! Haydi bakalım! Idemo!
	deutlich und artikuliert sprechen	218–219	Schrift und Schreiben
		242, 244–245	Die Arbeitstechniken
	über einfache Sachverhalte und Arbeitsergebnisse informieren	36–37	Das Frühstück ist fertig!
		48	Wo wir wohnen
		73	An der Schule arbeiten
		125	Computer, Handy und CD
	mit Hilfe von Stichworten anschaulich präsentieren und vortragen	49–52	Wo wir wohnen
		58–61	Ich stelle den Nationalpark Eifel vor
	aufmerksam zuhören und Notizen machen	16	Los geht's! Let's go! Haydi bakalım! Idemo!
		50, 52	Wo wir wohnen
		61	Ich stelle den Nationalpark Eifel vor
		90	Was quiekt und kracht denn da?
	ein Buch vorstellen	111	Die Welt der Bücher
	Gedichte vortragen, Gedichte auswendig lernen	20	Los geht's! Let's go! Haydi bakalım! Idemo!
		84	Was quiekt und kracht denn da?
		176–177, 180–181	Gereimtes und Ungereimtes
		182, 184, 186–187	Die Jahreszeiten in Gedichten
	anschaulich und lebendig erzählen	143	Gespenstergeschichten
		145–147, 152	Einfach märchenhaft
	zu Bildern erzählen	152–153	
	literarische Texte nachzählen	141	Gespenstergeschichten
		148–149	Einfach märchenhaft
	literarische Texte weitererzählen	136, 142–143	Gespenstergeschichten
		145–147	Einfach märchenhaft
	sich selbst und andere vorstellen	14–15	Los geht's! Let's go! Haydi bakalım! Idemo!
		49	Wo wir wohnen
2. schriftliche Beiträge zum Unterricht, auch Dokumentation längerfristiger Lern- und Arbeitsprozesse (z. B. Protokolle, Materialsammlungen, Hefte/Mappen, Portfolios, Lerntagebücher)	ein Lesetagebuch führen	100–110	Die Welt der Bücher
	eine Projektmappe anlegen	72–73	An der Schule arbeiten
	eine Rechtschreibkartei anlegen	244–245	Die Arbeitstechniken
	Arbeitspläne und Checklisten anlegen und verwenden	204–205	Selbständig planen und arbeiten
3. Beiträge im Rahmen eigenverantwortlichen Handelns etwa bei Gruppen- oder Projektarbeit (z. B. Rollenspiel, Befragung, Erkundung, Präsentation)	eine Umfrage durchführen	124–125	Computer, Handy und CD
	ein Interview durchführen	72–73	An der Schule arbeiten
	gestaltend vorlesen	84–85, 87–91, 94	Was quiekt und kracht denn da?
		96–99	Eine Geschichte vorlesen
		141	Gespenstergeschichten
		166–167, 171	Von Weisen und Spaßvögeln
	eine Erkundung durchführen	114–117	Wir gehen in die Bücherei
	szenisch spielen	170–171	Von Weisen und Spaßvögeln
		172–175	Eine Geschichte von Nasrettin spielen
4. fachspezifische Ergebnisse kreativer Gestaltungen	ein Plakat gestalten	70	An der Schule arbeiten
		26–27, 36	Das Frühstück ist fertig!

Projektleitung: Gabriele Biela, Heike Tietz
Redaktion: Sandra Geiger, Sarah Kriz, Stefanie Schumacher
Bildrecherche: Petra Ebert, Sabine Kaehne

Umschlaggestaltung: Cornelsen Verlag Design/Klein & Halm Grafikdesign, Berlin
Umschlagfoto: JUNOPHOTO, Berlin
Layout und technische Umsetzung: zweiband.media, Berlin

www.cornelsen.de

1. Auflage, 4. Druck 2020

Alle Drucke dieser Auflage sind inhaltlich unverändert und können im Unterricht nebeneinander verwendet werden.

Druck und Bindung: Livonia Print, Riga

ISBN 978-3-06-062333-4 (Schülerbuch)
ISBN 978-3-06-060274-2 (E-Book)

PEFC
PEFC/12-31-006

PEFC zertifiziert
Dieses Produkt stammt aus nachhaltig bewirtschafteten Wäldern und kontrollierten Quellen.

www.pefc.de